英文契約書
取扱説明書

― 国際取引契約入門 ―

中村秀雄著

発行 民事法研究会

はしがき──本書のご使用に先立って

> 【本書を読んでいただきたい方】
>
> 　国際取引をぜひ始めたい。取引の内容は大体まとめられるとして、最終的にきちんとした形にしなければならない。ところが、英語は苦手、契約書作成にかけられる予算も多くない。しかし、完璧でなくてもよいから、とにかくわかったうえで、自分で契約書をつくって取引をしたい、という方に本書をおすすめします。
>
> 　さらに高度なものを求める方は巻末「付属書類Ⅰ参考文献」記載の専門書もあわせてご覧ください。

　「国際取引をしてみたい」と思った人はたくさんいらっしゃるに違いない。外国と全く何のかかわりをもつことなくビジネスをすることは、ほとんど不可能な時代である。国内の会社から商品を仕入れて国内の客に販売していれば、直接に外国の相手と取引せずにすむかもしれないが、仕入れにせよ販売にせよ、海外をも自分のビジネスの領域に加えることができたら、商機は何倍にも拡大するに違いない。

　ところがここで障害になるのがペーパーワーク、中でも「契約書の作成」である。何とかファックスや電子メールで、商業的な条件に関する意思疎通はできたとしても、最後に契約書作成の壁が立ちはだかっている。それも大抵は英文で書かれているのである。

　そこで何とかしてみようと一念発起して、国際取引契約書のつくり方に関する本を買って読んでみたが、いきなり、

　　「consideration。通常『約因』と訳されるが、『対価』ともいう。英米契約法の基本的概念である」

　　「口頭証拠の原則（「パロル・エビデンス・ルール」という）」

　　「詐欺法」

　　「UCC（米国統一商事法典）」

　　「約束的禁反言（promissory estoppel）」

といった言葉が出てきて、自分の意図する商売とはほど遠い感じがして、結

局投げ出したという、残念な経験をされた読者は少なくないはずである。またそこは何とか読み通した（あるいは「読み飛ばした」）としても、肝心の契約書の書き方をみてみると、

> This Agreement made and entered into this ... day of ... by and between ...
> 　　　　　　　　　　Witnesseth:
> Whereas ...

という調子でみたことのない英語が出てきて、辞書を引いてもわけがわからない。

　加えてどの本にも出てくる「豊富な文例」の中には、自分の目論んでいる取引に合うものが見当たらない。あったとしても、文例に出てくるような長大複雑な契約書がなければ取引はできない、といわれたのではとても対応しかねる、という思いにとらわれた読者も多いだろう。

　国際取引が国内取引より相対的にリスクが大きいことはいうまでもない。国内で取引していれば、お互いに約束事を尊重する。それが紙に書いてあってもなくても、あまり関係ない。狭い業界内では節度を守らなければ大変なことになる、ということはお互いよくわかっているからである。

　しかし国際取引の世界では、そもそも常識が異なり、業界慣行というものが通用しないうえに、法律まで違うのだから、行き違いがあってあたりまえである。「訴状は条件改訂交渉への招待状」、「支払日に代金を支払うバカがどこにいる」などという、信じられないような話があるが、これは決して誇張でも何でもなく、実際のことである。そうだとするとあらかじめ相手方と誤解が生じないように、長大な契約書をつくっておかなければ国際取引などできない、ということになってしまいそうである。

　確かにしっかりとした契約書をつくっておけば、安心して取引ができるとはいえる。しかしそれではいつまでたっても国際取引の世界に乗出していくことはできない。何か策はないのだろうか。それを考えたのがこの本である。

　この本は「自分の会社には法務の専門家はいないし、近くに国際弁護士もいないので、完全なことができないのはよくわかっているが、取引規模もそ

れほど多額に上るわけでもないし、多少のリスクは授業料と思う覚悟はできているから、とにかく海外と直接取引をしてみたい」と願っている読者に、何とか最初の一歩を踏み出してもらうために書かれた、国際取引契約の「いますぐスタート」編である。

とはいえ、ここで思い出しておきたいことは、良い契約書が安全な取引をつくるのではなく、良質の商品と良好な当事者の関係が双方に満足のいく取引に結びつき、満足のいく取引であれば紛争が起こる確率は低いはずだ、ということである。難しい条項は忘れて、簡単に書くことをすすめるこの本は「良い相手先」と取引しているうちは役に立つが、ややこしい問題が発生して訴訟沙汰になったときに、完全な防備、万全の攻撃力を保証するものではない。

本書は「取扱説明書」であって「成功保証書」ではありません

億円単位の取引をするにはそれなりのコストがかかり、リスクも大きい。また法務コストもかかる。理論上は契約書の内容と金額は関係ないとはいうものの、実際問題として30億円の「船舶売買契約」と30万円の「中古車売買契約」とは異なってあたりまえではないだろうか。何十万円単位の取引には法務コストはかけられない。本書はそういう場合に、リスクと状況を見極めたうえで、国際取引の海に船出するためのヒントを提供したい、という願いのもとに書かれたものである。

ところで本書のもう一つの特徴は、「取扱説明書」といいつつも、「東海道五拾三次　旅の案内図」のような性格ももっているということだ。携帯電話の取扱説明書を通読する人はいない。そのようなことは必要ないからだ。自分に関係のあるところだけ読めば使える。しかし旅に行くなら全行程の概観

を頭に入れておく必要がある。双六のようなもので、途中を飛ばしては上がれない。この本は通読すれば国際取引の全行程がわかることをめざしたものである。全体を知って旅支度をし、楽しく安全な旅をしていただくことを願うものである。

　この本を読んでもっと国際取引契約について知識を深めたいと思われた方は、巻末「付属書類1　参考文献」記載の本のほか、拙著『国際動産売買契約法入門』（有斐閣、2008年）、『新訂版英文契約書作成のキーポイント』（商事法務、2006年。以下、本書では「作成のキーポイント」という）をご参照いただきたい。

　本書の原稿準備にあたって、手書きのノートを迅速にタイプ、整理して下さった松本幸子氏にお礼を申し上げます。また書名を含めて新奇なアイディアを快く受け入れて、出版にご同意くださった民事法研究会編集部の田中敦司氏に深く感謝するとともに、編集にあたって細かい点についてまで、ご助言をいただいた岡田茂氏にあらためてお礼申し上げたいと思います。

　2012年4月

中　村　秀　雄

目 次

本取扱説明書に使われている法律用語 ……………………………………1

第1章 契約書とは何なのか ……………………15

Ⅰ 何のために契約書を書くか ………………………………16
　1 前向きの意味 ……………………………………………16
　2 後向きの意味 ……………………………………………17

Ⅱ 誰のために契約書を書くのか ……………………………19

Ⅲ 契約書の書き方は立場によって異なる …………………21

Ⅳ 契約書は自分の義務の外周縁 ……………………………23

Ⅴ よく書けた契約書は自分を守る証拠書類 ………………26

Ⅵ 契約書は誰がつくるか ……………………………………29

第2章 契約書に書くべきこと ……………………31

Ⅰ はじめに ……………………………………………………32

Ⅱ ひな型からは自分の望む契約書はつくれない …………33

Ⅲ 取引の根幹を見据える ……………………………………36

Ⅳ 契約書の中味は取引の現実に左右される ………………38
　1 取引を取り巻く環境のアセスメント …………………38
　　(1) 相手の信用 …………………………………………38
　　(2) 相手方との過去の取引経過 ………………………38
　　(3) 取引内容の複雑さ／簡単さ ………………………39
　　(4) 契約から履行までの時間 …………………………40
　　(5) 相手国の文化や取引慣行 …………………………41

(6)　決済条件、引渡条件 ……………………………………………42
　②　よい契約書をつくれるのは、第一線の営業担当者である……………43

Ⅴ　契約書に書くべきことを、当事者の義務から考える ……45

Ⅵ　ウィーン売買条約を手がかりとして、当事者の義務を考える ……………………………………………………………48

Ⅶ　売買契約を例にとって契約書に書くべきことを考える ……………………………………………………………………50
　①　当事者の義務に関すること……………………………………………50
　　(1)　売主の義務の内容 ……………………………………………50
　　(2)　買主の義務の内容 ……………………………………………53
　②　当事者が義務に違反した場合に関すること…………………………56
　　(1)　売主が契約に違反したときに、買主にどんな権利が生じるか……56
　　(2)　買主が契約に違反したときに、売主にどんな権利が生じるか……58
　　(3)　両者に共通の規定 ……………………………………………59
　③　その他……………………………………………………………………62

第3章　最低限の英語で使える契約書を書く …………65

Ⅰ　契約文章の組立て方 ………………………………………………66

Ⅱ　箇条書きの英語で書く ……………………………………………70

Ⅲ　図表や数式、グラフ、業界の共通基準などを使う ……76

Ⅳ　簡単な英文で書く …………………………………………………78
　①　Parties ……………………………………………………………78
　②　Products …………………………………………………………80
　③　Quantity …………………………………………………………81

|4| Place of Delivery ……………………………………………81
|5| Time of Delivery ……………………………………………82
|6| Price ……………………………………………………………83
|7| Payment ………………………………………………………85
|8| Defects ………………………………………………………85

第4章 法律的事項は避けて通れないか …91

Ⅰ 残る条項 ………………………………………………………92

Ⅱ 知的財産権（Intellectual Property Rights）……………95
　|1| 問題の意義 ………………………………………………95
　|2| 誰にとっての問題か ……………………………………95
　|3| 何か書かなければならないか …………………………96
　|4| どう書けばよいか ………………………………………96

Ⅲ 契約不履行と解除（Default, Termination）……………99
　|1| 問題の意義 ………………………………………………99
　　(1) 売主の品質保証義務を除く、当事者の契約義務不履行 ……100
　　(2) 不履行予備軍 …………………………………………100
　|2| 誰にとっての問題か ……………………………………101
　|3| 何か書かなければならないか …………………………101
　|4| どう書けばよいか ………………………………………102

Ⅳ 不可抗力（Force Majeure）………………………………106
　|1| 問題の意義 ………………………………………………106
　|2| 誰にとっての問題か ……………………………………106
　|3| 何か書かなければならないか …………………………107
　|4| どう書けばよいか ………………………………………108

Ⅴ 通知（Notices）……………………………………………110

1　問題の意義 …………………………………………………110
　　　2　誰にとっての問題か ………………………………………110
　　　3　何か書かなければならないか ……………………………110
　　　4　どう書けばよいか …………………………………………111
　Ⅵ　権利放棄（Waiver、Non-Waiver）……………………………113
　　　1　問題の意義 …………………………………………………113
　　　2　誰にとっての問題か ………………………………………114
　　　3　何か書かなければならないか ……………………………114
　Ⅶ　分離（Severance, Severability, Separability）………………115
　　　1　問題の意義 …………………………………………………115
　　　2　誰にとっての問題か ………………………………………115
　　　3　何か書かなければならないか ……………………………115
　Ⅷ　修正／変更（Amendments, Variations）……………………116
　　　1　問題の意義 …………………………………………………116
　　　2　誰にとっての問題か ………………………………………117
　　　3　何か書かなければならないか ……………………………117
　　　4　どう書けばよいか …………………………………………117
　Ⅸ　完全なる合意（Entire Agreement）…………………………119
　　　1　問題の意義 …………………………………………………119
　　　2　誰にとっての問題か ………………………………………119
　　　3　何か書かなければならないか ……………………………120
　　　4　どう書けばよいか …………………………………………120
　Ⅹ　準拠法（Governing Law）……………………………………122
　　　1　問題の意義 …………………………………………………122
　　　2　誰にとっての問題か ………………………………………123
　　　3　何か書かなければならないか ……………………………123
　　　4　どう書けばよいか …………………………………………126

XI 紛争解決（Dispute Resolution）(1)
——仲裁（Arbitration）—— ·····128
- 1 問題の意義 ·····128
- 2 誰にとっての問題か ·····129
- 3 何か書かなければならないか ·····130
- 4 どう書けばよいか ·····131

XII 紛争解決（Dispute Resolution）(2)
——裁判（Jurisdiction）—— ·····134
- 1 問題の意義 ·····134
- 2 誰にとっての問題か ·····135
- 3 何か書かなければならないか ·····135
- 4 どう書けばよいか ·····135

XIII 契約に関する政府許可
（Governmental Approvals）·····136
- 1 問題の意義 ·····136
- 2 誰にとっての問題か ·····136
- 3 何か書かなければならないか ·····137
- 4 どう書けばよいか ·····137

第5章 契約をどのような形にまとめるか ·····139

I 契約の成立と契約書 ·····140
II 何で契約書をつくるか ·····142
- 1 電子メール ·····142
- 2 ファックス ·····143
- 3 紙 ·····143

目次

　Ⅲ　印紙税 …………………………………………………………146
　Ⅳ　署名、捺印など ………………………………………………148
　Ⅴ　注文書や請求書（インボイス）は契約か ……………………150

第6章　送られてきた契約書への対応 ……153

　Ⅰ　まずよく読んでみる …………………………………………154
　　1　内容を受け入れられるとき …………………………………154
　　2　納得できないとき ……………………………………………155
　Ⅱ　対案はどのようにつくるか …………………………………158
　　1　自分の望むことは、自分で書く ……………………………158
　　2　自分のペースでしか書いてはいけない ……………………160
　　3　こちらから契約書を出したところ、相手方からも契約書案が
　　　　きた場合──契約書の正面衝突 …………………………161
　　4　相手のペースで対案をつくらなければならないときは …162
　Ⅲ　最終契約文言の確定 …………………………………………164

第7章　売買契約書以外の契約書の記載事項 …………………………………………167

　Ⅰ　はじめに ………………………………………………………168
　Ⅱ　技術援助契約（ライセンス契約）…………………………170
　　1　基本的な記載事項 ……………………………………………170
　　　(1)　当事者の義務に関すること ………………………………170
　　　　(A)　ライセンサーの義務の内容 ……………………………170
　　　　(B)　ライセンシーの義務の内容 ……………………………171

(2)　当事者が義務に違反した場合に関すること ……………………172
　　(A)　ライセンサーが契約に違反したときに、ライセンシーに
　　　　どんな権利が生じるか ……………………………………172
　　(B)　ライセンシーが契約に違反したときに、ライセンサーに
　　　　どんな権利が生じるか ……………………………………173
　　(C)　両者に共通の規定 …………………………………………173
　2　いくつかの技術援助契約特有の記載事項 ……………………175

Ⅲ　製造委託契約 ………………………………………………………178
　1　基本的な記載事項 ………………………………………………179
　(1)　当事者の義務に関すること ……………………………………179
　　(A)　製造者の義務の内容 ………………………………………179
　　(B)　委託者の義務の内容 ………………………………………181
　(2)　当事者が義務に違反した場合に関すること ……………………182
　　(A)　製造者が契約に違反したときに、委託者にどんな権利が
　　　　生じるか ……………………………………………………182
　　(B)　委託者が契約に違反したときに、製造者にどんな権利が
　　　　生じるか ……………………………………………………183
　　(C)　両者に共通の規定 …………………………………………184
　2　いくつかの製造委託契約特有の記載事項 ……………………185

Ⅳ　役務提供契約 ………………………………………………………186
　1　基本的な記載事項 ………………………………………………187
　(1)　当事者の義務に関すること ……………………………………187
　　(A)　役務提供者の義務の内容 …………………………………187
　　(B)　依頼者の義務の内容 ………………………………………188
　(2)　当事者が義務に違反した場合に関すること ……………………189
　　(A)　役務提供者が契約に違反したときに、依頼者にどんな権
　　　　利が生じるか ………………………………………………189
　　(B)　依頼者が契約に違反したときに、役務提供者にどんな権
　　　　利が生じるか ………………………………………………189

　　　　(C) 両者に共通の規定 ……………………………………………190
　　②　いくつかの役務提供契約特有の記載事項 ……………………191

Ⅴ　代理店契約 ……………………………………………………193
　①　任　命 ……………………………………………………………193
　②　代理店の義務 ……………………………………………………195
　③　守秘義務 …………………………………………………………196
　④　知的財産権 ………………………………………………………196
　⑤　その他 ……………………………………………………………196

付属書類 ……………………………………………………………197

Ⅰ　参考文献 …………………………………………………………198

Ⅱ　ウィーン売買条約 ………………………………………………200

Ⅲ　インコタームズ®2010（抄） …………………………………235
　　FCA（運送人渡）……………………………………………………235
　　CPT（輸送費込）……………………………………………………240
　　CIP（輸送費保険料込）……………………………………………245
　　FOB（本船渡）………………………………………………………250
　　CFR（運賃込）………………………………………………………255
　　CIF（運賃保険料込）………………………………………………259

・著者紹介 ………………………………………………………………266

本取扱説明書に使われている法律用語

本取扱説明書に使われている法律用語

　法律用語は、日本語ですらわかっているようで、理解できないことがある。ここでは、本取扱説明書をご使用いただくにあたって必要な範囲で、簡単に用語を説明してある。英文契約書作成を視野に入れて英訳も添えておいた。

**以下の説明は厳密に法的な説明ではありません
また本書の使用に必要な範囲での説明に限られています**

■ 収録用語（50音順）■

用　　語	掲載頁		
インコタームズ	7	準拠法	12
インボイス／プロフォルマインボイス	9	条件	3
		署名	6
		所有権	10
ウィーン売買条約	13	信用状（L/C）	7
管轄／裁判管轄	13	訴訟	13
危険負担	11	損害賠償	5
業界／地域の慣行／慣習	3	知的財産権	11
強制執行／執行（→訴訟）	14 (13)	仲裁	14
契約	2	当事者間の取引慣習	3
契約違反	4	引渡し／船積み	8
契約解除	5	不可抗力	5
契約の解釈	6	保証	4
債権	3	前払金／前金	9
債務	3	履行／不履行	4

契約　取引をしたい当事者が、条件について合意すると契約ができる。一般的には口頭の合意で十分だが、実務では書面にすることが必須である。きちんと契約ができると、当事者は法的にその権利を守られる。具体的には相手方が契約違反をすると、権利の実現を裁判所などに申し立てられる。

　英語では contract、agreement な

どといい、意味はおおむね日本語と同じである。

債権　他人に対して何かをすることを請求できる地位をいう。売主は買主に、売買代金を払うことを請求することができる。これを売主は売買代金支払請求権とよばれる債権をもっているという。一方買主は商品引渡請求権という債権をもつ。債権と次にあげる債務は同じことを裏表からみたものである。

　英語では内容により right、claim などいくつかの言い方があるが、英文契約では債権側からみるより、むしろ債務側からみることのほうが多い。

債務　相手に対して何かをしなければいけない義務を負っている立場、状態をいい、売買契約に基づいて商品を売る者は、契約に適合した商品を、契約で約束した日時に買主に引渡す債務を負う、といったように使う。義務といっても間違いではないのだが、それより少し範囲が狭い。選挙で投票することは（権利でもあるが）、市民の義務だが、これは債務とはよばない。債務は主に契約から発生するほかに、いくつか法律の定める原因に基づいて生ずる。

　英語では obligation、debt、場合によっては duty などという。

業界／地域の慣行／慣習　ある業界あるいは地域などで広く行われていることを指すが、それがどれくらいの力をもっているかは、事情によって異なる。広く一般的に行われて、商慣習法としての効力をもつこともあるが、単に多くの人がそうしている、というだけではそこまでの力がないこともある。国際取引の現場で、ある取引慣行に法としての効力がある、ということを証明するのは至難の技であるから、よほどのことがない限り、そのようなものがあるはずだと思って安心したりせず、契約書に書くべきである。

　英語では customs of trade、trade practice などという。

当事者間の取引慣習　業界の慣行ではなく、当事者間ではそうすることにするということが確立している事項を指していう。たとえば業界ではどうなのかは別として、当事者間で支払方法として「月末〆、翌月20日払い」としている、というのがそれに当たる。

　英語で course of dealing という。

条件　この言葉は日本語でも英語でも、契約書において複数の意味で使われる。一つは契約の条項という意味と、もう一つは、効力の発生、消滅を、将来起こるかどうかわからない出来事に条件づける、という使い方である。「支払条件はどうなっていますか」、「月末〆、翌月10日払いです」といえば前者の用法である。一方「引渡しについてはどうなっていますか」と尋ねられて、「30％の前

3

金支払条件で、1週間で引渡せます」といえば後者である。もっとも実際の使い方には厳密な区別はないようで、後者の意味の条件的な契約条項も、前者の単純な契約条項も、契約条件とよぶことはいくらでもある。

英語では前者の意味の契約条件（つまり条項）を term といい、後者の意味の条件を condition という。terms and conditions という表現で両方を含んで「契約の諸条項」という意味で使うことも多い。しかしあまり厳密でない使い方をした場合は、どちらか一つで両方全部を表わすこともあり、あいまいさは日本語とあまり変わらないといえそうである。

保証　本来の意味は他人が債務（たとえば金銭を返す義務）を履行しないときに、代わってその債務を履行する義務を負うことを指す。会社が銀行からお金を借りるにあたって、社長が個人保証を出すといった場合がその例である。

しかし実務ではこれだけでなく、商品が契約の仕様どおりに作動することを約束すること、あるいは不具合が発生した場合に交換、修理、補償などをする義務を指しても使われる。機械の保証書はこの例である。

歴史的な理由はよくわからないが、保証が他人の債務の履行の担保であることの連想から、売主が自分以外のものである商品の品質を担保するという意味で保証するというのではないかと思われる。

英語では本来の意味の保証を guarantee という。ところでそのほかに warranty という言葉がある。この warranty は約束というのが本来の意味だが、厳密さを欠いた用法として、売主の性能保証という意味も認められている。加えて warranty だけでなく、guarantee もこの意味で使われる。この点で日本と似ている。guarantee には guaranty という綴りもある。

履行／不履行　しなければいけないこと（債務）を実行することを履行という。実行しないと不履行をしたことになる。不履行は、全く履行しない場合だけでなく、中途半端に履行する場合や、履行すべきときにしないで、遅れて履行する場合も含んで使われる。

何かをしなければいけない根拠が契約にあれば、債務不履行は契約違反と同じである。何かをしなければいけない根拠は、契約以外にあることもあるが、本書では契約に基づく場合のことのみを取り上げる。

英語では履行を performance、不履行を non-performance、breach、default などという。ただしやむを得ず不履行に至ったときは、breach とよばないこともあるが、その範囲はきわめて狭い。

契約違反　契約で約束したこと（契

約上の債務）を実行しないことをいう。不履行と同じ意味である。本書では契約の話しかしていないので、契約違反は契約不履行、債務不履行と同じことを意味すると考えてよい。

英語では non-performance、breach、default などという。

契約解除　いったん成立した契約をやめること。売買契約などの場合は白紙に戻すことを意味する。それまでに支払いがなされたり、商品が引渡されていたら、それを相手に返す必要がある。ウィーン売買条約（13頁参照）の下では商品を最初の状態で返せないと買主は解除できない。

一方技術援助契約（ライセンス契約）、役務契約などでは、いったん取引がスタートしてしまうと、途中で解除したからといって、すでに契約を履行した分については返還しようがない。このような契約における契約の解除とは、将来に向かってやめることを意味する。この場合には解除でなく、「解約」ということが多い。

契約を解除する権利は一定の場合について法律に書いてあることもあるが、「相手方が契約違反をしたら、直ちに解除できる」といったように、当事者の必要に応じて契約書中に書くのが一般的である。

英語では termination、cancellation などという。ウィーン売買条約では avoidance というが、特殊な用法である。

損害賠償　契約で何かを約束した当事者が、約束したことを行わなかった場合（契約違反、債務不履行）には、相手方は救済策として、約束したことを実行せよという請求をすることができるが、それに加えて、もしくは代えて、違反によって被った損失を、金銭で解決することもある。これを損害賠償という（何も損害がなければ損害賠償は請求できない）。

損害賠償を求めるときには、因果関係の有無や損害の発生を予見できたかどうかが関係してくる。つまり「風が吹けば桶屋が儲かる」式に何でもかんでも請求できるわけではない。契約違反の結果として精神的損害を被ったときに、これも請求できるかどうかは国によって異なる。逸失利益、機会損失、転売損、代替契約のコスト、のれんの喪失などが請求できるかどうかも事情によるし、認められる範囲、金額も被った損失全部というわけには必ずしもいかない。

なお一般的に商人間の契約では、極端に不合理でない限り、損害賠償の範囲を契約で制限することができる。

英語では損害賠償額、損害賠償金を damages という（複数形で使うことに注意）。

不可抗力　人の力では支配、制御できない現象で、契約の履行を完全に、または著しく妨げるような出来事を不可抗力という。契約で約束したこ

とが、不可抗力によって実行できなくなったときに、契約の履行をしなかった者が、その責任を負う必要があるかどうかが最大の争点である。約束したことは約束したことだから、理由のいかんを問わず、履行しなければ責任をとるべきである、という絶対責任の考え方も歴史的にはあったが、現在はそこまで徹底した原則を貫く国はないようである。しかしすべての台風、停電、輸出禁止、戦争内乱などが不可抗力の事由になるわけでもない。たとえば契約時にそれが予見できたとすれば、免責は認められないだろうし、予見できなくても、事由が発生したときに代替手段があれば、当然それによって契約を履行すべきである。台風がくる季節に工事をする契約をしたなら、台風の影響を避ける方法を考えておくべきだし、商品を日本から輸出できなくなっても、他国で調達すればできるならそうする義務があろう。

何を指して不可抗力というのか、不可抗力事由が発生したときに、契約にどういう影響を与えるかを考える必要が出てくる。

英語にはこのような概念がないので、フランス語の force majeure という言葉を借りて使っている。

契約の解釈　契約の意味、内容を探求することをいう。

当事者の意思は合致していても、それを反映させたはずの文書が、客観的には不正確であることがある。たとえば「この駐車場の高さ制限は2.5m以下です」という表現は、誰も誤解はしないものの、厳密にいえば不正確である。なぜならこれでは高さ制限は0〜2.5mのどの高さでもよいことになるからである。正確には「……高さ制限は2.5mです」というか、「この駐車場には高さ2.5m以下の車しか入れません」というべきである。

また、ときには取引の内容を書面化したはずの契約書に、当事者が何も書かないこともある。たとえば商品代に合意したが、配送料は誰の負担かを明記しないという場合があるだろう。

いずれの場合にも契約を実行するために、それを解釈する必要がでてくる。確立した商慣習が存在すればそれによることができるが、そのほかに当事者の意思を斟酌することが必要になる場合もあれば、客観的な解釈がよいと考えられる場合もある。どのような方法によるかは国によって異なる。解釈に頼らなくてもよく意味がわかる契約書をつくることが望ましいことはいうまでもない。

英語で interpretation of the contract、construction of the contract という。

署名　日本では契約書などにたいていは記名、押印（捺印）する。これに対して外国では署名することが多

い。外国といっても日本以外はすべてというわけではなく、社判などを使う国もあるし、会社のシールが存在する国もある。

署名や捺印の目的は契約書に書いてあることを受入れる用意があることを、証拠として残すことである。書面にしなければ契約がそもそも成立しないという場合（日本ではあまりない）を除いて、契約は当事者が合意すれば成立する。しかしそれでは頼りないので契約書を作成し、権限ある人によって署名などをするのである。

このように考えると署名は、当事者の意思の目に見える確認である。したがって署名なり記名、押印なりが、その当事者を拘束しさえすれば、それで十分目的を達することになる。

日本でも署名という考え方はあるのだが、商法32条でその代わりに記名、押印でもよいとされている。国際契約でも日本の当事者は署名に代えて記名、押印してもよいのである。ただ国際契約の慣行としてサインするので、たいていの契約書はサインされるだけである。

大きな契約になると署名者の本人確認のために立会人欄を設けて、第三者に連署させたり、署名権限を証する書面や、委任状、ときには取締役会の議事録なども要求することがあるが、本書のカバーする契約ではそこまでは想定していない。

英語では signature という。記名、押印に当たるものは法律概念としてないので、当然それに直接対応する英語はない。判や印鑑は chop ということがある。

インコタームズ®　インコタームズは物品の売買契約の下における、商品の引渡しに関する売主と買主の役割や責任を定めたもの（引渡条件）であるとともに、どこまでのどのような費用を誰が負担するかも書いてある（価格条件）。さらに商品の滅失、損傷にかかわる危険負担の分岐点はどこか、保険はどのようにするかなどの、通常問題となる項目についても、簡潔な文章で当事者間の責任分担を書いてある。1936年に第1版が国際商業会議所によって発行されて以来、世界中で使われてきており、2010年版が最新版である。

インコタームズは契約作成にあたって、有益な道具ではあるが、売買契約のすべての面をカバーしたものではないことには注意しなければならない。またインコタームズは広く使われているが、条約でも法律でもない。

信用状（L/C）　買主に代わって買主の取引銀行が、売主に対して直接商品代金の支払いを引受けるシステムをいう。信用のない買主に代わって銀行が支払いを約束するので、売主は支払いの心配をしなくてすむのが最大のメリットである。

信用状取引は全面的に書面に頼る取引であるうえに、当事者（特に売主）を直接に知らない銀行が介在するので、売主が代金受領にあたって呈示する書類は信用状記載の条件と厳格に一致することを要求され、現実には結構面倒なところもある。また信用状を発行してもらうためには、買主は取引銀行に手数料を払う必要があるので、信用状取引をいやがる買主も多い。

銀行は買主の支払義務を保証しているのではなく、信用状に基づいて、売主に対して直接に義務を負うのだ、ということに留意する必要がある。

英語では letter of credit といい、L/Cと略称する。L/Cという言葉はほとんど日本語としても使われる。なお商取引に使用されるL/Cには各種の書類が要求されることから、documentary letter of credit ということもある。

買主（buyer、applicant）が、L/Cを開設する（open、issue）ことを開設銀行（opening bank、issuing bank）に依頼（request、apply）すると、開設銀行は売主（seller）を受益者（beneficiary）としてL/Cを開設する。L/Cの開設はいったん開設銀行と取引のある、売主国の銀行に通知され、売主国の銀行が売主にそのことを通知（advise）してくる。このためこの銀行を通知銀行（advising bank）とよぶ。売主（受益者、beneficiary）は書類（documents）を揃えて、売主の取引銀行に買取り（negotiation。L/Cの本当の法的構造からいうと買取りというのは正しくないが、一般的にこういうのでそうしておく）のために呈示（presentation）をする。このためこの銀行を買取銀行（negotiating bank）という。買取銀行は通知銀行と同じである必要はない。

引渡し／船積み　自分が持っているものを、相手方に物理的に渡すことをいうのが本来の引渡しである。

しかし国際取引の場合は必ずといってよいほどに、中間に運送をする者が介入する。インコタームズ（7頁参照）のFOB、CFR、CIFでは、商品を船の上に置くことを引渡しとしている。コンテナーを使う場合の貿易条件であるFCAやCPT、CIPでは運送をする者に引渡した時（船に積んだり、飛行機に乗せるより以前の時点である）に引渡しがなされたとする。いずれの場合でも相手方買主が実際に物を手にする前に、引渡しが起こることになる。

石油、小麦、とうもろこしといった相場商品の取引では、売主が直接に最終買主に商品を引渡すのではなく、売主1が買主1に商品を売り、相場を見て買主1は売主2となって、買主2に売り、買主2は売主3として買主3に……と延々と売買が重なっていく。この場合に2番目以下

の売主はどのように2番目以下の買主に引渡しをするのだろうか。商品はすでにタンカーや貨物船に積まれて海の上にあるのだから、商品に代わる何かがなければならない。この役目を果たすのが「船荷証券」である。船荷証券を持つ者は、船長を通じて間接的に商品の支配権をもっていると考えるのである。そこで船荷証券を引渡すことが、象徴的に商品を引渡すことであると考える。インコタームズでは船荷証券について、「買主が、次の買主にその書類を譲渡することによって……輸送中の物品を転売することを可能にする」書類であるといっている。

また法律上は甲から物の保管を任された乙が、甲の指示で以後は丙のためにその物を保管することにすると、甲から丙に引渡しをしたことになる、といったように現実に物が動かなくても引渡しをすることは可能である。

船積みとは当初は船に積むことをいったのだろうが、現代では陸海空を問わず、商品を運送手段に搬入することや運送業者に託することを意味する。

なお引渡しは実際に船に積んだり、運送人に渡したりするほかに、上に述べたように船荷証券を譲渡することによってもこれを行うことができるので、船積みという言葉よりも意味が広いことがわかるであろう。

英語では引渡しを delivery、船積みを shipment という。shipment という言葉は、飛行機や鉄道に物を託すときにも使われる。船荷証券は bill of lading とよばれる。

前払金／前金　商品が引き渡される前に払われる売買代金のこと。国際取引では全額を前払いすることは、よほど相手が信用できる者でなければ行われない。前払の金額は、原価すらカバーすることのできない金額にとどめておくことが好ましいだろう。そうすれば相手は契約をきちんと履行しようとするに違いない、と考えられるからである。

英語では advance payment、prepayment などという。なお prepayment は借りたお金を、期日前に支払う場合にも使われる言葉である。頭金、手付という意味なら down payment が使われる。

インボイス／プロフォルマインボイス

引渡される（された）商品や提供される（された）サービスの明細、数量、価格、支払時期などを記した請求書をインボイスという。なお実務ではインボイスをもって、そのまま契約書としてしまうこともなくはないが、あまりすすめられない。

プロフォルマインボイスは、型としては請求書であるが、請求書そのものではないものをいう。最終的に内容がどうなるかは別として型を示す、というのが言葉の意味である。

国によって輸入の許可を出す前に、外国の売主からのプロフォルマインボイスを取得することを要求するといった例がある。当局として契約の存在を確認し、取引がどのような金額などになるかが知りたいために求めるだけで、請求書の意味合いをもつわけではないので、受領した当事者が直ちに代金を支払ってくることはない。

　ときどき、取引の問合せをすると、売主がいきなりプロフォルマインボイスを送ってきたり、買主がプロフォルマインボイスを送ってほしいといってくることがある。売主の意図は自分の取引条件を提示して、相手を自分のペースにのせようとするものである。買主の目的は上に述べたように、輸入許可取得のためかもしれないし、単に取引条件を一覧にしてほしいだけかもしれない。いずれにしても請求書ではない。

　英語ではそれぞれinvoice、pro forma（proformaと1語として書くこともあるが、本来は2語である）invoiceと言う。なお請求書はstatement、billなどともいう。

所有権　物に対する全面的な権利をいい、使用、収益、処分を自由にできることを意味する。自転車を例にとってみよう。所有権をもっている者は、それを自由にできるのだから、人に貸してもよい（賃料を取れば収益することになる）。そうすると自転車の所有権は甲にあるが、実際に支配している（つまり乗っている）のは乙という状態も起こりうる。乙は所有権をもっていないので、所有者ではない。占有しているという。甲は自転車を乙に売ることもできる。これは処分である。

　売主が買主に商品を引渡しておきながら、代金を全額受領するまでは売却処分したことにしないで、所有権をもったままにすることも可能である。これを所有権留保という。しかし売主と買主の間では所有権留保の約束をしたとしても、実際に買主が自分の物のごとくに自転車を乗り回していたとしたら、第三者としては、買主以外の人が所有権をもっている（言換えれば、買主は所有権ももっていないのに、自分のもののように自転車を乗り回している）とは思わないだろう。そこで所有権留保にはあまり強力な担保力はないということになる。ましてや海外に輸出した商品の所有権を、売主がまだもっているなどということを、第三者に信じろというのは無理である。もっとも登記制度があれば別である。

　「物」は日本の法律では有体物とされているので、「発明の所有権」や「商標の所有権」というふうにはいわない。

　所有権と全面的に等しい英語は存在しないが、ownership、property、titleなどという言葉がほぼそれに

相当するものとして使われる。

知的財産権　無体財産権ともいい、発明、考案など人間の精神的、創造的な活動の成果や、標識のように物理的なものでないものについて与えられる権利をいう。特許権、実用新案権、意匠権、著作権、商標権などが代表的なものである。工業所有権（産業財産権）という言葉もあるが、これは著作権を含まない表現である。

英語で知的財産権を intellectual property right、工業所有権を industrial property right という。特許は patent、意匠は design、著作権は copyright、商標は trademark という。

そのほかに商号（trade name）、企業秘密（trade secret）などが知的財産権の対象として守られる国もある。

危険負担　お金を払って自分の家に飾っておいた壺が、地震で棚から落ちて割れたときに、そのことの不幸な結果は自分で負わなければならないのは自明のことだろう。この場合に所有者が滅失、損傷の危険を負担しているという。

では骨董屋で壺を買って代金を払って自分のものにして、後で取りにくるからと預けておいた数時間の間に、地震で割れてしまったら、どうなるだろうか。もう代金も払い、自分のものにした後なのだから、骨董屋の保管方法に問題さえなければ、仕方ないと考える人も多いだろう。自分の所有物について発生する事故の結果は、物がどこに存在しようと自分でもつ、という考え方はそれなりにわかりやすい。

次に骨董屋で壺を買うことにしたが、お金の持合せがなかったので「これ買います。家に帰ってお金を取ってきますから」、「へい、包んでおきましょう」ということで家に帰ったら、そのあいだに地震で壊れてしまったときには、代金を払う義務があるだろうか。店主は「売ったのだから払ってください」と言うにちがいない。ところが買主は「いや、まだ引渡しも受けていないのだから、私は責任もてません」と言うだろう。誰が危険負担をすべきかについて簡単に答えが出ない場面である。所有者が危険を負担するとしても、一体誰が所有者だろうか。契約した瞬間に客が所有者になるという考えもあれば、引渡してもいないのだから、まだ客ではなく店側が所有者だともいえそうである。引渡しというよりも、むしろ代金が払われていないのだから客には所有権がないという考え方も可能かもしれない。

日本法ではこの例のようなときに、所有権が誰にあるかに関係なく、契約したら買主が滅失、損傷の危険を負担する（なお、これは対象となる壺が現実に存在するときの話である。量産品であって、どの壺にするかが

決まっていなければ、それが決まるまでは買主に危険は移転しない。移転させようにも対象がどれだかわからないからである）。

　国際取引にしばしば適用される英国法では危険は所有権を持つものが負担する。

　いずれにしても買主に危険負担が移転していれば、買主は代金を払う義務から免れないのである。

　国際取引では物の売買取引の条件は、たいていインコタームズ（7頁参照）に基づいて取決める。インコタームズは商品が引渡されたら、危険は買主に移るとする。どこで引渡されることになるかは条件によって異なるが、**FOB、CFR、CIF**では船上に置かれたら引渡しが完了するとする。所有権が誰にあるかは関係ない。支払いの時期も関係ない。

　英語でこのような危険を **risk of loss and damage** といい、危険負担の移転を **transfer of risk** という。

　なおこのような問題は形のある物だけでなく、目に見えないものを目的とする契約でも生じうる。たとえば炭鉱の操業について、現地で技術指導をして報酬を受ける契約をして、出発準備を整えていた矢先に、落盤事故で坑道の入口がふさがれて入坑できなくなったら、技術指導料はもらえるのかどうかといった問題である。日本の法律では、もらえないことになっている。

準拠法　経済、商学、工学、医学など多くの学問に国境はない。だからこそドラッカーの経営学が、日本でも直接に高校のクラブ活動にまで適用されうるのである。

　ところが法律は各国独自の制度で、その適用は各国の領域に限られるのが原則である。たとえていえば廃棄物収集に関する市の条例のようなもので、よその市町村のルールは自分の町では通用しない。境を越えたさらに上位のルールというものもない。たとえ甲市と乙村が全く同じ廃棄物収集ルールを持っていたとしても、甲市のゴミには甲市のルール、乙村のゴミには乙村のルールが適用される。さらに甲市のゴミを乙村に捨てるときも、乙村のルールが適用される。甲市のゴミだから甲市のルールというわけにはいかない。

　ところでこれと少し異なるのが契約の世界である。契約の世界でも各国の法律が独立していて、世界共通法というものがない、ということについては同じなのだが、ゴミの廃棄と違ってこの場合は当事者が甲市のルールにするか乙村のルールにするか、自分たちで決められるのである。つまり日本の売主とタイの買主が契約をしたときに、その売買契約の解釈に日本の法律を使うのか、タイの法律を使うのかは当事者が決めてよい。それどころか日本でもタイでもない国の法律を選んでもよいのであ

る（もっともあまり突拍子もない選択は認められない場合もある）。

そこで契約当事者は自分たちに都合のよい法律を選ぶこととする。このようにして選ばれた法律を「契約の準拠法」という。

もし当事者が準拠法を決めなかったら、紛争が起こったときにこれを解決する裁判所が準拠法を決めるが、それが何になるかは起こってみなければわからない面がある。そうするとゲームのルールが何になるか、問題が起こった後までわからないという困ったことになるので、国際取引ではあらかじめ準拠法を決めるのである。

なおウィーン売買条約は多くの国に批准されているが、これを統一的に解釈、運用する機関があるわけではない。そこで国際的な統一を確保するために、条約中で各国の紛争解決機関に統一的解釈を要請するという方法をとっている（7条1項参照）。

英語では governing law、applicable law という。

ウィーン売買条約　「国際物品売買契約に関する国際連合条約」というのが正式な名称で、1980年に国連で採択され、1988年に発効した。ウィーン売買条約という名前は、条約の審議をする外交会議の行われた場所にちなんだ通称である。日本では2009年8月から効力を有している。物品（いくつかの例外を除く動産）の国際的売買契約に適用される世界共通の原則を確立せんとするもので、多くの国が加盟しており、高い評価を受けている。本書でもウィーン売買条約の考え方を随所で参考にしている。

英語では United Nations Convention on Contracts for the International Sale of Goods といい、Vienna Convention といわれるほか、'CISG' と略されることがしばしばある。

訴訟　契約上の権利（債権）をもつ者が、その権利の確定を国家の裁判機関に求め、裁判機関が法的判断を下す手続をいう。売買契約で買主が商品代金を払わなければ、訴訟を通じて裁判所に「商売代金を払え」という判決を求める。

裁判所が判決を下しても、相手がいうことをきかない（債務を履行しない）ことがある。そのときはその権利を法的に実現してもらう必要がある。これを強制執行という。これはまた法的には別個の手続である。

訴訟を英語で litigation、action、legal action、suit などという。強制執行は enforcement などという。

管轄／裁判管轄　どの裁判所がどれくらいの範囲の裁判権をもつかということ。当事者からみれば、紛争をどこの裁判所にもっていけるかということといってもよい。契約書中に「札幌地方裁判所を第1審の合意管

13

轄裁判所とする」と書けば、当事者の合意で札幌地方裁判所に管轄権を与えることができる（これを「合意管轄」という）。もしそのような定めがなければ、事件を持込める裁判所は、その事件の性質、相手方の事務所や営業所がどこにあるかなどによって、法律で決まっている。国際取引で契約書に何も書かなければ、相手方当事者の住所地を担当する裁判所がその当事者に対して管轄権をもっていると考えればよい。そのほかの裁判所が、並行して管轄権をもっていることもある。

英語では jurisdiction という。

仲裁　当事者間の紛争解決を裁判所のような公的機関でなく、仲裁人とよばれる私人に託し、その判断に従うという紛争解決方法をいう。主にニューヨーク条約とよばれる国際的条約のおかげで、私人が出した判断であるにもかかわらず、その判断は多くの国で裁判の判決と同じ効力をもつところに特徴がある。世界には仲裁を専門にする信頼のおける組織も少なからずある。裁判と違って手続が非公開であること、いろいろな面で裁判手続にない柔軟性があることなどを理由に、国際取引で多用される紛争解決手段である。

英語で arbitration という。仲裁人を arbitrator、仲裁人の判断を award などという。

強制執行／執行　「訴訟」の項参照。

第1章

契約書とは何なのか

Ⅰ 何のために契約書を書くか

　契約書は「契約」（取引と考えてもよい）をするときに作成するのだが、「契約書」がなくても契約はできる。経理担当者は契約書の作成を要求するが、それは主に計数管理や税務対策のためである。法令遵守（コンプライアンス）のために要求されることもあるが、法令との関係では必要だとしても、取引の相手方との関係ではなくてもすむ[1]。では一体何のために契約書をつくるのだろうか。特に国際取引で契約書面をつくる目的はどこにあるのだろうか。

1　前向きの意味

　一つの目的は取引を進めるにあたって、つまり当事者が契約上の権利義務を行使、履行[2]するにあたっての指針を、目に見える形にしておくことである。基本的な言葉のコミュニケーションに障害があるだけでなく、業界慣行、当事者間の取引慣習において共通なところを欠く国際取引で、疑問が発生したときには、書面があることが何より頼りになるからである。

　たとえていえば契約書は「地図」のようなものである。目的地に安全に到達するためにはどこからどの道をどう伝って、分かれ道に来たらどちらへ進めばよいのか、誰にでもわかるように書かれている。山に登る人は「5万分の1」とか「1万分の1」とかいった地図を持っていく。専門家になればなるほど、細部のわかる地図を持っていく。海外に行くときに旅行者は何よりも現地の地図を持っていく。この地図のように、契約書は取引において当事者にとっての行動指針、道しるべとしての役割を果たす。

契約書は取引の地図です

1　もっとも対消費者取引では、書面の作成が法律で要求される場面が少なくないが、本書はプロ同士で国際取引をする場合を前提としているので、その方面には立入らない。
2　権利は「行使」、義務は「履行」するという。

2 後向きの意味

　もう一つの目的は、いざ紛争になったときに問題解決の鍵を用意するということである。

　取引の中で何か紛争が起こったときには、まず当事者間で話合いをするだろう。そのときには当事者がどんな取引（契約）を意図したのかを調べる必要が出てくる。国際取引を念頭におけば、口頭で話したことは形が残らないので、「どんなことを言ったか」を詮索してみても、何の頼りにもならないことはいうまでもない。紙がなければ当事者は自分に都合のよいことをいうだけである。

　そうだとすれば最も頼りになるのは、何といっても両当事者が署名した[3]契約書だということになる。しかし契約書があっても、ときには書いたことについて、当事者で解釈が分かれないという保証もない。当事者は自分に都合のよい読み方をしようとするものだからである。さらに地図だって現実とは微妙に異なるわけだし、ときには大水で道が消えていることもあるかもしれない。

　そうなった場合に当事者の権利義務関係をどのように確定するかは、結局のところ当事者の手を離れて、第三者、即ち裁判官や仲裁人などに、委ねざるを得なくなる。そのときには「客観的に、よく書けた」契約書がものをいうのである。なるほど契約書といえども、すべての問題を即座に解決するわけではないが、少なくともよく書けた契約書であればあるほど、自分を守ってくれるということはいえる。

> 契約書はいざというときに第三者にみせるものです

　国内取引でも契約書の重要性は、近ごろ高まる一方のようだが、国際取引

---

[3] 当事者の署名のない書類はそれが最終案なのかどうかに疑問があるし、ときには信憑性に問題があることもあろう。極端なことをいうならば、相手方の署名のない書類は相手方に対しては拘束力がない。

では何も書面なしで取引することは皆無である。上にあげた二つの目的はどちらかというと法的なものだが、そのほかにも商品の通関、関税の支払い、代金送金などにあたって、とにかくどこかの国で、あるいはすべての関係国で、当事者の合意内容を書面にしたもの（名前は「契約書」であれ何であれ）の存在が要求される。

　そこで役に立つ契約書をどのようにつくるかの技術が必要になるのである。

Ⅱ　誰のために契約書を書くのか

　よく「公平な契約書」、「一方的な契約書」といったことを耳にする。確かに第三者の立場に立って読むと、両者の権利義務について比較的等しい扱いがなされている契約書があるかと思うと、片方の権利だけが過剰に盛り込まれていて、バランスを欠いているような契約書というものもある。また明らかに契約書作成能力に差があることがうかがわれるケースもある。しかしそれらは「間違った契約書」だろうか。確かに中には独占企業の横暴で、認めがたい契約書もなくはないが[4]、すべての契約書は両者によってサインされているのである。納得しないのに契約書にサインする商人はいない。ということはどのような契約条件にも、裏にはそれにサインすることを正当化する計算があるはずである。儲かる商売だから厳しい条件に合意することもあれば、次の商売に期待して「損して得する」つもりでサインしたものもあろう。「契約書に何が書いてあっても関係ない。何かあったら考えればいいのだ」という自信家もいる[5]。

　では契約書は誰のために書くのか。答えは簡単で、自分のために書くのである。自分の権利を最大に、相手の義務を細大漏らさず、書けばよいのである。もちろん自己の草案（これを「ドラフト」という）を相手方に提示したところ、ほとんど消されて真反対に直されることもあるだろう。そのようなやり取りを繰り返した後に、サインしてよいと思われるところまでくればサインすればよいのである。自分の権利（たいていは反対からみれば相手方の義務）が確保され、自分が背負い切れない義務を負っていないことを確認できればサインしてもよい。

---

[4]　人工衛星を売込みに行ったところ、「不具合があった場合は売主は修理する」という条項を、決まった書式だからとどうしても外してもらえなかった、という話を実際に聞いたことがある。
[5]　「契約条件交渉は西洋では署名で終り、東洋では署名に始まる」という西洋の諺もあるぐらい、東洋では契約書の地位が低かった歴史もある。

Ⅰに書いたように、契約書はいざというときのための書類である。そのときの答えが自分に有利であること、百歩譲って少なくとも「不利ではないこと」が最低の条件である。

契約書は自分のためにつくってください

III 契約書の書き方は立場によって異なる

　このように契約書は自分中心に考えればよいのだから、当然のことだが当事者の立場によって書き方が異なってくる。同じ売買契約でも自分が売主なら、できるだけ手離れのよい条件を提示するだろうし、買主なら支払いを遅くし、品質保証条件のよいものを望むだろう。法律的事項でいえば、契約を支配する法律として、当事者双方ともに自国の法律を準拠法として適用することを主張するし、紛争解決にあたっては相手方が自国の裁判所に出向いてくることを要求する。このように、契約条項を書くにあたっては、「書き方は立場によって異なる」ことを忘れてはならない。

> **契約書式は、誰のために用意されたものか、要確認**

　書店に「標準売買契約書」といった名前の付いた書籍が売られている。日本の国内ならそのような書式に穴埋めしただけでも取引をできなくはない。その程度の契約書でも特に紛争が多発しない理由の一つは、日本という同じ文化圏の中で、常識的な商人がお互いに確立された商習慣の枠内で取引をするからであり、また理由のほかの一つは日本の通常の取引では契約書は主な合意事項を備忘的に書くものであって、それで取引のすべてを律するような重要性をもたされていないことにある。たいていのことは、事が起こったときに話し合って決められていく社会では、それで十分なのである。
　しかし国際取引ではそうはいかないことは「はしがき」にも書いたところである。ところが世の中の国際取引契約書の専門書には、契約書の書き方は

立場によって異なるということを自明のこととして、十分に表面に出すことなく書式を掲げているものが少なくない。何より国際取引契約では、立場による違いが重大な意味をもつことを記憶しておいていただきたい。

Ⅳ 契約書は自分の義務の外周縁

日本語の契約書の最後の部分によく次のような条項が挿入されている。

> 本契約に定めのないこと、及び本契約の履行に関して疑義が生じた場合、当事者は誠意をもって協議、解決するものとする。

これに対して、英文で書かれた契約書には、判で押したように次のような条項が同じく終りのほうにおかれている。条文の名称は'Entire Agreement'（「完全な合意」[6]）となっていることが多い。

> This Agreement constitutes the entire agreement between the parties and wholly cancels all previous negotiations and agreements, whether formal or informal, oral or written, with respect to the subject matter hereof.
>
> 〔和訳〕
> 本契約書は当事者間のすべての合意を含むものであって、公式、非公式を問わず、また口頭、書面を問わず、本契約の目的事項に関して当事者間に存在する、すべての従前の交渉事項および合意事項を無効にする。

この二つの典型的な条文は、日本と英米圏（といってもよいし、もっと広く英語で契約書が書かれる場合、といってもよいだろう）の契約書観の相違を如実に表わしている。

日本語の条項はこの契約書に定めのないことでも、当事者は後日協議のうえ、どう対応するかを決めて、契約の一部として履行していこうという合意を表わしている。つまり契約書締結時点では、「契約書は将来発生するあら

---

[6] 「完全な合意」という日本語は訳語としては正しいが、意味はよくわからないことと思われる。しかしこれ以下の説明を読めば、こう訳さざるを得ないことが納得できるであろう。

ゆる問題の、合意済の解決方針を書面化したものである」などと考えるのではなく、「その当時に思い至ったことを書いたに過ぎない」ととらえるわけである。その意味で日本の契約書観は、「契約書とは所詮不完全、未確定なものである」というものである。契約書はそれですべてというよりは、ほかの可能性も残したうえでの「開いた世界」、「未完の地図」であるといってもよいだろう。

　これに対して「完全な合意」条項は、「サインされた契約書は契約に関するすべてを書いたものである」ことを宣言している。その意味するところは、「合意されたことはすべてここに書いてある」ということであるから、契約書は自己完結的な「閉じた世界」ということとなる。したがって本契約書に定めのないことは、その後には俎上にのぼすことができない。それどころかいったん契約すると、それ以前の合意はすべて反故にされてしまう。言い換えれば次のようなことになる。

① 　契約書に記載のない事項は、「残念ながら当事者間に合意が成立しなかった事柄」である。だから契約に盛込まれることなく契約書は締結された。

② 　契約書に記載のない事項は、「当事者間の合意の結果、契約事項から排除することにした事柄」である。だから契約に盛込まれることなく契約書は締結された。

　そうだとすれば、何か疑義が起こったときに、あのときこう言ったとか、実はこうするはずだったではないか、と主張しても聞入れてもらえなくて当然だということになる。また何か規定を欠く事柄が出てきても、それは処理済みのことであるとされても仕方がないのである。

警告！

英文国際契約書はいったんサインしたら
それでおしまいの「閉じた世界」です

英国の判例に、契約書に書かれていないことが争点になった事件で、裁判官が「そのようなことが発生すると思ったのなら、規定をつくっておくべきであった。何も書かなかったのだから仕方ない」といった旨を述べたものがある。上の趣旨を如実に反映したものである。

　もちろん当事者双方が、新しい事態に直面して何とかしようということに合意すれば、新しいことに合意すればよいのであって、「完全な合意」条項は契約締結後に、新しい合意をしてはならないといっているわけではない。片方の当事者が新しいことや、契約書に入れられなかった古証文を持ち出してきても、相手方はいやならそれにつきあう必要はないというだけである。

　これだけ読むと国際取引は大層危険なものだと感じるかもしれないが、実は閉じた世界のよさもある。それはいったん契約書にサインしたら自分の義務の外周縁は契約書の記載事項を越えないということである。そこに書いていないことを要求されても、「契約書にはそんなことは書いていない」と言えば終りなのである。その意味で相手にサインさせることが、自分の安全を保証するパスポートを手に入れることにつながる[7]。よく検討された契約書は自分を守る武器なのである[8]。

❗ 国際取引では契約書がすべてと考えてください

---

[7] もちろん契約書に書いていなくても、法律や判例で当然負担すべき義務もある。たとえばウィーン売買条約では、「当事者が別段の合意をした場合」（つまり契約書に何か規定を設けた場合）を除いて、売主は商品が一定の品質を満たすことを約束したものとみなされる。しかしこれは品質保証について何か明文で約束したうえで、「それ以外の一切の保証義務から免除される」と明記すれば、その条項は自分の義務の外周縁となって自分を守ってくれる。

[8] 逆に言えば十分に検討せず、漫然と契約書にサインすると、自分の死刑執行令状にサインする破目になるので注意を要する。

V　よく書けた契約書は自分を守る証拠書類

　契約書はできることとできないこと（権利の有無）、しなければいけないこととしなくてもよいこと（義務の存否）、をはっきり決めるために必要な書類である。

　それに加えて契約書の実際的な効用として、紛争になったときに、第三者の仲介役の人間（それはたいていの場合に裁判官か、仲裁人とよばれる紛争解決を専門にする人である）に対して、当事者の権利義務を理解してもらい、自分の主張に納得してもらうための最良の証拠になるということがある。もう少し詳しくこれを説明してみよう。

　仮に当事者間の契約書にはⅣで紹介したような「完全な合意」条項がなく、書面に盛り込まれていないけれども合意したはずである事項を主張することが、法制度上は許されていたとしても、目に見える証拠物件がないところで、抽象的な「合意」の存在を第三者に理解してもらうことは至難のわざである。何か主張したいと思ったことが、相手方にとっても同じく都合のよいことならいざ知らず[9]、たいていのことは相手方に拒絶されるに違いない。裁判官や仲裁人は会ったこともない原告と被告[10]が、まるっきり反対のことを主張しているのを聞いて、どちらかの言うことを正しいとしなければならないのだから（もっともどちらの言い分も認めないこともあろうが）、いくら当事者としては自分の言分が正しいと信じているとしても、契約書の規定という目に見える証拠がなければ、自分に有利な判断がされる保証はないといえば言い過ぎだが、保証があるとはとてもいえない。そういう意味でも契約書は自分を守る手段なのである。

　さらに「完全な合意」条項があるところでは、当事者の権利義務の外周縁

9　それなら相手方も喜んで認めるだろう。
10　仲裁の場合は「申立人」と「被申立人」とよぶ。

が明確に引かれているはずなのだから、契約書に関する紛争は起こらないかといえばそうでもない。書かれたことの解釈について紛争が起こりうる。きちんと書かれた契約書なら解釈で意見が分かれることはないかもしれないが、手を抜いて適当にしか書かなかったり、一般人にはとてもわからない専門的すぎる言葉を説明もせずに使ったり、同じ言葉に世上与えられる意味と別の意味をもたせたり[11]、といった理由で契約書に書いてあることの意味が判然としない例はいくらもある。そのようなときには当事者は、「ここで本当に言いたかったことはこうである」、「いやそんな合意をした覚えはなく、こうである」といった議論をすることになる。しかしこの問答に明快な回答を与えることは、いくら法律の専門家でも難しいことはよくおわかりであろう。

このような紛争を未然に防ぎ、運悪く裁判官のお世話になったとしても、自信をもって自分の権利を主張することができるために、きちんとした契約書を作るのである。千の言葉を費やして形のないものの説明をしようとするより、一つのよくできた書類を示すほうがずっと簡単である。

この意味で契約書はとりあえず書けばよいのではなく、どんな状況においても誰が見ても「たった一つの意味をもち、それ以外の読み方ができない」ように書かれていなければならない。興味深い例をあげてみよう。

> この貸農園ではりんご、なし、さくらんぼなど、果物を育てることができます。

さてこのような条件で農園を借りたとして、そこで「いちご」を栽培することが契約上できるだろうか。答えは「はい」と「いいえ」と二つあるのである。

「はい」はわかりやすいとして、なぜ「いいえ」なのだろう。いちごは「果物」ではないという理由からではない。いちごは立派な果物である。しかし英米法流の契約文言の解釈方法からすると、いちごは「りんご、なし、さく

---

[11] 「兎1ダースは10匹を意味する」という地域の慣習が認められた判例が英国にある。ちなみに 'baker's dozen'(「パン屋の1ダース」)という表現が英語にあるが、これは13である。

らんぼ」と同種の果物ではないからである。「同種」とはここではその三つが共通に、「木になる果物」という性質をもっていることを指す。そのためにそれ以外が排除される、というのが英米流の法律文言解釈なのである[12]。しかし日本の法律文言解釈にはそのような一般原則はないので、いちごは許されるだろう。

そこでこの契約文言をどの国にもっていっても、各々の場合に沿って、「たった一つの意味をもち、それ以外の読み方ができない」ようにしようとすれば次のようになる。

> この貸農園では木になる果物なら、りんご、なし、さくらんぼ、そのほかを育てることができます。

> この貸農園ではりんご、なし、さくらんぼなど木になる果物のほか、どんな種類の果物でも育てることができます。

これはかなり極端な例ではあるが、東南アジアでドリアンの扱いを経験された方なら、果物なら何だって同じというわけでもないことが現実にありうることがおわかりになるであろう[13]。

契約書の解釈について紛争が起きるときというのは、当事者の権利、義務の鋭い衝突が起きているときだから、必ずといっていいほど相手は非協力的である。そのときには「誰にでも明白な」契約書が、自分の権利を証明する証拠書類、自分を守る最良の武器になるのである。

❗ 契約書の文言は「これであって、これでしかない」

---

12 拙者『英文契約書修正のキーポイント』(商事法務、2009年) 182頁以下参照。
13 ドリアンは特異な臭気を発するため、国によっては公共の場所や交通機関への持込みを拒否されることがある。ドリアンとマンゴーは同じ果物といっても、ある場所では区別して扱われるのである。

VI　契約書は誰がつくるか

　このように契約書というのは自分を守るために、自分の義務の外周縁を、自分の立場に立って、誰にでもわかるように書くものである。では次に契約書は誰がつくるべきなのかを考えてみよう。国際取引の契約書は英語で書かれており、また長文であることが多いことなどから、えてして相手方につくってもらう、あるいは相手方が作成したものをもとに検討するといったことになる。

　しかしそもそも契約書というものは誰がつくるべきなのか、ということは考えておく必要がある。たとえば売買契約で契約書をつくるのは売主である。その理由は売買契約というものは売主が物を売るのに対して、買主が代金を払うものであり、どのようなものを売るのかについて、主体的に決める立場にあるのは売主だからである。売主は商品の内容、商品がいつできるのか、などについてもっともよく知っている当事者である。商品がどこかの国の特許などの知的財産権侵害の問題を起こすか起こさないかを知っているのも売主である。販売された商品に問題があったときに、どのように対応することができるのかを、最も適切に考えることができる当事者は売主である。したがって一般的には売買契約というものは売主が契約書の草案（ドラフト）を書くものである。

　いささか飛躍するようだが、企業買収の契約書について考えてみよう。企業買収の方法には「株式の買収」と「資産の買収」がある。実はこの二つの場合には、どちらが契約書をつくるかのルールが少し一般の場合と異なる。では誰が契約をつくるのだろうか。それは次のとおりである。

　資産買収による企業買収契約は、売却する側の売主がまず最初にドラフトをつくり、株式による企業買収は買主がドラフトを作成する。その理由は資産買収の場合はどのような資産が売却対象となるか、およびその内容、性質などをよく知っているのは売主だけだからである。買主はまだみてもいない会社の売却資産の詳細を契約書に書く能力がそもそもない。これに対して株

式による買収の場合は単に株を1株いくらで売買するか、ということにすぎないので、買主でも契約書を書くことができる。

しかしこれはどちらかというと、例外的な場合であって、多くの場合、契約書というのはその取引の中でもっとも中心的な役割をもつものを相手方に引渡す側が書くことが多い。たとえば技術援助契約でもそうであろう。どのような内容の技術をどのように移転するか、ということを一番詳しく書くことができるのは、技術を移転する側（ライセンサー）である。技術を供与される側は使用料、許諾料（ロイヤルティー）を払うことがその義務の中心である。運送契約でも運送する側が運送条件を書いて、それに従って運送するかどうかは、運送を委託する荷主の側が決める。

このように契約書を誰がつくるか、というのは大体決まっているのである。ただこれは両当事者の力関係がそれほど変わらない場合であって、強大な購買力を誇る大企業が小さな会社から部品などを買うといった契約では、むしろ買主が統一した購入約款を押し付けてくることも十分にありうる。しかし本書ではそのような例外的な場合ではなく、お互いにほぼ等しい交渉力をもった場合について検討していくこととする。

第2章

契約書に書くべきこと

I　はじめに

　契約書の作成目的や存在理由は大体わかっていただけたと思う。本章では契約書には何を書けばよいのかを考えてみよう。次のⅡに示すように単なる売買契約でも、国際取引で通常使われる契約書はとにかく長くて複雑である。それはそれとして、国際取引をしようと思い立った人に、契約書に関する基本的なことを覚えておいてもらいたい。それは、契約書の条項にはなくては困ることと、あったほうがよいことの2種類があるということである。

　売買契約書をつくるときに、取引しようとしている商品が何なのか、を書かずにすませるわけにはいかない。いくつ渡すか、いくら払うかも書く必要がある。これらの契約条件は、自動車にたとえればエンジン、ブレーキ、車体である。これなくして自動車は走らない。それに対して第4章「法律的事項は避けて通れないか」で説明するような法律的事項は、いわばシートベルト、エアバッグである。なくても自動車としての機能は果たすが、あれば何かあったときに明暗を分ける。中には雪の降る地方におけるスノータイヤのような条項もある。全国一律の必須事項ではなく、ある条件下（ある種の取引）では絶対に要るが、なくてもほかの条件下では全く問題のないものである。ここではそのことを念頭におきながら、契約書に書くべきことの考え方をみてみよう。

> 完璧な契約書があれば、かなり安心して取引できますが
> そのような契約書がなくても取引はできます

Ⅱ ひな型からは自分の望む契約書はつくれない

　わかりやすいように売買契約を取上げて話を進めよう。どこの国の法律をみても、売買契約の対象商品別に規定をつくってはいない。そこで鮮魚の売買にも大型建設機械の売買にも、100階建てのビルの売買にも同じ法律が適用される[1]。あっても、せいぜい動産と不動産の区別ぐらいである[2]。そこで法律家はえてして売買契約書のひな型なるものをつくって、それを多少の調整をしたうえで、すべての売買契約に適用しようと考える。そのことはあながち間違いではない。契約書の目次だけをみていると、確かにそのような抽象化は可能である。次のリストをみてみよう。これはいくつかのひな型から拾い出した国際売買契約書の記載事項である。

国際売買契約書

表題
前文
1. 定義
2. 販売／購入
3. 注文／承諾
4. 価格
5. 購入量
6. 支払
7. 引渡し
8. 所有権と危険負担の移転
9. 保険
10. 検査

1　日本の民法における売買契約の目的は、「物」のみならず特許権のような権利までその対象に含めた概念であるが、本書では形のある物に限って考える。
2　ウィーン売買条約は動産に適用される。

> 11. 品質保証
> 12. 保証制限／限定
> 13. 知的財産権
> 14. 契約不履行と契約解除
> 15. 不可抗力
> 16. 通知
> 17. 権利放棄
> 18. 分離
> 19. 修正／変更
> 20. 完全なる合意
> 21. 準拠法
> 22. 紛争解決
> 23. 裁判管轄
> 署名欄

　確かにこれだけあれば各種の商品の売買契約書ができるだろう。しかしよほどの専門家は別として、一般の商取引に従事するものにとっては、そこには実際的な問題がいくつかある。

① 完全すぎて手が出せない　これらの項目のすべてを取り上げて、自分の手で契約書を書き上げることは、専門家にしか不可能である。何を書けばよいかも、どう書けばよいかも（ましてや英語で！）見当もつかない。参考書を頼りに条項内容に相当する「部品」を集めてくることができたとしても、その部品をどう手直しして、自分の契約にはめ込んだらよいのかわからない。相手方から送られてきた契約案にこれらの項目が含まれていたとしても、要否の判断、修正の要点がわからない。

　要するにこのリストは正しいかもしれないが、これを自分の取引に合うように加工して書けなければ取引をすることはできない、といわれても「困ってしまう」のである。

② 現実に合わない　取引の内容は、当事者の関係、環境、規模によって千差万別である。そして取引条件によっては不要な条項もある。ある商社マンが長年の経験から「売主にとって最上の取引は、現金を先に入金するものである。金さえ入ってくれば契約書も要らない」と言ってい

たが、まさにそのとおりである。そのような取引には「信頼関係」が存在する。売主を信じていなければ、買主が売買代金の全額を商品受領前に払う道理がない。そしてそのような取引相手なら、売主もまた契約書の有無にかかわらず、最上のサービスをするだろう。これ以外にもひな型の条項を不要にする要素は数多くある。鮮魚の取引には知的財産権に関する条項はいらない。プロ同士の骨董の売買に品質保証条項は必要ない。

> **!**
> **ひな形はショーウィンドーの見本のようなもので**
> **誰もそのままでは着られないのです**

　専門家がつくったはずのひな型が使いものにならないという事実は深刻である。そのことの理由を考えてみると、どうも専門書というものが読者には契約書が書けるくらいの英語力があるということと、法律の知識があるということを無意識のうちに、前提において書かれているからであるような気がする（さすがに本書も「英語は全くわかりません」という人には役に立たないと思うが、法知識については常識があれば読めるようにしたつもりである）。筆者の経験からいえば、契約書のひな型をもってきて自分の取引に合うように、仕立て直しできる技術をもった商売人はほとんどいない。大企業の法務担当者でもそうなるには少なくとも5年くらいの経験を必要とする。つまり専門書というのは専門家が専門家のためにつくったものなのである。それでは国際取引の推進など望むべくもない。このことが国際取引実行の障害になっているのではないかと感じられる。

III　取引の根幹を見据える

　では理想的ではないかもしれないが、現実に行われる取引についての契約書には何を書けばよいのかを考えてみよう(どう書けばよいのかについては、第3章以下で具体的に説明する)。

　最初に簡単ではあるが大事なことに触れておきたい。それはたいていの場合において、取引とは「何か」と「金銭」を交換することだ、ということである。売買契約は「物」と「商品代金」、役務契約は「役務、サービス」と「対価」、ライセンス契約は「技術やノウハウ」と「実施料、ロイヤリティー」、製造委託契約は「注文品の製造、引渡」と「委託料」[3]、雇傭契約は「労働」と「賃金」等々である。

　もちろん取引の中には金銭以外のものを目的としたものもある。秘密保持契約、共同研究契約、合弁事業契約、代理店の任命などの契約は「何か」と「金銭」の交換を内容とするものではない。しかしこれらの契約は取引全体のうちでは比率も高くないし、それなりの契約書構築の高度なノウハウも必要とされるので、本書の直接の対象からは外しておく。

　この本では、わかりやすいので、引き続いて動産の売買を基調として話を進めるが、第7章「売買契約以外のよくある契約書の記載事項」でほかの形の取引についても触れておく。

> 契約とは「何か」と「金銭」の交換です

---

[3]　法律的にはこのような契約は「製造物供給契約」と称して、請負契約と売買契約の混ったものとされるため、対価は請負に対する報酬と売買契約上の商品代金の和ということになるのだが、そのような理論は横においておく。

交換という基本的な形にもどると、「何か」をどのように渡すか、もしくは受取るか、そして「金銭」をどのように払う、もしくは受取るかを考えるのが、契約書作成検討の根本となるのである。それ以外にも書かざるを得ない若干の法律的ポイントもあり、それについては第4章「法律事項は避けて通れないか」で説明するが、「取引は交換である」ということをしっかり頭に入れて読み進んでいただきたい。

Ⅳ 契約書の中味は取引の現実に左右される

1 取引を取り巻く環境のアセスメント

　さて取引を取り巻く環境は契約書の内容に少なからぬ影響を与える。そこで契約書作成に入る前に、契約書の書き方、その内容に影響を与える環境のアセスメントをしておく必要が出てくる。

(1) 相手の信用

　商取引の基本は相手を信用できるかどうかである。興信所や銀行から入手する情報に加えて、自分の目で相手の信頼性を確かめることが何より大切である。商品を引渡してくれることについて何の心配もない相手に対する場合と、見たことも聞いたこともない外国の相手と取引する場合では、契約書の密度が異なる。相手に契約履行能力があるかどうかは、いろいろな聞き合わせ、紙上での調査に加えて、理想的には相手の本拠地を訪れて、工場の操業の様子はどうか、倉庫は整頓されているか、従業員の表情は明るいか、食堂や便所は清潔かなどを見てみなければ判断できない。相手に対する信頼度が高まれば、契約書は要点だけですむ可能性が増す。

(2) 相手方との過去の取引経過

　相手と過去に満足のいく取引をしていれば、相手に対する信用度は格段に高まるだろう。お互いの「契約履行精度」がわかっているからである。精度とはどれくらい丁寧に、約束したことを守ってくれるかという意味である。期限を守るかどうか、指示を守ってくれるか、わかりやすい連絡を適時にしてくれるかなどは、何度か取引する間に、お互いに理解し合うことである。日本人は往々にして細かいことに非常に（ときには「不必要なぐらいに」）こだわる傾向がある。外国の商人は箱が少し凹んだり、包装の汚れた商品が届いたからといって、中味に問題がなければ、あまり気にしないが（もちろん奢侈品などは別である）、日本人は箱も包装も本体の一部であるかのように細か

く見る。そんなことに関するやり取りの実績が過去にあれば、相手方は当然特別に気を付けるだろう。支払いでも同じである。期日に必ず払ってくる相手もいれば、事前に念押しをしないと、「つい忘れる」会社もある。ライセンスの実施料は払ってくるが、計算明細書をしょっちゅう付け忘れたり、必要な資料を送ってこないライセンシーもいる。このようにして過去の経験からお互いの履行の精度がわかっていれば、契約書にどこまで書けばよいか自分で判断できるようになる。

(3) 取引内容の複雑さ／簡単さ

りんご1個を現金で売るときに契約書をつくる商人はいないが、ブルドーザー10台を分割払いで買うなら、絶対に契約書をつくるだろう。レンタカーを1日借りるには契約書がいるが、ボートを1時間借りるのに公園の池で契約書の作成を求められることはまずない。法律の眼からみればどれも「契約」なのに、契約書をつくる場合とつくらない場合があるのは、取引の内容によるのである[4]。

契約書をつくらないでもすんでしまう理由は、取引が一瞬にして終ってしまい、後まで権利義務の問題が尾をひかないということもあれば（りんごの例）、相手方が契約を履行しない理由が考えられないということもある（貸しボートを乗逃げして、返却義務を果たさない客はいない）。逆にブルドーザーの売買には、商品に不具合が生じたらどうするか、支払いが滞ったらどうするかといった問題が起こる可能性や、いつ商品（の所有権）は買主のものになるのかといった、何も書かなければ当事者間に当然一致した答が出るわけではない法的問題[5]があるから、その場合に備えた書きものが必要となるのである。レンタカーの場合でも、貸す側には事故、盗難、損傷、返還の遅れの場合どうするか、といった配慮があろうし、借りる側にも車の不具合の場合の保証はどうなるのかといった心配がある。これらのことを借りるときにも

---

[4] ここで注意しておかなければならないのは、契約書をつくらないからといってその取引が契約ではない、ということにはならないということである。日本でも外国でも契約書をつくらなければ契約はない、ということはほとんどない。もっとも取引の規模以外の理由で契約書の作成が要求されることはある。また契約書がなければ裁判所で訴訟をするときに差支えがある国もある。

れなく話し合うことは現実的ではないし、憶えてもいられないがゆえに、書面を作成しておくのである。

　国際的な取引でもこのようなことをよく考えて、書面にして確認しておいたほうが自分のため、ひいては相手のためになることは何かを見極める必要があるのである。

> **！ 取引の複雑さで契約書の内容や難易度が変わります**

(4) 契約から履行までの時間

　比較の問題にすぎないかもしれないが、国内の取引は、実際に契約したら取引を実行するまでに、国際取引契約ほど時間がかからない。国内ならそれこそ「今日の明日」にでも物を送り出せるが、国際取引の場合は、契約書の作成も含めて、取引の詳細に合意し、納得し、準備し、実際に船に商品を積むなりするまでには、何週間かはかかる。

　そのこと自身にはとりたてて「法的な意味」はないのだが、実際問題としてその期間内に競争相手が魅力的なオファーをして横から取引の邪魔をする、為替が変動して採算があわなくなる、取引に対する興味が薄れる、財務状態が急変する、法律が変わって取引が完遂できなくなるなどといった状況が発生して、契約はしたものの海の向うの取引相手は本当に約束どおり取引をしてくれるのだろうか、といった心配が頭をもたげてくることがある。

　このようなことの悪影響を契約書の取決めで防止することは完全にはできないが、少なくともきちんとした契約書をつくることによって「違反しにくい」環境を整えることは可能である。場合によっては時間の経過による環境

5　所有権についていえば、売主は代金を払ってもらうまで所有権を渡したくないと考えるだろうし、買主は支払いはするつもりなのだから最初から自分が所有権をもつ、と信じているだろう。

の変化に応じて、契約条件を変更するメカニズムを組み込んでおくことも考えねばならないかもしれない。

> ⚠️ **時間と距離の乖離は大きくなればなるほど当事者の関係によくない影響を与えます**

(5) 相手国の文化や取引慣行

　取引に対する姿勢は、その当事者のいる国の文化や、取引慣行に当然のごとく影響を受ける。日本では人は約束を律儀に守るとされているが、実際には何か思いがけないことが起こったときには、平気で契約書に書いてあることを忘れて、臨機応変に対応することを相手に求めることが少なくない。そしてそれが契約書に書いてあることと異なっても、割合平気である。契約書に値段が決っていても、相場が大きく動いたときに「誠実協議条項」[6]に基づいて価格改定を求めるといったことはよくあることである。1974年に相場の暴落と為替の変動を引き金として起こったのが、日本の輸入業者とオーストラリアの輸出業者との間に締結された長期契約に基づく、豪州産の原糖の輸入契約履行拒否事件である。日本側が当然のこととして契約条件の改定を申し入れたのに対して、相手方がこれまた当然のこととして、契約に基づいて拒否したことから、最終的には日本側が商品の引取りを拒否して、国際契約紛争が外交問題にまで発展した[7]。

　このようなその国の文化や特有の取引慣行に根ざした契約履行上の問題は、どこの国との取引でも存在する。異なった国の当事者同士の取引では、何か

6　「本契約に定めのない事項については、当事者誠意をもって協議、解決するものとする」、「本契約の履行について当事者間に紛争が生じた場合は、誠意をもって協議し、円満に解決しなければならない」といった条項で、国内の契約には判で押したように末尾に挿入されているものである。国際取引契約ではほとんど例をみない。

が起こることは最初から覚悟しておくべきことであろう。

> ❗
> 契約をそのとおり履行するかどうかは
> 法律問題でもありますが
> 文化の違いにも深く関係があります

(6) 決済条件、引渡条件

　たいていの契約書式集をみていると、売主としては信用状による支払いを受けるのが好ましいとか、支払いを船積書類引渡後何日以内とする場合は、注意することが必要であるといったことが書いてあって、それに対応した例文があげてある。自分の取引がその場合にあたればそれでもよいのだが、そうばかりもいくまい。もっと現実を見据えたアプローチはないのだろうか。

　ここで今まで考えてきたことが役に立つ。確かに相手の信用度が高くなく、取引歴もなく、相手方の国もどちらかというと日本と比べるとルースなことで知られている、というなら信用状を求めればよい。しかしそのあたりに多少確信がもてないところがあったとしても、全額前払いしてくれるなら、売主としてはかなり安心である。全額とまでいかなくても、少なくとも仕入れコストをカバーするだけ入金できれば、万一のときに心強い[8]。そしてそのときは契約書の文言も簡単ですむのである。逆に後払いとなるとリスクが高まるので、それなりに条文の内容も少し考えなければならなくなる。とはい

---

[7] 詳しくは加藤雅信ほか編『日本人の契約観——契約を守る心と破る心』(三省堂、2005年) 23頁以下参照。なおこの本には同じような状況下でアメリカのウェスティングハウス社が、どんな理屈でどんな行動に及んだかも書かれており、日米間の契約に対する態度の比較対照として大変興味深い。同書49頁以下参照。

[8] 買主が残金を払ってこないために契約を解除せざるを得なくなったときに、受領していた金を全部無条件に入金してしまえるというわけでもないが、人質をとっていることの意味は大きい。

うものの、相手が信頼するに値することがわかっていれば、その場合でも短い文言ですむだろう。

引渡条件も同様である。動産の引渡しにはたいていインコタームズが使われるので、あまり細かいことを契約書に書く必要はないが、それでも日本の工場で渡切りにする「工場渡」（'Ex Works'、略称 EXW）とするか相手の国に持込んで渡す「関税込持込渡」（'Delivered Duty Paid'、略称 DDP）にするかによって、責任をもつべき仕事の量は変わる[9]。売主側の仕事の量が増えれば、当然リスクも増えるので、それに伴う対策も考え、契約書に盛込む必要が出てくる。その結果として条文に入れる情報量にも差が出てくる。逆にリスクを減らすことができれば、契約書は短くできる。

このように契約書に書くべきことは、現実の取引条件を反映して、長く詳しくもなれば短く簡単にもなりうるのである。

② よい契約書をつくれるのは、第一線の営業担当者である

契約書を作成するのは法律家の仕事かもしれないが、国際取引の経験の浅い法律家は、えてして正しいかもしれないが使いものにならないような契約書をつくってしまう。その一つの理由は実態をわきまえない「ひな型主義」と、もう一つは契約の類型に取引を無理矢理合わせようとする態度である。

「ひな型」についてはすでに触れたので、類型思考についてほんの少しだけ書いておく（このパラグラフは読み飛ばしてもらっても一向差支えない）。日本の民法[10]は契約の類型として13のパターンをあげている（民法549条から696条まで）。そしてある取引がこのどれかにあてはまるとすると、その関係条文が自動的に適用される。デパートの店員が似合おうが似合うまいが、帽子から靴までお仕着せの物をユニフォームとして身に付けるのと似ている。何も考えなくてもよい点で楽だが、自分の趣味も特殊な体型も考慮に入れてもらえない。では民法にないパターンの契約をしようとするとどうするのだろうか。

---

9 これらのいずれの条件も、日本の輸出入ではほとんど使われない。ここではあくまで考え方の材料として提示しただけである。
10 なお商法にもいくつか補足がある。

これは13のパターンのどれかに似ているからといって、現実を理論に合わせてねじまげることもあるかもしれない。困ったことである。あるいはとりあえずは、全くそれをあきらめて法の一般原則によって考えざるを得ないと、考えることもあるだろう。ところで法の一般原則というものは、契約だけを専ら念頭においてつくられたものではないので、よい契約書をつくろうとすると、個別に当事者間で規定をつくる必要がでてくる。つまり制服がなければ全部自分で考えなければならない面倒さが出てくるわけである。そこで未経験者はこれをきらって、やはりパターンで考えたがるので、「類型思考」に陥るというわけである。それではよい契約書を書くことはできない。

　契約はひな型や類型に100％あてはまるわけではないことは自明の理である。そのうえに契約書の内容は1にあげたような諸事情のすべてを反映したものでなければならない。さてここで大事なことは、そのような具体的な事情を知っているのは取引を担当している当事者であって、法律家ではないということである。「よい法務部員は営業担当者の話をよく聞く」[11]といわれる。そういう法務担当者を擁した会社は幸せである。しかしそのような少数の例を除いて、法務部門すらもつ余裕のない会社では、実は取引の担当者が契約書作成にあたっては最適な立場にいるということになる。

> 取引を知っている営業担当者にこそ
> よい契約書が書けるのです

11　耳を傾けて事情を聴取るという意味で、言いなりになるということではない。

Ⅴ 契約書に書くべきことを、当事者の義務から考える

　さて、十分な環境アセスメントを終えたところで、そろそろ実際の契約書作成に目を向けてみよう。
　まず考えなければならないのは、契約書に書いておくべきことは何なのかということである。これを考えるときに個別の取引の、個別の商品を念頭において考える方法がある。しかしここではもう少し一般的にあてはまる考え方を紹介しよう。それは「当事者の義務は何なのか」から構成するという考え方である。「義務」という言葉は「しなければならないこと」といってもよいし、「約束したこと」と言換えてもよいだろう。なぜ「権利」ではなく「義務」を中心に考えるかというと、相手に何かを求めるときに（「契約の履行が問題になったときに」という意味である）、それが自分の権利として書いてあるよりも、相手の義務として明文で書いてある方が権利の主張が直截的にできるからである。次の二つの文章を比較してみよう。

> 売主は買主に売買代金1千万円の支払を請求する権利をもつ。

> 買主は売主に売買代金1千万円を支払わなければならない。

　明らかに2番目の文章のほうがわかりやすい。その理由はこの規定を入れる最大の目的が、相手に何かさせることで、2番目の文章はそれをストレートに表現しているというところにある。売主が権利をもっていることに疑いはないが、契約書に基づいて何かを主張するときには、相手方に何かすることを要求するのだから、相手方は「……しなければならない」、「……する義務を負う」、「……することに合意する」と書いてあるほうが、使い勝手がよいのである。次のやりとりをみてみよう

> 売主：商品を引渡したが、代金の支払いを受けていない。
> 買主：……。
> 売主：私には代金1千万円を請求する権利がある。
> 買主：承知しています。それで？
> 売主：1千円を直ちに支払え。

　こんな会話は現実的ではないとしても、考えるプロセスはこういうことである。これに対して「義務」からアプローチするとこうなる。

> 売主：商品を引渡したが、代金の支払いを受けていない。
> 買主：……。
> 売主：貴社には当社に1千万円の商品代を支払う契約上の義務がある。
> 買主：そのとおりです。支払います。

　実際の契約書も、この考え方をとるものが大多数である。ただしこれは考え方で、考えがまとまった後で契約書としては「権利」の面を強調したければ、それはそれでも構わない。

　「義務」を柱に書くことのもう一つの効用は、このように書けば契約書の中で当事者が負う責任の範囲が、明確にわかるということである。たとえば売買契約書を自分の立場からみたときに、自分の義務の最大外周縁はどこか、相手に要求できる最大限の範囲はどれぐらいか、がよくわかる。逆にいえば「しなければならない」こと以上、以外はする義務はないからである。

　契約とは「何か」と「金銭」の交換であるから、「何か」の提供者と「金銭」の提供者に分けて、それぞれが取引の中で何を約束したかを考えてみるわけである。そうすると次のことが何をおいても書いておかなければならないことであることがみえてくる。

> 何を渡すと約束したか？
> どのくらいの数量を渡すと約束したか？
> いつ（までに）渡すと約束したか？

　本当に気心の通じた相手との単純な「何か」の少額の取引なら、国内でも海外でもこれだけのことがしっかり書けていれば、（完全とはとてもいえないにしても）最低の役に立つ契約書にはなる。このことをしっかり覚えておいていただきたい。

　しかしそううまくいくときばかりではない。いろいろな偶発的な出来事が介入してくるおそれもある。そこで上の三つの項目について、もしそのとおり約束が果たせなかったらどうするかを書き足すのであるが、これについては追々触れることとする。

VI ウィーン売買条約を手がかりとして、当事者の義務を考える

　契約当事者の義務にどのようなものがあるかを考えるにあたっては、ウィーン売買条約[12]を手がかりとして使うことができる。条約は動産の売買に関するものだが、売主と買主の義務に分けて規定しているほか、その義務に違反したら、相手方にどんな権利が発生するかを売主、買主に分けて記述し、最後に共通の規定をおいている。以下に契約書の構成を考えるときに、一般的に使えそうな条項をわかりやすく並べ替えて、その内容を簡単に示してみよう[13]。

> (i) 当事者の義務に関すること
> ① 売主の義務の内容
> 35条　数量、品質などにおいて契約に適合した物品を引渡さなければならない
> 31条　引渡しの場所
> 33条　引渡しの時期
> 42条　知的財産権に基づいた第三者からの請求に関する売主の義務（物品が第三者の知的財産権を侵害しないものであること）
> ② 買主の義務の内容
> 54条　代金を支払わなければならない
> 58条　支払の時期
>
> (ii) 当事者が義務に違反した場合に関すること
> ① 売主が契約に違反したときの、買主の権利
> 45条　買主にどのような権利が発生するか

12　条文は巻末付属書類Ⅱ参照。
13　ウィーン売買条約が実際に適用される場合の細かな手続的な規定などは、まだほかにもあり、これらも別途検討することを要するが、ここでは契約書に盛込むべき最低の項目という見地から選んだ。

46条　履行を請求する権利
49条　契約を解除する権利
②　買主が契約に違反したときの、売主の権利
61条　売主にどのような権利が発生するか
62条　履行を請求する権利
64条　契約を解除する権利
③　両者に共通の条項
74条　損害賠償はどれぐらい請求できるか
79条　義務を負っている者の支配を超えた障害による不履行の場合の免責の内容
81条　契約解除の効果

(iii)　その他
66条　物品の滅失または損傷と代金支払義務の関連性

Ⅶ 売買契約を例にとって契約書に書くべきことを考える

　ここではⅥに示したウィーン売買条約の条項を項目のヒントとして、売買契約を義務から考えて構成してみる。ここではまだ一般的な説明にとどまる。実際にどのように英文で書くかは、第3章「最低現の英語で使える契約書を書く」で説明する。

1 当事者の義務に関すること

(1) 売主の義務の内容

　35条に対応するものは、「何をいくつ引渡すことを約束したか」と考えれば書くことができる。物の記述は、契約の当事者のみならず、誰もが商品を見たときに「これこそ契約に書いてある商品だ」と言えるだけの、具体性をもって書かれていることを必要とする。

　ウィーン売買契約では「何を」の中には「収納、包装」状態も入っている。このことは商品が何かという問題とは別であると考える法体系もあるが、当事者としてはここで考えておけばよい。インコタームズの規定を使った場合はA9項に、売主は「物品をその輸送に適した方法で包装」することが予定されている。商品は、国際取引では国内取引より何倍も過酷な環境を通過してくるので、特にそのことが問題となる商品では、契約交渉の過程で運送に適した包装についてのやりとりがなされ、契約書にそれを明記することも少なくない。

　あたりまえのことであるが契約書には数量も明記する。数量も感覚的には「何を」の問題ではないかもしれないが、ウィーン売買契約は35条の適合性の要素としてあげている。どこに分類されているにせよ、売買契約では基本的なことである。

　31条の「引渡しの場所」に移ると、国際的な取引は日本発着の場合、ほとんどFOB、CFR（以前はC&Fとよばれた）、CIFで行われている。これらの

用語はインコタームズにきちんと定義されており、その中に引渡しの場所についての規定があるので（各条件基準のA4項がそれにあたる）、これらの条件を指示に従って使えば、引渡しの場所は自動的に決まることになる[14]。なお国際取引の場合、船積みしたからといって飛行機や船が予定の日に目的地に着くかどうかは保証の限りでないどころか、ときには墜落、沈没、海賊による乗っ取りなどで目的地に着かないこともあるので、限られた貿易条件[15]を除いて、売主は商品が目的地に着くまでの責任を負わないことに注意を要する。

> **!**
>
> ## CFR（C&F）やCIFでは
> ## 売主に商品の目的港到着を保証する義務はありません

33条に記載のある「引渡しの時期」については、売主が自国で商品を運送業者に託した時をもって引渡しとする取引（FOBやCFR（C&F）、CIFはすべてそうである[16]。またそれほど使われるに至っていないが、FCA、CPT、CIPでも同様である）では、いつ船積みするかを契約書に明記する。船積み時点よりもっと前に商品を買主に引き渡すEXW（'Ex Works'、「工場渡」）ではその以前のタイミングが指定される。一方、日本ではあまり用いられないが、相手方の国や相手方の営業所にまでもっていくタイプの取引では、その時点を契約書に書く。なお荷物を引き取るにあたって必要になる運送書類などは、当該書類が作成され次第、速やかに買主に渡されなければならない。

42条の主題である「知的財産権」については、ウィーン売買条約は売主が

---

14 ただしCFR（C&F）、CIFでは引渡場所は必ずしも必須の事項ではなく、むしろ大事なのは荷卸港である。ただし売主の引渡義務は船積みで終了するので、ちょっと混乱しやすい。
15 DAT、DAPおよびDDP。
16 ただしCFRとCIFについては、他人が船積みした商品の船荷証券を入手し、それを転売するケースがある。この場合、売主自身は船積みをしない。

一定の保証をするとしているが、実務では売主は保証する場合と、保証しない場合がある。動産の売買にはそもそも知的財産権など関係ない取引もあれば、売主は商品をよそから入手してきて転売するだけで、中味に関する技術的知識はもちあわせていないということも少なくない。商社的な立場で国際取引にかかわるものは、多かれ少なかれそうだろう。かりに売主が製造者であるとしても、商品を構成するパーツは第三者から買い集めているため、何も知らないことも少なくない。そこで売主は何も保証しないとするケースが少なからずある。それに加えて42条1項b号で想定されているように、売買契約の締結時には商品が最終的にどこの国にいくかわかっていないことも少なくない[17]。したがって売主としては、どこの国の知的財産権を対象に保証をすればよいかすらわからないのだから、「何も保証しない」と書かざるを得ないだろう。

　逆にメーカーとして世界の主要な国々の知的財産権の状況は調査済みである、あるいは自分で権利を登録済みである、というなら自信をもって侵害のないことを保証して、それなりの商品価格を請求すればよい。

　自身は転売を業とする商社であるが、仕入先のメーカーから裏づけ保証がとれるという場合にはどうすればよいであろうか。一つは「メーカーが責任を取ってくれるなら自分は矢面に立ってもよい」との考え方の下に、侵害はないことを保証することである（もっともこの場合でも、保証の適用地域を買主の転売予定地域に限定して、それを契約書に明記するぐらいの注意はしておくべきである）。逆に「侵害を主張する第三者への対応を迫られるのは困る」と考えるなら、たとえメーカーの保証があっても、買主に対しては責任を負わないという対応方法もある。販売した商品がヨーロッパで特許侵害事件を起こしたので、それに対応しなければならない、というのはいくらメーカーの応援があったとしても、大変なことであることに疑問はない。

　この条項を書くにあたっては、自分の立場、つまり売主なのか買主なのかを考える必要がある。売主は一般的に責任をとりたくないし、買主は全部保

17　日本に輸入されたものが、中国で売られるというのは考えにくいが、ベルギーに輸出したものがオランダやドイツでも販売される、というケースは十分ありうる。

証してほしい。

　どのような種類の知的財産権侵害の可能性があるのかも、検討点の一つである。知的財産権には特許だけでなく、商標権などもあるので、「自分が売ろうとしている商品は食料品だから関係ない」ともいえないのである。中国などでは思わぬ言葉や地名が商標登録されていて、そのままで売れない事例があるのは周知のことである。

　侵害したときの問題の大きさも考慮に入れる必要がある。侵害の結果として商品が全く使えなくなってしまうのか、一部の部品を入替えればわずかな費用で問題を回避できるのかはポイントである。このように種々の要素が関係してくるので、専門家のアドバイスを取得することも考えるべきである。

> **警告！**
> 知的財産権侵害の可能性を過少評価しないでください

(2)　買主の義務の内容

　54条の「代金の支払」は最も基本的な事項で、いわずもがなといってもよい。買主の立場からすれば、商品の代金はいくらで、どこの通貨で払うことになるのかが関心事項である。国内の契約ならば100万円といえば、日本円で払うのは当然であろうが、国際契約ではどこの国の通貨建てかということと、支払いの通貨は何かということは異なる。

> **！**
> 円建てで契約しても
> 円で支払わない方法もあります

　たとえば「円建ドル払い」で100万円の商品を売買する、という契約であれ

ば、買主は100万円をドルで払うことになる。1ドルが100円なら1万ドル払うが、1ドルが80円なら1万2500ドル払うことになる。これがどちらにとって得になるかを、自分の立場から考えなければならない。またいつの日の交換レートで計算するのかも決めておかなければならない。このようなことを考えないですむようにするには、「円建円払」にすればよい。

　一括で支払うか、分割で支払うか、分割とする場合に何回くらいに分けるか、前金を支払うかどうかなどは、当事者の財務力や売主、買主の信用度を勘案して考えることである。

　58条の「支払時期」はそう複雑なことではない。国内取引のように「何日〆、何日払い」といった形はあまりないようだ。たいていは確定日（「何日までに」というように期限で示してもよい）を支払日とするか、何かの出来事と関係づけるかどちらかであろう。契約後何日以内、船積前何日まで、船積後何日以内、船積書類受領後何日以内、商品受領（到着）後何日以内、などが考えられる。

　これらの場合に、各々の出来事が実際に起こった時点を、どのように確実に知るかについては多少考えることを要する。「船積後何日以内」といっても船積日は売主にしかわからないから、船積みされた日を買主に伝える義務を売主に負わせなければならない。船積書類や商品の受領（到着）日は買主が正直に申告しなければ、売主はいつ代金を受取ることができるのか知ることができない。書類送付または商品船積後一定の期間が経過したら「受領したものとみなす」といった工夫が必要かもしれないだろう。これらのことは自分が売主であるか、買主であるかによって異なるので、自分に有利なように考える必要がある。

　信用状取引の場合は、支払日は特に合意されない。なぜなら売主が書類を銀行に呈示しない限り支払いはなされないが、信用状には呈示期限がついているので、黙っていても売主はある期間内に書類を呈示して支払いを受けるからである[18]。信用状を決済手段として合意した場合に実務的に大事なことは、いつまでに買主が信用状を開設するかである。信用状は現金のようなものだといわれるぐらいだから、これを開設することは支払うことと（実際の入金時期は多少異なるにしても）同じだと考えれば、信用状の開設は支払いその

もののようなものである。信用状を開設するにはコストがかかるので[19]、契約後何日というより、むしろ船積（予定）日前何日というふうに設定することになろう。売主にとっては早ければ早いほど、安心して製造、調達にかかれるので助かる。

　信用状のことを契約に規定するときは、どのような書類を呈示書類として要求するのかを考えなければならない。売主であるならあまり数や種類が多くないほうが代金を受取りやすいし、買主の立場でいうなら必要なものは要求しておいたほうがよいということになる。なぜ自分が売主の場合に呈示書類が少ないほうがよいかというと、信用状の取扱いにあたっては「厳格一致の原則」が厳しく守られており、銀行は呈示書類に信用状との不一致があると支払いを拒絶できるからである。誤りを犯す機会をできるだけ減らすためには、書類の数は少ないほうがよい。どのような書類の呈示を求めるべきかについては、商品にもよるが信用状の「開設依頼書」[20]をみれば、一般的なことが書いてあるので参考になる。あとは取引銀行に相談することがすすめられる。自分が売主でも、買主でも、信用状取引は銀行なくしてはできない取引なので、いずれの場合でも事前に銀行と相談すべきである。

❗

「信用状取引」は口で言うほど簡単ではありません

売主も買主も契約する前に銀行と相談して

十分実務を理解してください

18　国際商業会議所の定めた「荷為替信用状に関する統一規則および慣例」2007年版6条ｄ．ⅰ参照。また船荷証券の日付は船積日後21暦日を超えてはならないという制限もある。同14条c参照。
19　実際の負担がどれくらいになるかは、銀行と買主の関係や、銀行の手数料の方針などによって異なる。買主に信用力がなければ信用状を開設するときには、商品代に等しい「代り金」を全額預け入れなければならず、買主の資金負担は最大になる。そのため弱小の買主にしてみれば、前金を全額払ったのと同じ状態になるうえに、開設手数料をとられるので、信用状を嫌う傾向もある。
20　取引銀行の国際取引関係の部署で入手できる。

2 当事者が義務に違反した場合に関すること

　第4章「法律的事項は避けて通れないか」でも検討するが、契約書を作成するときには、当事者が契約の定めを守らなかったときのことを避けて通るわけにはいかない。ここでは一般的にどうなっているかを、鳥瞰しておく。

(1) 売主が契約に違反したときに、買主にどんな権利が生じるか

　45条は1項a号に具体的な救済方法を述べた条文数（46条から52条である）を示し、b号には損害賠償請求権があることを規定している（なお両者は二者択一ではない）。

　46条は「出来るだけ取引を完遂させる方向で規定を設け」ることによって、実際の履行を推奨するというウィーン売買条約の基本的な原則を反映したものである[21]。売主にとっての契約上の義務とは、大雑把にいえば契約で合意されたとおりの商品を用意することと、その商品を契約条件に従って引き渡すことである。

　引渡しがなされなかったときの対応には二つある。一つは履行を催促することである。これは普通ことさら契約文言として書くことはしない。引渡しの義務そのものがそれを表わすからである。「何月何日に船積すると書いてあるのだから、早く積んでくれ」というだけのことである。もう一つの対応は、もう船積してくれても役に立たないので、契約を解除してしまうというものである。季節性のある商品（たとえばクリスマス用の商品）は遅れて引き取っても意味がないだろう。また相場商品（原油、小麦など）では船積日や月が変われば売値が変動してしまうので、大損をして引き取るより、契約を履行しないほうが、傷が小さくてすむこともある[22]。解除という救済手段は両当事者にとって重要な意味をもつので、簡単には利用できないことも少なくない。法制度によって異なるので、場合によっては解除できるようにしてお

21　これに対して英米法は比較的軽微な契約違反でも買主に解除権を与え、結果は損害賠償で処理する、という考え方に立っている。
22　世の中には相場が下がったときに、難癖をつけて引取りを拒否して、市場から商品を安値で調達する輩がいるのも事実である。

いたほうがよいと思うなら、法律に頼ることなく、契約に明文で解除権を与える趣旨の定めを入れるほうがよい。ウィーン売買条約は特に「取引の推進」をめざす条約なので、解除権の行使が難しくなっている（後の49条参照）。

次に引渡しには問題がなかったが、受領した商品が契約どおりでなければ買主はどうしたいかを考える。普通思いつくのは修理、交換、値引き、最悪の場合は返品などであろう[23]。ウィーン売買条約は46条3項で修補をまず考えて、交換は商品の不適合性がよほどの場合（契約が解除できるぐらい重大な場合）しか認めない（49条2項）。一定の場合は代金減額による処理も想定している（50条）。

実務で大切なのは「自分の商品にとって、どのような救済が最も適切か」を考えることである。バナナを買う契約に、「品質が契約上の仕様を満たしていないときは、売主は修理することとする」と書いても仕方ないし、人工衛星の売買で「商品に不具合が生じたときは、売主は交換に応じる義務を負う」と書いても全く意味がない。各々の立場で最も都合のよい救済は何かを考える必要がある。

ウィーン売買条約にせよ、各国の契約に関する法律にせよ、商人間の契約に関する規定は、たいていは任意規定であり、当事者が特約すればそれが優先する（何も書かなければウィーン売買条約なり、法律なりが適用される）。したがって当事者はここのところはよく考えて、必要に応じて独自の規定をつくることが必要である。とはいえ現実の規定にそう何十種類もあるというわけではなく、基本的には欠陥のある商品を直すか、交換するか、値引きするか、極端な場合は解除するかのどれかの変形であることが多い[24]。

49条は契約を解除する権利を規定する。ウィーン売買条約は前向きに取引を推進することを原則にしているため、契約をした目的が達せられないほど違反の効果が著しいとき（「重大な契約違反」という）と[25]、催促しても引渡しのないときに限って解除を認める。「重大な契約違反」がどの程度のものを意

---

23 返品は物を返してしまって代金を返してもらうのだから、契約の解除ということになる。
24 いずれの場合も、損害賠償は別途請求する。
25 25条に「重大な契約違反」の内容が規定されている。

味するのかは、各国の判例にまだ一致がみられないので何ともいい難いが、かなりの程度を要求される傾向にあり、買主にとっては好ましいものではない。英米の法制上は、それほどでもない契約違反でも解除は可能だし、日本法の下でも一定の要件を備えれば解除は可能である。

引渡義務違反に対しても、ウィーン売買条約では治癒のための付加期間の設定が要求されており[26]、その期間も「合理的な長さ」と抽象的である。このようなことを考えあわせれば、買主としてはもう少し解除しやすいような規定をおくことが得策であろう。

警告!

ウィーン売買条約は相手方が契約違反をしても
そう簡単には契約を終了させることができません

終了させる権利を留保したければ
買主は自分で契約に書いてください

---

(2) 買主が契約に違反したときに、売主にどんな権利が生じるか

61条に買主が契約違反をしたときの救済としての、売主の権利の一覧がある。これは45条の買主の権利のリストと対応する。権利の具体的内容は62条から65条までに述べられている。

62条に履行の請求が規定されている。買主の契約違反には、理論的には代金を支払わないことと、商品を引取らないことの二つがある[27]。後者は支払条件が信用状となっている契約で、すでに信用状が開設されているというケースや、前金が支払われていて引取りを拒否すれば買主は前金をとられるリスクがある、といったときにはまず起こらない違反である。

---

[26] 47条。
[27] 買主の義務は53条に規定されている。

そのほかの場合でも何の前触れもなく違反が起こる、といったことはあまりない。転売するつもりの商品が、転売先の倒産で行き場を失ったとか、契約した後に相場が暴落して、引取ったのではまともに損をするといったときには、まず相談があろうが、「契約は契約」と言って押し返せば、よほどのことがない限り「では引取拒否」という態度には出ないだろう。信用状取引でもなく、前金も支払われていなかったら、多少の「交渉の余地」がないとはいえないので、買主は値引き要請をしてくるかもしれない。売主として仕入れを終えているタイミングであったりすると「泣く子と地頭には勝てない」こととなる。前金を徴求しておくとこのような場合に助かることになることがわかる。

いずれにしても買主の違反の大部分は、代金の不払いか支払遅延である。その場合でもまず「支払え」と請求することは当然だから、わざわざそのことを契約書に規定するようなことは必要ない。

64条は解除権の規定である。代金を支払わないという契約違反は、実際の世の中では重大な契約違反であると感じられるであろうが、ウィーン売買条約はそれを直ちに「重大な契約違反」(25条)とはしていない。そのため支払いがない場合はいったん催促をして、それでも払わないときに限って、解除ができるとしている（64条1項b号）。それでは売主は不安定な地位に立たされるから、直ちに解除できるように規定すればよい[28]。なお64条1項a号には「重大な契約違反」を理由とした即時解除権の規定があるが、引取遅延も代金不払いもそれに該当しないとされているので、あまり意味がない。信用状、前金以外の取引では、いずれの義務違反でも即時に解除できると規定するのがよいだろう。

(3) 両者に共通の規定

74条は「損害賠償」がどれくらい請求できるか、どこまでとれるかという範囲を示す条項である。実際の契約文言作成との関係で考えれば、そこまでの請求を許すか、制限するか、逆にそれを超えて請求できると明記すべきか

---

28 一方、買主にしてみれば、不払いは単なる送金手続のミスかもしれないし、短期の資金繰りの問題かもしれないので、簡単に契約解除されては困ると考えるだろうから、買主側からは即時解除権を規定することには抵抗せざるを得ない。

という「天井の高さの設計」の問題として出てくる。

　どちらの立場で書いているかによって、答は違ってくる。たとえば売主から考えると商品に多少の欠陥があったからといって、「非常に有利な条件で締結した転売契約のもとで、完全な商品を転売していたら得るはずであった利益」まで請求されては困るであろう。74条は状況によってはそれを許すという規定であるから、売主として書くなら責任を限定する（つまり天井を低くする）方向で書くし、買主としては反対にこれを拡大する（青天井にする）方向で書く。妥協点を見出すことは容易ではない。そこで、そこまで徹底的にやり取りをする手間もおしいし時間もないというときは、「得べかりし利益、機会損失などは請求できない」ぐらいで矛を収めて、お互いに自制することでまとめることもある。

　ごく大雑把にいって、当事者が何も特約しないときに、請求可能な損害賠償額は、当該契約違反から直接的に生じる損害の範囲を超えないというのが一般的な法原則である。このことは売買契約に固有な現象ではなく、契約違反一般について言えることである。「風が吹けば桶屋が儲かる」という落語のネタは、思いがけない因果関係のバカバカしさを笑うものであるが、法律の世界でも、因果関係があるからといって、そこまではとれないという意味で共通する話である。りんごを買ってきたら塗ってあったワックスが特異体質の人に極端な作用を及ぼして、重い病気になったとしても、八百屋が契約上の責任を負うことはない。そんな結果に陥ることは、通常直接の結果として考えられないからである。

　しかし逆に契約書に特別な事情が明記されていたり、売主がそのようなことを知っていれば、通常予見できる範囲を超えたような損害であっても、あながち予見できないわけではないので、請求することが可能になる場合もある。たとえば電器部品の売買契約にもとづいて変圧トランスを納めたとする。それがたまたま大きな機械に組込まれて販売されたところ、据え付けられた場所でうまく作動せず、機械の契約がキャンセルされた。トランス1個は1万円だったが、機械は1000万円だったので、200万の利益を失ったのみならず、その納入先からの契約は将来にわたって望めなくなったということを理由に、トランスの買主が何百万円もの損害賠償を請求することは、通常は難しい。

そんなことが可能であれば、秋葉原の部品問屋は怖くて商売ができないだろう。しかし取引の全容が事前に説明されていて、たとえトランス1台の不良でも大変なことになりうると売主が認識していたら、損害賠償の範囲は拡大するのである。

そこで本条に戻って考えるなら、売主としては天井を設けることが好ましいに決まっている。買主としては天井を設けないとともに、取引の背景と起こりうる結果を相手に知らせておくほうが、予見可能性の範囲を拡大できるので、請求の際に自分に有利になるということになる。ただその方法として契約書に書くか、それ以外の方法で相手方に知らしめるかは、個別のケースで検討するしかないだろう。

警告！
損害賠償：風が吹いても、桶屋は常には儲かりません

79条にはいわゆる「不可抗力事由」が発生した場合に、義務を負っている者の責任がどのようになるかが規定してある。たとえば売主の工場に雷が落ちて生産が不可能になったら、引渡しをしない（か、少なくとも遅延する）ことになるが、その場合にどういう責任を負うかという問題である。買主がいざ商品代金を送金しようとしたら、その国で外貨規制が発動されて外貨が購入できなくなったと言ってきた、さて買主の義務はどうなるのだろう、どういう権利が売主にあるだろうか、という場合もある。いずれにしてもやむを得ず義務に違反する結果になってしまったという、非常に特殊な場合の話である。

ウィーン売買条約の用意した答は別として、そのような場合に自分の義務はどうなるのか、どう問題を処理したいのかを考えなければならない。「製造または仕入れ、適切な包装、梱包、船積み」の義務を負う売主にしてみれば、広く不履行から免責されるほうがありがたい。ただし契約文言を書くと

きに「当事者の一方が不可抗力により契約履行ができなくなったときは、……免責される」と書いてしまうと、買主に同様のことが発生した場合に免責してしまうことになるので、最初のドラフトでは「売主が不可抗力により……」と書くことになろう。不可抗力事由が起こったときに、買主が自分だけ不履行の責任免除をしてほしい、という趣旨のドラフトを書いてくることは、あまりなさそうである。

　81条は、49条や64条に従って契約を解除したときの効果である。解除すればその後の契約上の義務からは解放されること、解除前に受け取ったものはそのままの形で返すことが規定されているが、これは実は大体の法の下では共通の結果で、これを契約書にわざわざ記載することはほとんどない。

　どうなるかは具体的に考えてみればわかりやすい。売主が商品を引渡さないので買主が解除したとすれば、買主は前金の返還を請求する。商品が引渡された後に不具合が著しいので、買主が契約を解除したとすれば、商品を返して[29]、商品代の返還を受ける。一方買主が代金を支払わなければ、売主は商品を引き渡さないし、もし引き渡した後なら、商品の返還を求める。これらのことは契約書に書いていなくても可能であろう[30]。

　むしろこのような事態に陥った結果として、種々の損害を被るであろうから、損害賠償の請求権は明文で保存しておくのがよいかもしれない。しかしこれとて法律に任せて、何も書かないことも決して少なくない。

3　その他

　国際売買取引では、商品が長い距離を移動する。国内でも北海道から沖縄まで運ばれれば何千キロにもなろうが、国際取引ではその間にもっと広い海や空の隔たりがある。したがってその間のどこかで商品が予期せぬ事故にあうことがある。天変地異のほかに海賊による攻撃、機雷との接触など日本で

---

[29] 実際に売主の費用負担で返すか、売主の合意の下に廃棄処分にするかは、商品によりけりであろう。
[30] ただし82条1項に買主が「商品を受取った時と実質的に同じ状態」で返還することができない場合には、解除権はないとされているので、注意を要する。

は想像もできない出来事のために、運送していた船舶そのものが損傷を被ることすらある。もちろんそのほかに運送手段そのものに起因する事故もあろう（たとえばパイロットが操縦を誤って墜落する）。

その結果として商品が滅失、損傷したときに、売主はそれでも売買代金を受け取る権利をもつか（つまり買主は商品を入手できないのに、なお支払義務から免れないのか）について66条から69条に規定がある。

売主の手もとに商品があるときに事故が起こったら、常識から考えても売主は代金を請求できないだろう。一方買主に商品が実際に配達された後に問題が発生しても、買主が代金を払わなければならないのはあたりまえである。問題は商品が売主の工場なり、倉庫なりを離れ、買主の手元に到着する前（これを「中間地帯」とよんでおこう）に事故が起こったら誰がリスクを負うべきかである。

「それは保険をかけてあるかどうかの問題である」というかもしれない。しかし保険は誰がそのような事態に対する責任を負うかを当事者間で合意してはじめて、意味をもつのである。ある時点まで、もしくはある時点から自分にリスクがあると合意されれば、自分を守るために保険を掛けるのは当然のことである。

では中間地帯のどこまで売主は責任を負うべきだと考えるのが合理的だろうか。一般的に受け入れられている考え方は、売主が商品に対する支配権を行使できるところまで、とするものである。たとえば機械を直接に船にクレーンで積みこむときには、商品が船倉におさまるまでは、売主のほうが買主よりもずっとその様子を見守ることができる立場にいるといってよいので、その時点までは売主がリスクを負う。コンテナ積みの商品を船で運ぶ場合は、コンテナーヤードに荷物を運び入れるまでは、売主の目が届くといってもよかろう。その後は売主の手と目を離れて商品は船に積込まれ、海上を運ばれていくのだから、売主の実効的支配の領域を離れる。したがって買主がその結果に責任をもてばよい、と一般的には考える。

もっともこれもよく考えてみればかなり売主寄りの見方で、買主にとっては海上の貨物に事故が起こったとき、そのツケを払えといわれるのはちょっと承服しかねることかもしれない。結論からいえばどこかに分岐点がある必

要があるのだから、思い切って線を引くことにしてきたのである。そしてその線は歴史的には売主側の支配の終点に引かれてきた。

　このような場合の危険を誰がどこまで負担して、どこで相手に移るかの問題を「危険の移転」の問題という。ある点までは売主が危険を「負担」しており、その後は買主が代って「負担」するので、「危険負担の移転」ともいう。そしていったん危険が移転して、買主がこれを負担することになったら、物が滅失しようが損傷を被ろうが、代金は満額支払わなければならないとしたのである（66条）。

　ウィーン売買条約の67条以下に分岐点に関する規定があるのだが、実務ではほとんどこの問題はインコタームズに任されている。売主の支配権として上に説明した考え方は、実際はインコタームズの伝統的な考え方ともほぼ一致している。インコタームズのうちでもっともよく使われる **FOB**、**CFR**、**CIF**、それと類似した **FCA**、**CPT**、**CIP** などはいずれも上に述べた視点から危険の移転時期を決定している。

　インコタームズはその他の条件基準もいくつか含んでいるが、それらはあまりわが国の国際取引ではお目にかからないので省略するが、「危険負担の移転」は、引渡時に起こるという点は共通している。

第3章

最低限の英語で使える契約書を書く

I　契約文章の組立て方

「不審物を見かけたら、駅係員にお知らせください」とよく駅の壁や、電車のドアなどに書いてある。日本語ではこれ以外の語順は考えられない。しかし英語でいうときは、2通りの方法が考えられる。

① Please inform station staff, if you find any suspicious item.
② If you find any suspicious item, please inform station staff.

順番が相前後しているだけだが、さてどちらのほうがよい文章、言換えれば読みやすい文章だろうかというと、それは②である。

ではなぜなのかを考えてみよう。まずこの掲示はすべての乗客に向けて書かれているため、たいていは自分に関係あるかもしれないこととして読み出すことになる。さて文章を読むときに、人はまずコンマの所まで読んで一息つく。そこでそのように読んでみることとする。①の前半を読むと、「駅係員に知らせよ」との指示があるが、「何について」知らせるのかは、その段階ではまだわからない。一方②の前半を読むと「不審物を見かけたら」という条件の設定はあっても、「何を」せよというのかはまだわからない。このように考えるといずれの文章も後半を読まなければ完結しない、という意味においては同じように中途半端であるといえそうである。にもかかわらず②のほうが読みやすいのである。

読みやすいというのは別の言い方をすると、いらいらしない、「だから何なのだ」と思わせない、ということができる。いずれの文章も前半だけでは中途半端なはずなのに、なぜ②ではいらいらしないのだろう。その理由は②では前半だけで答えが出ているのに、①はそうではないところにある。②の場合に読者は条件設定をみて、自分がそれに当てはまらなければ、後半は読まなくてもよいのに対して、①はすべての人に後半分まで読むことを要求する、つまり集中力を維持することを要求するところが、「だから何なのだ」という

不満足感、非充足感につながるのである。もちろん②でも自分がそれに当てはまれば、その後の指示を読まなければならないのだが、その時点では自分はいわば関係者、該当者なのだから、覚悟ができているのでそれ以上待たされたことに対して備えができており、抵抗感がずっと薄れているといってよいのである。

　もっとも①の文章を抵抗の少ない文に変える方法がないわけではない。それは読者が最初の息つぎをするまでに、結論を言ってしまうことである。一息つくところまでで方向性が定まらないと、いらいらすることは上にみたとおりである。だからその時点までで結論を言い切ってしまえば、フラストレーションは感じないのである。

> Please inform station staff about any suspicious item.

　このように二つの部分に分れていた文章を、一つにしてしまうことができれば、前半、後半問題は解決できなくはないのである。しかしこの方法は全体が一瞥できるくらいの短い文章のときには可能でも、えてして何行にもわたる契約書の文章で使える機会は多くないと思っておこう。

読む人の立場に立って書かれた文章がよい文章です

　契約英文を書くときには上の考え方が役に立つ。もう少し整理して書くと次のようにすれば読みやすい文章が書けるのである[1]。

> (A)　全体的な状況設定を述べる。つまりこの条項の適用があるのはどのような場合かを提示する。
> (B)　条項の適用について何か条件、制限がついている場合はそれを提示する。
> (C)　何かの行動を期待、要求されている主体が誰（何）なのかを示す。

1　作成のキーポイント63頁以下参照。

> (D) その主体がすべきこと、あるいはしてはいけないこと（アクション）を書く。

　このようにする理由は、駅の掲示の例でみたように、読む者は自分にかかわりのあることなのかどうかがわかると、気が楽になるものだからである。駅の掲示と契約書は登場人物が異なる、契約書は閉じた世界の中で関係者の権利義務を書いているのだから、いらいらしたり、「だから何なのだ」と思う余地はないと思うかもしれないが、そうとは限らない。契約書であればすべてのことが、常に両当事者に関係があるとはいえないのである。たとえば単純な売買契約に突然次のような条項が出てきたとする。

> 　一方当事者は他方当事者に利息を支払わなければならない。

　一体これは何だと思うだろう。状況設定がわからないと全く意味がわからない。ではそれを入れた条項にしてみよう。

> 　もし一方当事者が他方当事者に支払うべき金銭を、その期日に支払わなかった場合は、その当事者は他方当事者に利息を支払わなければならない。

　これなら意味ははっきりわかる。しかもこれは両当事者について適用可能だが[2]、常に適用されるのではなく、支払いを遅延したときだけに適用される条項であることがわかる。読む者は状況の設定をみて、それ以上自分の問題として読み進むべきかどうか判断し、関係がなければ読みとばせばよいのである。
　では与えられた状況の下で、実際にどのように整理してこの構造に当てはめればよいのかを、次の例をもとに考えてみよう。

・・・
売買契約
商品の欠陥
・・・

2　たいていの支払いは買主がするものだが、売主が代金の前払いを受けた後に、当事者が合意で売買をキャンセルすれば、買主に対して返金義務が生じる。

> 売主は修理する[3]

これを契約の文章とするときに、単純な文章として、

> 売主は商品の欠陥を修理しなければならない。

とすることも可能だが、もう少し段階を分けて考えてみよう。上に述べたように一般的な状況から、段々と下げていけば読みやすい構成になる。

> 本契約に基づいて引渡された商品について (A)
> 何らかの不具合が生じたときは (B)
> 売主は (C)
> 売主の責任で迅速に不具合を修理しなければならない (D)

このように書き並べてみると、書く作業を通じて「何を考えるべきか」が自動的に明らかになってくるのに気が付くであろう。国際取引の世界では紛争が起こったときには契約書がまず参照される。国内の取引のように業界の評判や取引における常識、礼儀作法に期待するわけにはいかない。自分の義務はどこまであるのかが明らかになるこの書き方が、論理的のみならず実際的でもあるといってよい。

---

3 国際取引で「修理」が適切な対処方法かどうかは、ここでは問題にしないでおく。

Ⅱ　箇条書きの英語で書く

　Ⅰに紹介したところに従って「どう書くべきか」について考え方の整理ができたとしても、実際に英語の文章にするのは苦手ということもあるだろう。全く英語ができないというのでない限り、契約書を書くことは可能である。「契約書の各項目は文章でなければならない」という決まりはないのである。とにかく最低のことが相手に伝わればよいと考えれば箇条書でも契約書はできる。

> 英語の文章を書くのが大変なら
> 箇条書きで書いてみてください

　Ⅰで使った欠陥商品への対応の規定を取上げて、どうすれば箇条書きにできるかを考えてみよう。
　(A)はいわなければわからないかと考えるとそうでもない。契約に基づいて引渡した商品の話をしているのは自明のことである。そこで今回はこれはいわないでおこう。
　(B)は「何について行動するか」の対象が伝わればよいと割り切れば、「不具合」、「欠陥」である。英語にすれば 'defects' とすればよいだろう。「不具合」を 'malfunctions'（機能不全）ととらえることも可能である。ただ中途半端といえども、とにかく機能すれば 'malfunctions' とよべようが、全くウンともスンともいわないことも考えに入れるとなると、それでは十分ではないという気もする。つまり「機能不全」は「ウンともスンとも言わない」場合を含むかどうか疑問があると思う人もいるだろうというわけである。そこでどの場合もカバーするように、広く表現することとして 'defects' としておく。これは何らかの問題がありさえすれば使える単語だからである。
　ただしここで注意すべきなのは、「誰のためにつくる契約書か」ということ

である。売主のためにつくるなら、自分に不利でなければ、少しぐらい中途半端な言葉でも影響はないのだから、'malfunctions'で十分である[4]。「機能不全」だから全く機能しないというときには責任を免れる、ということにはまさかならないだろうが、別にあいまいな言葉でも失うものはない。

しかし買主の立場で同じ条項を書くなら、広く解釈できればできるほど有利なのだから、'malfunctions'より'defects'のほうがよいし、'malfunctions, defects, non-conformity etc.'とでもすればもっとよいかもしれない。ここで使った'non-conformity'の中の'conformity'（適合）という概念は、ウィーン売買条約の35条に由来しており、商品が契約や法律で要求されている「数量、品質及び種類」に適合することを表わす語として適切な言葉である。上の例のように「適合しないこと」をいうときは'non-conformity'という。

(C)に示した、誰が義務を負うかを明示することは契約書作成の基本であるとはいえ、場合によってはいわずもがなでもある。買主が不具合の面倒をみるわけはない。そこで今回は思い切って切り捨ててしまうこととする。

(D)は売主の立場では非常に重要である。欠陥が発見されたときに、修理しかしないのか、それ以外の交換、返金といった要求にも応じるのかを明確にしておかなければ心配である。ここでは修理だけにすることとする。そこで具体的には'repair'だけでなく'repair only'と書くこととする。

これをまとめると、この条項で書くことはほんの数語に凝縮できた。売主側の原稿として書いてみると次のようになる。

Malfunctions: Repair only

逆に買主側から書くとすれば、少し変えて次のようになろう。ここでは(C)の要素（誰が行動することを期待されているか）を明文で入れてみた。

Malfunctions, defects, non-conformity etc.:

---

4 それでは不十分だと相手方が思えば、契約書の条件交渉の段階で何らかの提案をしてくればよいのである。

Prompt repair by Seller

この要領で、箇条書方式でどこまで書けるか、もう少しみておこう。書くべき内容は第 2 章「契約書に書くべきこと」Ⅶに基づく。

Sales Contract

Parties [5] :
 Seller: Japan Sales Company Limited
      3-5-21, Midori, Otaru, Hokkaido
      047-8501 Japan
 Buyer: European Buyers Incorporated
      295 High Street, London, HG1 2BX
      United Kingdom
Products: Toyota 'Prius EX'
Quantity: 1,000
Place of Delivery: Otaru
Time of Delivey: 10 February 20...
Price: Japanese Yen 4,000,000/car (FOB Otaru, Incoterms 2010)
Payment: By letter of credit [6]
Defects: Repair only

ここでは知的財産権の侵害には触れなかった。売主は何も責任を持たないとするなら、

Patents etc.: No guarantee by Seller

としておけば何とか通じるだろう。残念ながら問題の性質上、それ以上を箇条書きで処理することはちょっと困難である。
　商品は自動車だから、あらかじめ仕様は合意されているという前提だが、それでも色やオプションについては追加する必要があろう。

---

5 'party' というのは、法律用語で「当事者」という意味である。
6 Letter of credit（信用状）の条件詳細は別途取決める必要がある。

> Colours:　　...
> Options:　　...

そうではなくて仕様書を別に付けるとすれば次のようにする。自動車の代わりに掘削機で書いてみる。

> Products:　　Yamano drilling machine YDM 012
> 　　　　　　（as per[7] the attached[8] specifications[9]）

自動車の例を続けることとして、上では欠陥があった場合の売主の責任は「修理に限る」とした[10]。この部分は実際の商品によって大いに異なる。一例をあげておこう。

> Defects:　　Repair, replacement or refund, at the Seller's option

修理に加えて、ほかの選択を追加してみた。'replacement' は「交換」、'refund' は「返金」を意味する。しかし修理も含めてどれにするかは、手間やコストなど総合的に考えて、売主が自分で決めたいところである。そこで最後に「売主の選択」と付記したのである。具体的にどうするのかは、問題が起こったときに相手とも話し合って決めればよい。ここではメニューと売主の選択権を確定しておくことに意味がある。

買主側からみれば次のようになろう。

> Defects:　　Repair, replacement or refund etc., at the Buyer's option

ここまでの部分を売主主導の案文としてまとめてみてみよう。

7　「……のとおり」を意味する。
8　'attach' は「添付する」ことで、'attached' は「添付された」、「添付の」を意味する。
9　仕様。この語は常に複数形で使う。
10　繰り返すが「修理」が現実的かどうかは別問題である。

Sales Contract

Parties:
  Seller: Japan Sales Company Limited
                 3-5-21, Midori, Otaru, Hokkaido
                 047-8501 Japan
  Buyer: European Buyers Incorporated
                 295 High Street, London, HG1 2BX
                 United Kingdom
Products: Toyota 'Prius EX'
Colours: …
Options: …
Quantity: 1,000
Place of Delivery: Otaru
Time of Delivery: 10 February 20…
Price: Japanese Yen 4,000,000/car (FOB Otaru, Incoterms 2010)
Payment: By letter of credit[11]
Defects: Repair, replacement or refund, at the Seller's option

箇条書方式でも、十分契約書は書けることが明らかになった。もちろん国際取引の特徴からくる、避けられない法律的記載事項はなくはない。しかし恐れることなく簡単な英語でまず第1稿をつくることができるということを理解してもらえたことと思う。実際の取引で使われる「売約証」「売契約書」「売契約確認書」といった書式に書かれていることも、大概このようなものである[12]。書式は1枚ものであることが多く、そのような契約書には、裏面にぎっしりと法的な事項が印刷されている。これらは裏面にあることから「裏面約款」とよびならわしており、その大部分は上にふれた「避けられない法律的記載事項」である。このような約款はなければならないのか、またな

11　Letter of credit（信用状）の条件詳細は別途取決める必要がある。
12　'Sales Form'、'Sales Contract'、'Confirmation of Sales Contract' などとよばれる。澤田壽夫ほか編『マテリアルズ国際取引法〔第2版〕』（有斐閣、2009）の133頁、135頁に実例がある。

かったら問題になるのかについては第 4 章「法律的事項は避けて通れないか」を参照していただきたい。

Ⅲ 図表や数式、グラフ、業界の共通基準などを使う

　できるだけ文章に頼らないで契約書を書く方法の一つに、図表、数式、グラフなど一定の約束事の下に、文章を省略して書かれる道具を使う手段がある。このような手段は世界共通で、かえって文章で書くよりわかりやすいことが多い。

> わかりやすれければ数式、グラフなどを使ってください

　たとえば「商品は重量比10％以上、ただし20％未満の塩分を含んでいることとする」というのを文章と数式まじりの表現の両方で書いてみよう。

　The Product shall contain ten percent (10%) or more but less than twenty percent (20%) of salt in weight[13].

　NaCl content:　　$10\% \leqq NaCl < 20\%$ (in weight)

　数式で書いたほうが一目瞭然よくわかるし、「以上」「未満」[14]などの言葉を英語でどう書くかを考える面倒からも解放される。
　法律家は何から何まで文章として書こうとして、かえって契約書をわかりにくいものにしているというのが現実なのである。当事者がともに理解できるという前提の下で、数式のみならず図表、グラフなどはもっと使われるべきだし、時には文章よりもそのほうが意見の相違を生むことのない、よりよ

13　わざわざ「重量において」と明記する理由は、そのほかに「体積において」という場合もありうるからである。
14　作成のキーポイント172頁以下参照。

い方法なのである。代表的には商品の仕様（specifications）が数字や数式で書かれるが、契約の中で最も大事な要素をそのように表現できればそれが一番よいといえよう。

　そのほかに業界に共通の基準が存在すれば、それを使うこともすすめられる。よくみかけるのはインコタームズの基準である。インコタームズは売買契約のすべての面をカバーしたものではないことには注意しなければならないが[15]、少なくとも商品の引渡しに関することはおおよそ書いてあるので、このことについては何も書かなくて済む。インコタームズを使うときはその旨を示す語句'(Incoterms® 2010)'[16]を添えておく必要がある。具体的には次のようにする。

> **Price:**　US$12,000 CIF Shanghai (Incoterms® 2010)

15　たとえば品質保証義務のこと、所有権の移転時期、支払方法、知的財産権侵害への対応、契約違反の場合の当事者の責任、準拠法、紛争解決手続などについては何も規定されていない。
16　インコタームズはおよそ10年に1回程度改訂されるので、そのときの最新版の年号を確認して使う。

> **Ⅳ 簡単な英文で書く**

　数式や業界の共通基準を使って、箇条書で契約書が構成できるようになったら、次にそれを簡単な文章にしてみよう。Ⅱでつくった契約書をどのようにすれば簡単な文章の形にできるかを考えてみる。

1 Parties

　当事者の表示はそれだけのことで、契約上の権利義務には関係しないので、何もしなくてもよい。しかし日本語の契約書でもしばしば「売主……と買主……は次の通り売買契約を締結する」といった文言をみかける。そう書かなければ契約書にならないというものではないが[17]、とりあえず書くとすればどう表現すればよいのだろう。

> Japan Sales Company Limited, 3-5-21, Midori, Otaru, Hokkaido, 047-8501, Japan ("Seller") and European Buyers Incorporated, 295 High Street, London, HG1 2BX, United Kingdom ("Buyer") agree as follows:

とすればよいだろう。
　ここでは「締結する」を'agree'とした。通常このようにするのに従ったのだが、「契約を締結する」を辞書で調べると、'conclude a contract'、'enter into a contract'、'make a contract'、'execute a contract' などと書いてある。いずれもその意味だが 'conclude' は「正式なものとする」、'enter into' は「契約する」、'make' は「法的書面を作成する」、'execute' は「法的有効性のために必要な手続をする」という側面を強調する語句である。ところで 'agree' は法的には「意思が合致すること」を表わし、必ずしも法的な意味での「契約する」と等しくはない。たとえばお茶を飲みにい

17　法律的には契約の性質を明らかにするという効用はあるとしても、それは中味をみればわかる。

く約束は、'agreement（agree すること）' であっても契約ではない。

では「契約（名詞）」、「契約する（動詞）」として安心して使える言葉は何かといえば contract（動詞、名詞とも同形）である。その意味ではここで 'agree' の代わりに 'contract（動詞）' としてもよいのだが、（混乱させて申し訳ないが）現実には契約書の最初の部分で圧倒的に多く使われるのは 'agree' である[18]。ついでに契約書の本文で「契約」をどう表現するかだが、この場合にも法的に正確な言葉は 'contract' だが、一般的には 'agreement' も同じ目的に使われて、特に問題になることはない。

「甲と乙は契約を結ぶ」といいたいだけなら、agree のほかに上にあげた 'conclude'、'enter into'、'make'、'execute' でも問題はないが、これらの言葉は他動詞とよばれ、「……を」に当たる言葉（目的語）を必要とするので、'conclude/enter into/make/execute this Agreement' とする必要がある。その場合は「本契約を締結する」と言えば十分なので 'as follows'（「次の通り」、「以下の通り」）は不要である。ただし一般的に短い形でつくるときは、前頁の例のようにすれば十分である。

契約日や契約書名もついでに書こうとすれば、次の方法が使える。

> This Sales Contract dated ... is made between Japan Sales Company Limited, 3-5-21, Midori, Otaru, Hokkaido, 047-8501, Japan ("Seller") and European Buyers Incorporated , 295 High Street, London, HG1 2BX, United Kingdom ("Buyer").

'dated' の後には実際の締結日が入る。何らかの都合で契約書の日付と実際の締結日の間に何日かの差がでるときは 'as of 1 January 20...' とすればよい。「20...年1月1日付にて」という意味である[19]。次のような出だしもよく見かける。

---

18 'contract' は使われないというのではなく、あまりみかけないというだけのことである。
19 どれくらいの差が許容されるかについては、作成のキーポイント91頁、277頁以下参照。

第3章 最低限の英語で使える契約書を書く

This Sales Contract made on（または as of）1 January 20... between ...

2　Products

売主が買主に商品を売るのだから次のように書ける。

Seller sells Toyota Prius EX to Buyer.

この取引が売買契約という法的性質をもったものであることは明白だから、上のように「売主は買主に……を売る」で十分といえば十分だが、なんだか契約書として物足りないような気がしなくもない。

契約という観点からすると、'Products（商品）'とは、「売主が引渡すべきもの」ともいえるし、「買主が引き取って、代金を払うべきもの」ともいえる。しかしどちらが中心的な要素かを考えれば、前者といえるだろう。第2章「契約書に書くべきこと」Vで、「当事者の義務」は何なのかから考えるという方法を紹介したが、英文国際契約書作成の基本的姿勢はそれである。その考え方を適用すれば、「売主は買主にトヨタプリウスEXを売渡さなければならない」ということになる。学校では「……しなければならない」は'must'を使って書くと習ったので、次のようになる。

Seller must sell Toyota Prius EX to Buyer.

義務とは「しなければならないこと」ともいえるが、また「約束したこと」とも考えられる。そこで「約束する」という意味の'promise'、「合意する」という意味の'agree'を使えば、次のような文章になる。なお契約書では'agree'のほうが圧倒的に用例が多い。

Seller promises to sell Toyota Prius EX to Buyer.
Seller agrees to sell Toyota Prius EX to Buyer.

上にあげた四つの例はいずれも立派に使える文章であるが、ここでもう一

80

歩前に進んでみよう。これらの例の中にはいずれも'sell'つまり「売る」という動詞が出てくる。これが義務の中核である。そこで契約書としては、「売主には売る義務がある」と書けばよいことがわかる。「……する義務がある」、ということを文章で表わすのに、上の'must'も使えなくはないが契約書で定型的に使われる動具は'shall'（ねばならない）という助動詞である[20]。現実には契約書のほとんどに'shall'が使われているので、これ以下では'must'は忘れておくことにする[21]。

> Seller shall sell Toyota Prius EX to Buyer[22].

これが契約英語で書いた文章の最低の骨格の、最も一般的な形である。最低といったが実はこれで（ほかの要素が要らなければ）十分でもある。

3 Quantity

数量は1000台だから、特に文章とする必要もないが、するとすれば「売主は1000台のPriusを買主に売ることに合意する／売る義務を負う」、ということになるわけだから、Productsの文章といっしょにして、次のようにすることができる。

> Seller shall sell 1,000 Toyota Prius EX to Buyer.

4 Place of Delivery

引渡場所は小樽であるから、そう書けばよいのだが、もう少し細部にこだわると、「小樽」と書くだけでは小樽のどこが引渡場所になるのかはっきりしない。では箇条書契約書ではそのことがどこにも書かれていなかったのだろ

---

20 助動詞は動詞を助けて、色彩をつける役割をする。ここでは「義務」を課する働きをする。
21 作成のキーポイント75頁参照。
22 商品を先に、買主を後に並べることが多い。しかし「買主に」ということを強調したかったり、商品の説明が長いときは、先に「買主に」を書くこともある。そのときには'Seller shall sell to Buyer Toyota Prius EX'とする。

うか。実は価格条件の所にFOB Otaruと書いてあった。FOBは引渡場所のみならず、価格などいろいろなことに関係しているが、引渡場所についてもこれを使うことができる、もっと正確にいえばこれで兼用することが貿易業者の間では一般的である。しかもFOB、CFR、CIFは海上輸送専用の条件なので、FOB Otaruと書けば自動的に「小樽港」で引き渡すことになる。

そこで「売主はFOB Otaru条件で商品を買主に引き渡す義務を負う」と書けばそれで十分なのである。今まですでに書いてきた要素もいくつか含まれているので、それを使うと次のように書ける。

> Seller shall deliver 1,000 Toyota Prius EX, FOB Otaru (Incoterms 2010).

〈和訳〉
　売主はFOB小樽（インコタームズ2010による）条件でトヨタプリウスEX 1,000台を、引き渡さなければならない。

'deliver'というのは「引渡す」という意味の動詞で、'delivery'が名詞である。「船積みする」という意味の'ship'[23]も使えなくはないが、より一般的なのは'deliver'である。

5　Time of Delivery

これも日付または期間を書くだけだから、ことさら文章にする必要はないが、書くとすれば、「売主は20…年2月10日に商品を引き渡す義務を負う」となり、上で使った型がここでも使える。

> Seller shall deliver 1,000 Toyota Prius EX on 10 February 20...

船に積むのだからある1日を特定することは必ずしも現実的ではないかもしれない。その場合は「何日から何日の間に」とか「遅くても何日までに」

23　これは動詞である。なお船に積むだけではなく、鉄道、航空輸送でも使える。「貨物を送りだす」という感じの言葉である。

とかいった幅のある言い方をすればよい[24]。ここでは一つだけ例を書いておこう。

> Seller shall deliver 1,000 Toyota Prius EX no later than 10 February 20...

「遅くとも2月10日までに」という意味である。

6 Price

価格については2通りの考え方ができる。まず「当事者の義務」を中心に考えると、商品代を払う義務は買主が負うのだから、買主の支払義務として書く方法がある。今までの例にならうと次のような構造になる[25]。

> Buyer shall pay Japanese Yen 4,000,000/car (FOB Otaru, Incoterms 2010).

もう一つの考え方は義務よりも事実に焦点を当てて、「価格は400万円／台である」という方法である。

> The unit price of Toyota Prius EX is Japanese Yen 4,000,000 (FOB Otaru, Incoterms 2010).

価格を書けば買主がその支払いをするのは当然だから、義務として書かなくてもよいという考え方もあろう。間違ってはいないが、本来契約書は権利義務を書く書面だから、最初の書き方のほうがよいことはいうまでもない。契約書以外の書類、たとえばカタログや取引条件案内書なら2番目のような表現でも問題ない（というよりもそのときは情報提供としてそう書くしかないだろう）。

このように考えれば4、5に述べた引渡しに関する規定も次のようにいえ

24　表現の方法については作成のキーポイント162頁以下参照。
25　Ⅰに説明した四のステップの(C)と(D)に相当することがわかるであろう。

なくもない。

> Delivery is on FOB Otaru (Incoterms 2010).
> Delivery is on 11 February 20...

　しかしこれらの文は誰が義務を負うものであるかをほのめかしてはいるものの、明らかにしているとはいいにくい。価格条項の第2例目との差はみたところはそう大きくないかもしれないが、やはり契約書向けの文章としては、あまり好ましくはない。もっとも契約に至る前のやりとりの中でならば、このような表現も十分使用にたえる。

　百歩譲って上の文型に義務の色彩を取り入れて書くとしたら、'is to ...' という表現を使う次の方法がなくはない。物や概念を主語にして 'is to' に動詞をつけると、「……するものとする」を表すことができる。「……するものとする」というのだから、誰かがそれを実現する義務を負うことになるではないか、という筋道である。

> Delivery is to be on FOB Otaru (Incoterms 2010).
> Delivery is to be on 11 February 20...

　ここに誰が義務を負うかを明示することができれば、それでもよいという考え方もありうる。どのようにすればよいだろうか。「売主によってなされる（ものとする）」という意味になれば目的を達することができる。

> Delivery is to be made[26] by Seller FOB Otaru (Incoterms 2010).
> Delivery is to be made by Seller on 11 February 20...

　しかしこんなまわりくどいことをするなら、元に戻って義務者である売主を主語にして書いたほうが、よほどすっきりしていることは一目瞭然である。

26　'delivery' をするというときに「……する」を表す動詞は 'make' である。この文章は受身なので、'made' となっている。

> 契約の文章を書くときは、
> 義務を負う者が誰かをはっきり書くのが一番よいのです

7　Payment

この条項についても2通りのアプローチが可能である。しかし正しい方法は「義務」を前面に出すものである。

> Buyer shall pay the price by a letter of credit.

参考のために（おすすめはしないが）もう一つの方法も記しておこう。Paymentの場合に「……をする」に相当する動詞は'make'である。交渉やカタログには、客観的要件というニュアンスで使えるのは、'Price'のところで述べたとおりである。

> Payment is to be made by a letter of credit.

8　Defects

欠陥にどう対処するかについては、立場によって書き方が変わることにⅡでふれたが、ここでは一般的な方法で中間くらいの文章を書いておく。ここで注意すべきことは、「義務」中心に書くとしても、売主の義務は最初から顕在化しているわけではないということである。義務を負うのは商品に欠陥があったときだけである。そこでⅠで述べた「状況設定」をしておく必要がある。つまり簡単に言えば「もし欠陥があれば」ということである[27]。それも含めて義務を負う売主を主体に書いてみよう。ここでは対処方法として「修

27　もっと厳密に言えば、欠陥があることを理由に、買主が救済を求めてきたときとも言えるが、たいていはそこまで考えない。

理のみ」とした。修理する義務を売主が負担するように書けばよいのである。

In case of[28] any defect[29], Seller shall repair the defective car.

箇条書契約書案では 'repair only' としてあった。この 'only' の部分はどうすればよいだろうか。

..., Seller shall only repair ...

という方法もなくはないが、残念ながら契約書としては少し明瞭さを欠く。この場合は「売主の義務は修理に限定される」と考えて、別の文章として書くのがわかりやすいだろう[30]。'obligation' は「義務」を表わす。

Seller's obligation is limited to repair only.

さてここまで書いてみて気のつくことは、責任を負う期間はどれくらいなのかを書いたほうがよいということではないだろうか。つまり「保証期間」である。これを箇条書契約書に入れるとしたらどうすればよいだろう。

Guarantee: 12 months from the shipment date

文章にすれば次のようになる。

Guarantee period[31] is 12 months from the shipment date.

「船積日から数えて12カ月」ということになる。数えはじめを書いておかないと国内取引のように慣行的に定まるというわけにいかないからである。
この書き方は客観的に保証期間がどれくらいあるかを示しているだけであ

28　これが状況設定である。「……の場合」「……のとき」を表す。
29　「何らかの欠陥」という意味である。
30　上の文型にこだわれば '..., Seller shall only be obligated to repair ...' とすることも可能ではある。もう少し簡単に '..., Seller is only to repair ...' ともいえる。
31　'Period' は「期間」を表す言葉である。

る。品質保証が当然売主の義務であるということは、買主の支払義務と同じくらい明白なことなので、これで不足ということはない。しかし契約事項であることを重視して義務型で書くことも可能である。

> Seller guarantees[32] the Products against defects for 12 months from the shipment date.

'against defects' はここでは「欠陥に対して」を意味する。

このようにして箇条書契約書が、文章体の契約書に変身した。いくつかの基本的ルールに従いさえすれば、それほど困難な作業ではない。

参考のために、上に書いたことを一つにまとめておこう。

Sales Contract

This Sales Contract dated 1 January 20... is made between Japan Sales Company Limited, 3-5-21, Midori, Otaru, Hokkaido, 047-8501, Japan ("Seller") and European Buyers Incorporated, 295 High Street, London, HG1 2BX, United Kingdom ("Buyer").

Products:
Seller shall sell Toyota Prius EX to Buyer.

Quantity:
1,000 units.

Place of Delivery:
Seller shall deliver 1,000 Toyota Prius EX, FOB Otaru (Incoterms 2010).

Time of Delivery:
Seller shall deliver 1,000 Toyota Prius EX on 10 February 20...

---

32 「保証する」という意味の動詞なので、直接的には「義務」を表わすわけではないが、現実的にはことさら「保証する義務を負う」としなくても十分義務になろう。

> **Price:**
> Buyer shall pay Japanese Yen 4,000,000/car (FOB Otaru, Incoterms 2010).
>
> **Payment:**
> Buyer shall pay the price by a letter of credit.
>
> **Defects:**
> In case of any defect, Seller shall repair the defective car. Seller's obligation is limited to repair only.
>
> **Guarantee Period:**
> Guarantee period is 12 months from the shipment date.

さて上の契約書をみると、

Seller shall sell 1,000 Toyota Prius EX

が1回と、

Seller shall deliver 1,000 Toyota Prius EX

が2回出てくることに気づく。こんなに似た表現が都合3回も出てくるなら、いっしょにしてもよさそうである。どうなるだろう。なお、'sell'（売る）は広く 'deliver'（引渡す）を含む言葉として使える。

> **Sales:**
> Seller shall sell 1,000 Toyota Prius EX to Buyer on FOB Otaru (Incoterms 2010) on 10 February 20...

次に価格と支払いのところも、もう少し合理化してみよう。

> **Price and Payment:**

Buyer shall pay Japanese Yen 4,000,000/car by a letter of credit.

ついでに保証のところにも一工夫してみる。

Guarantee:
Guarantee period is 12 months from the shipment date.
In case of any defect, Seller shall repair the defective car.
Seller's obligation is limited to repair only.

こうすると契約書はもっと簡単になって、次のようになる。

Sales Contract

Japan Sales Company Limited, 3-5-21, Midori, Otaru, Hokkaido, 047-8501, Japan ("Seller") and European Buyers Incorporated, 295 High Street, London, HG1 2BX, United Kingdom ("Buyer") agree as follows:

Sales:
Seller shall sell 1,000 Toyota Prius EX to Buyer on FOB Otaru (Incoterms 2010) on 10 February 20...

Price and Payment:
Buyer shall pay Japanese Yen 4,000,000/car by a letter of credit.

Guarantee:
Guarantee period is 12 months from the shipment date.
In case of any defect, Seller shall repair the defective car.
Seller's obligation is limited to repair only.

箇条書きでも簡単に書けたが、文章にしても簡単に書けることがよくわかったと思う。

第4章

法律的事項は避けて通れないか

Ⅰ 残る条項

1. 本書は法務コストをかけることもできないような少額の取引を、事情の知れた取引相手と行うときの、最低限のヒントを示すものです。次に提案する契約文言は、精神は正しくても、法律家の目からみれば不十分です

2. 次に提案する契約文言の中には、ことさらそんな条項を設けずとも、当事者は取引を進めるために、当然協力して何かするに違いない、またそんなことを書いても書かなくても、常識人だったら何とか考えて答えを見出すだろう、と思われるものもいくつかあります

3. 「よい商品」、「よい相手方」を選んでいる限り、長大な契約書などなくても取引の成功する確率のほうがずっと高いのです

4. 法律的条項は自動車にたとえればシートベルトやエアバッグです。普通これらのものが必要なことはないのですが、何かあったときに違いが出ます

第2章「契約書に書くべきこと」Ⅱに国際売買契約書に通常書いてあることをあげておいた。そこに書いた事項のうちで、商品の具体的なやりとりに

関することは、第3章「最低限の英語で使える契約書を書く」に述べたところに従って、契約書の形で書くことができた。しかしまだいわゆる「裏面約款」として書かれることの多い、次のような条項が残っている。これらは「実務的事項」に対して「法律的事項」とよんでよい。

```
13. 知的財産権
14. 契約不履行と解除
15. 不可抗力
16. 通知
17. 権利放棄
18. 分離
19. 修正／変更
20. 完全なる合意
21. 準拠法
22. 紛争解決
23. 裁判管轄
```

　これらを一つひとつ取り上げて、簡単に意味を説明したうえで、これらがなければ契約書にならないのか、もしそうだとしたら最低限どういうドラフトをつくればよいのかを検討してみよう。

　検討に入る前に一つ指摘しておかなければならないことがある。それは、国際取引契約が国内取引契約と決定的に異なる点の一つは、契約書の記載事項について、あるいは契約書に何も書かれていない事項について考えるときに「どの国の法律がその取引に適用されるか」があらかじめ合意されていない限り「理論的には」判断の基準がないことになるので、まず適用される法律を考えなければいけないということである（とはいえ契約書作成の段階で、それが合意されていることはまずない）。

　国内取引なら黙っていても、両当事者がいる国（たとえば日本）の法律を適用すればすむ。しかし当事者の国が異なると突然、「どの国の法律」が適用されるかが問題となってくる。法律制度というのは世界各国の「国内」制度にすぎないうえに、今のところ国際取引に関する世界共通の法もないので、国をまたぐ取引について、誰が考えても当然この法律が解釈の基礎となるとい

う法律はないのである。たとえば日本の売主が中国の買主に商品を売ったときに、日本の法律と中国の法律のどちらが適用されるかは、すぐに答えは出ないのである。ではそれが決まらないうちは契約書は書けないだろうか。実際にどうするかについてはXで詳しく解説することとして、ここではそのことを常に憶えておいていただきたいというにとどめておこう。

> **警告！**
> 国際取引ではどの国の法律が適用されるのかすぐに
> 直ちにわからないという難しい問題があります

　以下では、上にあげた法律的事項について、どのような問題が起こりうるのか、そしてそれは誰にとっての問題かをまず考える。というのも、もしある問題が自分にとっては特に気にするに値しないことであれば、契約書に何か書くかどうかで頭を悩ます必要もないからである。逆に、自分に影響があることは自分の立場から攻撃方法、防御方法を考案しなければならない。

II 知的財産権 (Intellectual Property Rights)

1 問題の意義

　特許権、商標権などの「知的財産権」といわれる権利に関する問題については、第2章「契約書に書くべきこと」Ⅶで詳しく説明した。商品が他人の知的財産権を侵害したり、逆にされたりしたときにいかに対応するか[1]を契約書に実際どう書くかは、商品の性質によって千差万別だし、また市場によっても異なる[2]。また契約の解釈に適用される法により、売主の義務の内容や範囲が異なることがさらに検討を複雑にする[3]。

2 誰にとっての問題か

　どちらかの当事者に何か問題が発生すれば、相手の当事者には責任が発生するかもしれないという意味では、これに限らずどのようなことも両当事者の問題といえる。ここでは知的財産権問題がどういう形で表面化し、誰がまず困るかという実際的なことを考えて、何か規定を設けて確保しておくべき権利があるのかどうかを検討する。

　商品を輸入しようとしたら、輸入国ですでに登録されている商標権を侵害するという理由で商品の輸入が差し止められるとか、輸入した商品がその国で確立した特許を侵害するので特許権者から、損害賠償請求を受けるとかいう形で不利益を被る第1の被害者は買主である。したがってこの問題を真剣に考えなければならないのは買主なのである。

---

[1] ただし「侵害された」場合の対応策の作成検討は、かなり高度な技術を要するので、以下では取り扱わない。
[2] 加えて、今のところ商品が相手国の知的財産権を侵害することなど、(もちろんないわけではないが) あまり考えなくてもよさそうな市場もたくさんあろう。
[3] たとえばウィーン売買条約は42条で売主に一定の責任を課しているが、日本法にはこのような直接的な規定はない。

③ 何か書かなければならないか

　まず最初にいえることは、商品が知的財産権と何の関係もないものなら、何も書かなくてよいということである。商標も何もない農産物、漁獲物や、石炭、石油などの天然資源の売買なら、何も書かなくてもよい。ごく一般的な雑貨品、衣料品、食料品、日用品などは、同じような商標が存在しないことさえ確かめておけば、買うにしても売るにしてもまず問題なく取引できる。競合商標の有無は多くの国で比較的簡単に調査することができるようなので、どのような商品でもチェックはできそうである。

　また同じような商品が、すでに買主の意図する市場に問題なく出回っているときは、「多分」何も書かなくてもよいだろう。もし問題があるとしたら、もう表面化していると考えられるからである。

　その商品に関する知的財産権が、買主が使用、または転売を意図する市場で、すでに売主や製造者によって登記、登録されている場合も、「多分」何も書かなくてよいだろう。登記、登録に問題があったり、第三者から異議の申立てがあることは理論的にはありうるので、絶対に大丈夫とはいえないが、そんなことを考えていては何もできない。

　高度な技術を必要とする工業製品（薬なども含む）を売買するときに、もっともこの問題が切実になってくると考えてよい。

④ どう書けばよいか

　②に書いたように現地で被害者になるのは商品を受け取る側なので、もっぱらその立場から問題を検討する。商品を輸入する立場に立って読めばわかりやすいだろう。

　いうべきことは、「そのような問題が起こらないことを保証してほしい、もし起こったら損害を賠償してほしい」ということである。契約書にはそう書く。もし何も書かなかったら、関連する法律上どんな権利があるだろうかなどということを考えてみても、実際に役に立つかどうかわからないので、あまり頼りにはならない。

　これに対する売主の反応は「そんなことは一切保証も約束もできない」か

ら始まって、「ある程度は保証に応じる」というのもあれば、(自信があるゆえに全く気にせず)「全部引き受けましょう」までいろいろあるだろう。これはやってみなければわからない。とにかく買主としては、自分が望むことを書けばよいのである。

一番簡単な言葉で書くとすれば、問題がないと約束させたいのだから

> no problem

といわせればよさそうである。何についてそうなのかというと「知的財産権」である。

> about intellectual property rights

売主はそのことを「約束する」のだから、

> Seller promises

と書いてもいいし、売主はそのことを「保証する」と考えれば、

> Seller guarantees

ともいえる。

でき上がりの文案はこのようになる。

> Seller promises/guarantees that there will be no problem about intellectual property rights.

'that ...' というのは「……以下のことを」といいたいときに便利な文型である。少し別の単語を使って、構成を変えて書くこともできる。「侵害する」というのを 'infringe' という。この場合は「売主が侵害する」と考えるよりは、「商品が侵害する」と表現するので、売主を主語にして、

> Seller promises/guarantees that the Product will not infringe any

> intellectual property right.

とする。

　次に何か起こったら損害賠償をしてもらうという趣旨を書いてみよう。「損害賠償をする」、つまり「損害賠償金を払う」義務を負うのは売主だから、主語[4]は売主である。「損害賠償（金）」のことを法律用語で'damages'といい、必ず複数形でいう。損害賠償をする義務が発生する理由は「知的財産権の侵害」である。侵害するのが「商品」であることは上でみた。損害を被るのは買主である。つまり損害賠償金は「買主に」支払われる。これを全部まとめてみると

> Seller shall pay damages to Buyer if the Product infringes any intellectual property right.

　この文章は英語の文章としては間違いないが、法律文としては実は不完全である。それは「どこで事件を起こしたか」も、「誰の権利を侵害したのか」も書いていないし、「買主が損害を被ったときは」ということも書いていないし、「いくら」賠償するかも書いていないからである。しかし気にする必要はない、気にしだしたらきりがない、それくらいのことは考えればわかる、といっておこう。また心配すべきは売主であって、要求するこちらはこれでまあ十分と言ってもよい。とにかく商売がしたいのだから、とっかかりになることを書いておいて、議論すれば何かをとれる種を蒔いておけばよいとしよう。

4　規定をつくるときにいつも「誰が」、「何が」を考えるということについて、第3章「最低限の英語で使える契約書を書く」I参照。

III 契約不履行と解除 (Default, Termination)

1 問題の意義

　これについては第2章「契約書に書くべきこと」Ⅶですでに述べた。
　ところで売主の代表的な契約違反とその対処策は、契約書の中では「品質保証条項」にでてくる。品質保証義務違反は契約不履行の一つの形態であることに相違ないが、売買契約では最も核心にふれることであり、商品の性質によって対応策が異なるため、抽象的な規定では役に立ちにくいこともあって、わざわざ取り出して別項目として書いたのである。品質保証義務違反の場合の、売主の責任についての法律の規定は抽象的で不十分である。たとえば日本の民法には、動産売買と不動産売買の場合の区別すらない。同じ契約義務の不履行といっても、りんごが腐っていたときと、飛行機が飛ばないときの対応は全く異なる。そこで具体的なことを書いておくことが両当事者の利益になるからわざわざ別項に書いたのである。
　それなのにまだ不履行に関する条項が、本章の主題である一般条項[5]に出てくるのはなぜなのだろう。それは保証義務の不履行のほかにも契約の不履行にはいろいろなことがあるからである。だからといってそれをいちいち書くわけにもいかない。しかし何も書かないわけにもいかない。そこで思案するに、実際問題としては、そのほかの違反の場合とその対応策をひとまとめに書いておくことは不可能ではないのでこのように処理される。
　振り返って考えてみると「品質保証義務違反」は売主だけに関係する、ある特定の場合の問題であった。契約違反は両当事者について考えられる。そこで両当事者について、どんなことがあるか考えてみよう。

---

[5] 契約書の中で「何をいくらで売る」といった具体的な事項ではなく、もっと抽象的、包括的な取決めをこうよぶ。1枚ものの契約書では裏側に不動文字で印刷してあるために「裏面約款」とよぶものがこれにあたる。

(1) 売主の品質保証義務を除く、当事者の契約義務不履行

これはいろいろ考えられる。たとえばFOB契約[6]で買主が船の手配をしない、売主が引渡しを遅延した、買主が代金を支払ってこないといった大きな問題もあれば、売主が原産地証明書を手配しない[7]、引渡しをすることはしたが数が少し不足していた、梱包が不適切でりんごの一部が損傷を受けたといった、それほど重大でないこともある。

このような問題の中には、対応策が比較的自明なものもある。たとえば数量不足の場合にどうすればよいかは、常識で考えてもわからなくはない。1000個のりんごの売買で950個しか引渡されなければ、追加で納めるか、値引きするくらいのことは商人なら誰でも考えつくことである[8]。また買主が代金を払おうとしなければ、売主は商品を引渡さないか、引渡した後なら契約を解除して、商品を取戻そうとするというのも、りんごでも飛行機でも同じで誰にも考えつく対応策である。このようなことは法律を適用しても答えが出せたり、商習慣、常識から何をすればよいのかたいていは方向性のわかることである。不履行条項ではそのようなことも含めて、とにかく「そのほかの契約不履行」への対応策を抽象的にまとめて書くのである。

(2) 不履行予備軍

当事者が破産などの手続の申立てを受けた、ほかの者との取引で提供した担保が実行された、資産の差押えを受けた、会社を清算する決議が株主総会でなされた、振出した手形や小切手が不渡りになった、といったような出来事は、当事者間の売買契約そのものの違反ではない。しかし買主が破産の危機に瀕しているのに、売主として船積みをしなければならないとしたら、沈む船に乗るような話である。清算決議が可決された売主に前金を支払う買主もいるまい。このほかに会社が買収されたときをあげることもある。法律上は、これは直ちには不履行につながらないのだが、そのようなことを嫌って

---

6 買主の手配する船に、売主が船積港で貨物を積込む取引である。
7 もっともそのために輸入手続ができなければ、商品は着いているのに動かせないという、かなり重大な不都合が起きることも事実ではある。
8 しかし何個か足りないことを理由に、契約を全面的に解除しようというなら、特別の規定を設けたほうがよいだろう。法律はそのような場合には、あまり強い味方ではないことが多いからである。

III 契約不履行と解除（Default, Termination）

幕引きできるようにすることは少なくない。

そこで上のようなことが起こったらどうするか、何ができるかを考えて書くものである。これらのことは直接の契約の不履行ではないが、それと同等に扱う「みなし」不履行事由といってもいいだろう。

2 誰にとっての問題か

このような契約違反、不履行予備軍的な出来事は両当事者にとって発生しうることである、という意味では両者にとっての問題である。

3 何か書かなければならないか

1回限りの、単純な取引で、取引も契約締結後短期間で終了し、金額も多くないとすれば、このような面倒な条項がなくても致命傷ではない。また単純な取引であれば、違反の際に相手方にどんな権利が生ずるかは、わざわざ書かなくても法の一般原則や商習慣からおのずと決まってくることは、上に述べたとおりである。国際取引といえども、プロフォルマインボイス1枚ですんでいる例はいくらでもある（それでよいというのではないのだが）。

しかしもう少し大きな取引で、特に契約締結後実際に契約を履行するまでに時間のかかる取引の場合は、何か書いたほうがよい。書くとすれば「一方当事者に次の事由が発生したら、相手方は……できる」というふうに書くことになる。

そのようなことが起こったときにどう対応するかについては、考え出せばきりがないともいえる。いくつかの例をあげて考えてみよう。

> 250万円の建設機械をベトナムに輸出する契約をして、前金として20％をもらい、日本で製品の製造に着手した。半分以上できたところで第2回の支払分30％を請求したところ、「政府の(本取引とは直接関係のない)補助金支払いが次年度に延びたので、資金繰りが厳しく、今は払えない」と返事してきた。機械は国内では古いモデルで、転用も不可能である。

> 中国の会社からランドセルを1000個買うこととした。船積みは1月末までである。日本では中堅スーパーと転売契約を結んでいる。12月頃に順調に生産に着手したという報告が写真入りで送られてきたので、原料代相当の150万円を支払った。2月中旬になっても船積みされないのであせって電話したところ、春節（旧正月）の大雪で従業員が田舎から戻れなくなったので、出荷は2月末まで遅れるが、自分の負担で航空便で送るといってきた。しかしこれでは日本の新学期セールに間に合わない。

> 韓国向けに精密モーターの部品を売る、2000万円の契約をした。信用状も開設されてきたので安心して仕入れをし、船積みしようとしたら、会社がほかの会社に買収され、「経営方針が変わったので引き取らない」と新会社から通知がきた。

これらはいずれも明白な契約違反である。しかしおのおのの場合にどうすればよいかは、そのときになってみなければ本当はわからない。これ以外にも予想されるトラブルはいくらでもある。したがってその処方箋をあらかじめ具体的に書いておくことは不可能である。

しかし共通することがあるとすれば、法律に書いてあることや、商習慣によっても解決ができない最悪の場合は契約を解除して後始末に奔走し、最終的に損害が出ればそれを請求するということだろう。そこでこの条項にはそのようなことが書かれるのが普通である。

4 どう書けばよいか

このような事態に対処する条項の実例をみると、非常に難解で、同じことを簡単に書くことは残念ながら不可能である。しかしとにかく何か書いておけば、何も書かないよりはずっとよい。そこで一歩一歩考えてみよう。

まず第3章「最低限の英語で使える契約書を書く」Ⅰに記した契約書の組立て方の原則からすれば、状況設定（つまり「……のとき」）をする必要があ

る。ただ、状況が多項目にわたるときは、便宜的に順を後にして「……できる」という結論（行動）を先に書くのが通例である。

　ここでは「契約を解除できる」が結論（行動）で、解除をする主体は義務の不履行、契約違反をしていない側の当事者（平たくいえば被害者）である。「解除する」は

> terminate

ということが多い。「この契約を解除する」のだから、

> terminate this Agreement

といえる。「不履行をしていない側の当事者」というのは難しいので、ここではただ「当事者」としておく。それでも役に立つことは以下をみればおわかりいただけるはずである。

　次に「（解除）できる」だが、第3章「最低限の英語で使える契約書を書く」で、義務を表わす助動詞 'shall' を紹介した。英文契約書に出てくるもう一つの代表的な助動詞は、権利や許可をあらわす 'may' である。ここではそちらを使うことができる。ここまでのところをまとめると、

> A party may terminate this Agreement

ということになる。ここに「次の……が起こったときには」を付け加えればよい。ここも書き方はいろいろあるし、長く書けばきりがないのだが、簡単に 'upon' としておこう。「……のとき」という意味である。

> A party may terminate this Agreement upon:

　次には契約義務不履行と不履行予備軍のようなことを書くこととする（［1］(1)、(2)参照）。

> a.　breach of this Agreement,

義務の不履行、契約に違反することを 'breach'（動詞、名詞）という。

 b. bankruptcy etc.,

破産、会社更生、民事再生など倒産手続、債務超過の場合の法制度には種々があり、国によって名前も違い、言葉も異なる[9]。細かく書き並べるためには専門書をみていただくしかないが[10]、ここではとにかくとっかかりを書くという精神から、誰にもよく知られている 'bankruptcy（破産）' という言葉をあげて、残りは「そのほか（'etc'）」で我慢することとする。

次に差押えなどの事由がある。これも細かくいえばきりがないが、とりあえず次の代表的2語と「そのほか（'etc'）」で妥協しておこう。

 c. attachment, distress etc.,

次にあげる会社の解散、清算などはかなり現実性の低い出来事で、「万が一」の中とはいえ、入れなくてもよいかもしれないぐらいである。

 d. dissolution, winding-up etc.,

むしろ現代では企業（被）買収のほうが現実的かもしれない。これは、

 e. merger.

という。

これらを全部つなぎあわせてみると次のような形になる。

A party may terminate this Agreement upon:
 a. breach of this Agreement,
 b. bankruptcy etc.,

---

[9]　たとえば日本の「会社更生」手続はアメリカの法律に起源をもつが、アメリカの法体系の中では「破産」手続の一つと位置づけられている。
[10]　みても全部は書いていないだろう。

104

> c. attachment, distress etc.,
> d. dissolution, winding-up etc.,
> e. merger.

　大企業のプロがつくる条項と比べるとだいぶ見劣りがするが、それでも相手に何か重大なことが起こったら、この条項を根拠に解除を持出せるきっかけには十分になりうる。相手が解除できないと抗弁してきたら、「では契約どおり履行してください」と要求し、それでも履行しなければ、「では解除します」といえばよいのだから、十分とはいわなくても、何とか役に立つであろう。

　3の最後で損害を請求することに言及した。このことを明文で書く契約書も多いが、一般的に契約違反の結果として損害を被ったら、損害の賠償を請求できることについて、国による差異はあまりないことを考えれば、何も書かなくても権利を全く失うことにはならないだろう。法制度によって差が出るのは、どこまでの損害を請求できるかという範囲の広狭であるが、これを契約条項で増減させようというのは非常に高度な技術を要するし、またそこまで必要かどうかも疑問なので、ここではふれない。

　比較的定型的に書かれることは、契約違反の結果として直接的に発生する損害は負担するが、単に「因果関係がなくはない」からといって、逸失利益や取引機会の喪失といった、間接的な損害は引き受けないということである。しかしこれとてないと困るというものではないので、ここでは省略する。

Ⅳ　不可抗力（Force Majeure）

1　問題の意義

有名な事件を一つ紹介しよう。

> スーダン[11]の売主がCIFハンブルグ条件で、ドイツの買主にピーナッツを売る契約をした。船積みを1956年11月／12月と決めておいたところ、11月2日にスエズ動乱が発生し、スエズ運河が閉鎖されてしまったため、スーダンから船積みしたとしても、予定した地中海航路(4,386マイルの航海)を通って、ハンブルグに行くことは当面不可能になってしまった。そこで船積義務は不可抗力で免除されたと主張した。買主が契約違反を理由に売主を訴えたところ、裁判所は南アフリカの喜望峰廻り(1万1137マイルになる)でもハンブルグに行けるのだから、履行する義務から免除されないとした。

裁判所の理屈に間違いはないかもしれないが、このようなことをさせられたのでは、売主としては商売にならないことはいうまでもない。

そこでこのような事例を含めて、世間で不可抗力とよばれるような出来事が発生したら、契約をそのとおりに履行しなくてすむようにする工夫がなされる。これが不可抗力条項の目的である。

2　誰にとっての問題か

この問題も両当事者の問題であると考えがちであるが、そうだろうか。酒屋に行ってビールを3ケース買って、お金を渡し「明日中に届けてください」と頼み、「へい、毎度ありがとうございます」と店の主人が返事した、という

11　紅海を隔ててサウジアラビアの向かい側にある。紅海の北の端がスエズ運河である。

IV 不可抗力（Force Majeure）

ごく単純な売買契約を例にとって考えてみよう。ところが当日の朝に、台風が上陸して道路が冠水し、通行不能になったとする。この売買契約上の何らかの義務が履行できなくなって困るのは誰だろうか。言換えれば自分のやるべきことができなくて、責任を免れたいのは誰だろうか。実は売主の酒屋だけなのである。支払いの義務しか負わない買主には、何も恐れることはないのである。このことは仮に「月末〆、翌月初払い」で掛買いにしたとしても同じである。代金支払義務は台風の影響を受けないからである[12]。

つまり不可抗力は、何かの出来事によって自分の義務の履行を妨げられる可能性のある当事者だけの問題なのである。

3 何か書かなければならないか

契約条項は自分にとって不都合なことを妨げ、有利な立場を確保するために書くものである。相手から過剰な義務を負わされることを廃し、自分の権利の行使を確実なものにするために設けると言換えてもよい。そうだとすると売主は上の台風のような事件が起きたら、配達する義務を免れたいので、その旨を書いたほうがよいが、買主は特に何も恐れることはないので、何も書かなくてもよいということになる。

多くの契約は片方が何かを渡すのに対して、相手は対価を支払うものである。このように単純化して考えると、条項をつくって自分の立場を守る必要があるのは、何かを供給する側だけだといえる。対価を払うだけの義務しかない当事者が契約書を書くときには、何も書かないでよい。

もちろんすべての取引がそう簡単なわけではなく、対価を支払う側も何かをしなければならない場合もいくらもある。**FOB**取引の買主は船の手配をする。代理店契約上、代理店は買主であるほか、最低販売義務を負うことも少なくない。委託加工契約では、委託者は原材料を適時に相手に引渡さなければならない。

---

[12] 民法419条3項参照。この条項にはストレートにはそう書いていないが、金銭の支払義務を怠ったときに、その理由が台風だったから、損害賠償義務は生じませんという抗弁はできない、という形で代金支払いについては不可抗力が言訳にならないことを示している。

107

自分を守る必要のある当事者は、不可抗力事由が発生したために、履行が遅れたり、契約上の義務を全く履行しなくても、責任を負わない旨を書く工夫がいるのである。

──4 どう書けばよいか

まず「責任を負わない」というのだから、

> not responsible

とすればよいだろう。次に何について責任を負わないかというと、契約をそのとおりに履行しないことについてである。厳密にいうと永遠に履行しないのか、少し遅れれば履行できるのかは、不可抗力事由が発生した時点では見通しが立たないので、どちらの場合にも備えて書くことが少なくないが、ここではそこまで細かくすることは忘れて、「不履行」だけとしておく。

> failure to perform this Agreement

といえばよいだろう。「この契約を履行することを怠る」という意味である。
　'failure' という言葉には、「失敗」という訳語がすぐ思い浮かぶが、履行しなかった当事者に責任があるかどうかを問うことなく、もう少し客観的に「……がない」、「……しない」という意味なのである。あるプランに従ってするつもりで十分に準備し、能力もあるのだが、雨のためにできなかったという場合でも、事実としてしなかったら 'failure' になる。わざとしない、やり損なった[13]といった否定的なニュアンスはない。'perform' は「履行する」という意味の決まり文句である。「義務を履行する」といいたければ、'perform obligation' といえばよい。
　「……のために」、「……が原因で」は、

> due to

---

13 「故意、過失」といってよい。

IV 不可抗力（Force Majeure）

という表現が一般的に使われる。

　次には原因を書かなければならないが、日本法における「不可抗力」のように、こういえばそのことを一語で表わせるという語が英語にはない[14]。'force majeure' という言葉がフランス語で不可抗力を表わす言葉で、実際にはよく使われるが、それだけで十分だと保証する弁護士はいない。ではどうするかというと、例示をするのである。その場合でも、台風、突風などと書いただけでは十分ではない[15]。

　しかしそういうとどんどんややこしくなるので、ここでは代表的な4種類の事柄だけで、あえて簡単に書く方法を提案しておこう。

> a force majeure event such as[16] act of God[17], war, governmental act or labour dispute

　実際この四つのカテゴリーで多くの不可抗力はカバーされるので、これでギリギリ最低限の役には立つだろう。

　まとめて書くと次のようになる。

> A party is not responsible for failure to perform this Agreement due to force majeure event such as act of God, war, governmental act or labour dispute.

14　その理由は英国法には「不可抗力」という法概念がそもそも存在しないからである。概念がなければそれを表わす言葉もなくても仕方がない。もっとも日本法でも、どんな出来事が不可抗力になるかについての決まりはない。
15　第1章「契約書って何ですか」Vにあげた、「りんご、なし、さくらんぼなどの果物」はいちごを含まない、という話をみていただきたい。
16　「……のような」という意味で、「たとえば」と考えてよい。
17　「天災」を主に表わす。

109

V 通知（Notices）

1 問題の意義

「通知条項」は契約の履行にあたって、特に法律的な問題が生じたときに、どこに通知をすればよいかを明らかにすることを目的に設けられる条項である。

「法律的な問題」とは通知を出すことが法的に重要な意味をもつ出来事を示す。たとえば警告を与えたいとき、契約を解除したいとき、不可抗力の宣言をしようとするとき、権利の行使にあたって重大な意味をもつ行動をとろうとするとき、などは相手方に正式な文章を送付することが必要である。また送付した証拠を残しておくことが、後に紛争が紛争解決機関に持ち込まれたときに役に立つ。そのためにどこに通知をすればよいのかを書くのがこの条項の目的である。通常のビジネスのやりとりなら担当者にするのが一番早いし、またそれで十分目的は達せられる。しかし上のような目的の通知は然るべき責任能力のある人間に、証拠として形の残る方法で行っておこうという趣旨である。

2 誰にとっての問題か

このような状況は両当事者に起こりうることであるので、この条項は両当事者に等しく問題になる。実際問題としても売主が通知を出せるように買主の通知先は明記するが、売主は自分の情報を教えない、といった一方的なことはみたことがない。

3 何か書かなければならないか

当事者は通常の取引でこまめに連絡を取り合うものである。そのとき最近では、電子メールで連絡し合うことが多いであろう。電子メールは確かに便利ではあるが、法律的な観点からは完全な意思伝達方法ではない。電子メー

ルを送ったつもりでいても、送信側の機械の問題で出ていかない場合もあろうし、プロバイダーに問題がある場合もありうる。相手方のサーバーが停電やメンテナンスで、通信が返ってくることも迷子になることもある。ちゃんと相手のサーバーに着いたとしても、相手がそれを見なければ中味は相手に伝わらない。通知を受けることを拒否する目的でアドレスを変更してしまえば、通知は相手に全く届かない、などまだまだ書留郵便[18]やファックスに比べて確実性において劣る部分が少なくないからである。とはいえ短い契約書の中で契約書の最初に当事者の住所を書いたにもかかわらず、再度書かなければならないかといわれると、必ずしも必要不可欠であるわけでもないといわざるを得ない。

現実に最近みかける問題は、ホームページに出ている電子メールアドレスを使って取引を開始したものの、いざ何かが起こったら相手の住所すら知らない事実に、あらためて気が付くといった現象である。ホームページや電子メールに住所がない場合もあれば、住所が書いてあっても法的に意味がないこともありうる。たとえば私書箱などは法的には相手方の所在地とはいえない。少なくともこのようなことは防がなければならない。

4 どう書けばよいか

このような次第であるから、相手の住所を一応でも知っているなら、契約書中には書かなくても致命傷ではないかもしれない。書かない場合にどのように解除通知を出すかといえば、まず電子メールに **PDF** ファイルを添付する形で送ることもできるし、相手の住所にファックスしたり、書留で郵便を送ることもできる。通知について細かく書いた契約書の参考書では、ファックスによる通知は確認のために必ず同時に書留便でも出しておくこととか、出された通知はどのタイミングで有効になるか（たとえば発信時、受信時、発信してから何日か後に受信の有無にかかわらず受け取ったものとする等々）とかいろいろな細かいことが書いてある。しかしこの本の目的としているような取引では、相手の住所は知っているという前提のもとで、通知方法を契約書に

---

18 同様の制度は諸外国にもある。

書くことが絶対に不可欠な要素になるということは、一応ないと考えておくことにしよう。

VI 権利放棄（Waiver、Non-Waiver）

1 問題の意義

　「権利放棄」条項とは英語で'waiver clause'または'non-waiver clause'とよばれる条項である。契約書の一般条項のうちでもきわめて意味がわかりにくく、日本語の訳ですら何を書いてあるかわからないといっても過言ではない条項の一つである。権利放棄条項の存在意義は次のところにある。

　たとえば売買契約で支払いが3回に分かれていたとする。1回目に支払いが数日遅れたが売主は特に何もいわなかった。2回目も同じく数日遅れた。しかし売主は連休のことでもあり、「まあやむを得ないか」と考えて特にきついことをいわなかった。しかしどうも買主の契約の財務状況に不安が感じられるようになってきたという段階で、3回目の支払いがまたもや期日に行われなかったとする。このときに期日に支払いをしなかったために「買主は契約違反をした」と宣言したところ、「今まで期日に支払うことを厳しく管理してこなかったということは、期日を守ることを請求する権利を放棄したといえる。したがって今回1日、2日遅れてもそのことは契約不履行にならない」と相手方の買主に強弁されては困る。このようなことを防いで、仮に一度、二度権利の厳格な行使を怠ったとしても、そのことはその後に、権利を文言どおりに行使する権利をいささかも妨げるものではない、ということを明文化しておくのがこの条項の目的である。そのほかに権利を一部しか行使しないからといって、残りは捨てたと早計に判断されることを防ぐという意味もある。たとえば引渡された商品に欠陥があるときに、とりあえず修理の可能性を問合せたからといって、契約解除の権利を失うわけではないといったことである。

2 誰にとっての問題か

上にあげた例からもわかるように、このような安全弁は両者にとって必要であるといってよいだろう。どちらの側も自分のさまざまな権利の行使、言換えれば相手方の義務の履行について、取引上の種々の状況や考慮から、契約に書いてあることに厳密に固執しない場合はいくらもある。そのようなことが結果的に権利の放棄につながることは好ましくないのであるから、両当事者とも関係があるといってよい。

3 何か書かなければならないか

それならば書いておいたほうがよい、と感じることと思う。しかし書いておいたほうがよいだろうと思うことを、すべて契約書に自力で書かなければならないとなると、契約書を書く作業は大変である。だから書かないですむものは、書かないで放っておくことはできないだろうか、ということを考えているのがこの本である。この見地からいうと本条項もなくても何とかなるといってよい。

しかしそのためには当事者はできるだけ権利の行使にあたって、だらしなくならないように注意することは、強くおすすめしたい。たとえば支払いが遅れたというときに、何もいわないで放置しておくのではなく、支払いが遅れたという事実を認識していることを相手に伝えておくのである。そうすれば権利を放棄したなどと主張されずにすむ。

さらに法的な意味でも、この条項を設けなければ、そこで憂慮したようなことが必ず現実に起こるわけでもない、ということも指摘しておかなければならない。つまり必ず権利放棄したということになってしまうのではなくて、どちらかというと、放棄したという主張を相手にされないように、念のために入れておく条項だからである。

Ⅶ 分離（Severance, Severability, Separability）

1 問題の意義

　契約書の条項がそのままでは何か法律に反する場合、あるいは契約締結後に法律ができたり強化されたりして、契約どおり履行していたのでは、法律に反することになる場合がときどきある。たとえば取引の方法が独占禁止法に違反する場合、法律上取扱うことのできない物質を取引の対象にした場合、あるいは許されない食品添加物を仕様に含めた場合などが考えられる。

　そのような場合に、そのことをもって契約が全部無効であるとされたのでは困る、と考えて入れるのがこの条項である。そこには、「本契約のある一部の条項が非合法であるためにその効力が認められない場合でも、残りの部分は有効に存続する」とか、「あることが法律上認められない場合は、できるだけそれと似た合法的な条項と読み替えるものとする」、といったことが書かれる。

2 誰にとっての問題か

これも両当事者にとって問題になりうるだろう。

3 何か書かなければならないか

　筆者の25年以上にわたる国際法務実務の経験の中で、この条項が実際に発動された例は思い浮かばない。また仮にあったとしても、当事者に取引を続けようという共通の関心があれば、相談して何とかできないことではないはずである。この条項がないことが、取引上の命取りになることがあるとは思えないので、ここでは何も書かずにすませることとしよう。

Ⅷ 修正／変更
（Amendments, Variations）

⊨1⊨ 問題の意義

　契約書を締結した後に、契約事項を変更しようと思うことがある。両当事者が合意すれば、契約は変更することができるということについて特に疑問はない[19]。変更は合意で行うことである以上、この条項を入れたからといって、片方当事者が一方的に契約を変更できるようになるというわけではない。

　ではこの条項には何が書いてあるかというと、変更はある決められた方式に従って行われなければならない、ということが書いてあるのである。そしてそのことの実務的な重要性は、何が、いつから、どう変更されたかを目に見える形で残すというところにある。

　実際の取引ではたとえば値段を変える、船積日を変更するといったときに、当事者は簡単に電子メールや電話で合意したらそれでよいと思ってしまうことが多い。しかし後で紛争が発生すると、本当にそのような合意が成立したのかどうかが争われることが少なくない。時には変更が正確にどんな内容であったのか、についての議論が起こることもあろう。自分にとって変更の結果が都合の悪い当事者は、そのような話をした覚えがないと主張するかもしれない。

　スケールの大きな契約では、少なからぬことについて契約締結後に変更が逐次発生し、記録に残しておかない限り、一体何がどう変わったのかが、把握できないといったことも起こりうる。建設契約の現場で細かい調整がなされるといった場合がこれにあたるであろう。スケジュールの関係で施工順序の入替えが起こる、技術の進歩に応じて部品の更新がなされる等々が考えら

19　ただし最初に政府許可が必要な契約は、変更にも許可が必要なことが普通なので、注意を要する。

れる。そのような場合に一定の修正、変更方法を定めておけば、契約の内容についての争いをあらかじめ防ぐことができる。

2 誰にとっての問題か

　契約事項の変更に合意したではないかといわれて、元の契約書に書いていないことの履行を要求される側にとって、変更が紙に残っているということは大事であることに疑いはない。履行を要求する立場に立ってみれば、新しく合意されたことを相手に問題なく要求できるように、自分の立場を補強する目的で書面をつくることは有意義である。このように2通りの考え方が可能である。その意味ではこの条項は両当事者にとっての関心事といってよさそうである。

3 何か書かなければならないか

　取引の目的物が決まって、値段も決まって、引渡日も決まっていて、変更が起こることが考えられないような契約をしようとするなら、変更についてのルールをことさら設けなくてもよい。そのような取引で変更が起こったら、そのことを書面にしてお互いにサインをしておくことも、その時点で提案すればよいのだから、変更があったとしてもそう恐れることはない。

　一方何かあるかもしれないし、その場合にはきちんと書面にすることを相手にも、今の段階ではっきりとわかっておいてもらいたい、と思うのなら書いておけばよいだろう。国際取引の場では書類作成を好む者もいれば、必ずしもそうではなく「当事者がお互いに了解していれば、ことさら書類などつくらなくてもいいじゃないか」とラフに考える相手も多くいる。そのような相手と取引をするときに一応のルールを確立しておくことは、決して心配のしすぎにはならない。

4 どう書けばよいか

「書面にしなければならない」、というのだから次のように書ける

```
shall be in writing
```

ここでの 'shall' は「義務」を課する用法ではなく、「……ものとする」という「指示」を表わす用法である[20]。

「修正」とは、わかり切ってはいるものの、「契約書に対する修正」なのだから、多少くどいが、

amendment to this Agreement

といってその旨を念のため明らかにしておく。

でき上がりの文章は次のようになる。

Any amendment to this Agreement shall be in writing.

'any' は「いかなる」という意味だから、「本契約に対するいかなる修正も、書面でなされるものとする」ということになる。なお 'writing' には両当事者によってサインをすることを忘れてはならない。

---

20 'shall' の主語が「当事者」、「売主」、「買主」のように人であれば、人に義務を課することができるが（81頁参照）、ここでは主語は「修正」だから、それに義務を課するという用法ではないことはおわかりであろう。契約書の中での助動詞の使い方について、作成のキーポイント69頁以下参照。

118

IX 完全なる合意（Entire Agreement）

1 問題の意義

　これについてはすでに第1章「契約書って何ですか」IVで、例文もあげて詳しく説明した。英米法に基づいて作成される契約書で、契約書がすべてであってそれ以外の契約締結前の合意事項、了解事項などは一切無効にして、紛争になったときに、思いがけない合意が舞台に出てくることを防ぐ意図でおかれる条項である。

2 誰にとっての問題か

　いずれの当事者も契約書に書いてないことをもちだされては困るというなら、この条項は両方の当事者にとっても関係あることである。特に義務を負っている側は、契約書に書かれていないことまで義務として要求されることは好ましくないので、この条項を入れることに意義があるだろう。契約書においては両当事者とも何らかの意味で義務を負うものだと考えれば、両者に必要なものである。

　ただし、契約書がすべてだ、契約書に明記されていること以外は認めない、ということは「契約書は変えられない」ということを意味するわけではない。契約とは当事者が何かに合意してできるものである。いったん契約書にサインした後でも、当事者が新たに何か合意をすることは、全く当事者の自由である。数量を変更しても、色を変えても、値段を下げても（上げても）、引渡日を延ばしても（早めても）、お好みなら当事者を入れ替えてもかまわない。その確認のためにVIIIの修正／変更のルールが存在するのである。

　「完全なる合意」条項は、契約書にサインするときに、誤解を招くことのないように現状を整理して、それまでに合意したことをすべて盛込む一方で、合意が成立しなかったことは、きれいさっぱりなかったこととして葬り去っ

てしまうことによって、古証文や昔の亡霊を閉じ込めることを目的とするだけである。

3 何か書かなければならないか

　これは二つの意味で非常に微妙な、つまり判断に迷う問題である。まず一つはお互いの信頼関係の中で契約書を簡素にしておこうと思った場合には、わかりきったことや普段当事者間で行われていること、業界で慣行的に行われていることなどは、いちいち明文で書き連ねないという選択をするかもしれないということである。そのような場合には、この条項は、絶対にそうなるとはいわないが、当事者の両方に不利に働くことがありうるからである。なぜなら書いていないことも、当事者間では有効だという了解の下に取引をしているのだから、「契約書万能主義」の条項を入れると事実に反することになりうるからである。

　次に契約書をいったん書面にした場合に、それ以前の合意事項はもちだせない、という考え方は英米法の下では、契約書にわざわざ書かなかったとしても、確立された原則なのだが、ほかの国の法律では必ずしもそうではないかもしれない。そのためこのような文章を入れても、それがもともと英米法の下で意図されたような効果を発揮するかどうかも、実は必ずしも明確にわからないのである[21]。

　このようなことから入れておけば入れておいたでもちろん効用はあるのだが、何か書かなければいけないかと問われると、状況次第である、といえなくもない。本書の対象としているような、簡単で履行の期間も短い取引の場合には、この条項をおいておかなければ決定的な問題になる、とはいえない場合が少なくないであろう。

4 どう書けばよいか

　文章は第1章「契約書って何ですか」Ⅳにあげたものでよい。もっと簡単

21　この条項の効力を認めた裁判例が日本にもあるが、それは契約書にそう書いてあったから、その効力を認めたのであって、書かなくてもそのような一般原則があるわけではない。

に書いた例もみられる。

> This Agreement sets out[22] the full terms[23] agreed between the parties.

---

22 'set out' は「規定する」「述べる」という意味である。
23 'terms' は「契約条件」を表わす。単数でその意味を表わすが、契約書は複数の条件を含んでいるので、ある一つの条件を指すというのでない限り、常に複数で使う。そのほかに「契約条件」、「契約条項」を表わす決まり文句に 'terms and conditions' がある。成句として覚えておくと便利である。

X 準拠法（Governing Law）

1 問題の意義

　同じスポーツでもルールが国によって異なるために、同じプレイが異なった意味をもつことがある。法律の世界でも同じことがいえる。国内取引をしている範囲では、そこに適用される法律は県が違うからといって異なることはない。しかし国をまたぐ取引では、日本の法律である決まった意味をもつことも、別の国の法律の下では異なる意味をもつかもしれない。加えて国際取引では、そもそもどの国の法律が適用されるかも定かではない。

　たとえば日本から中国に商品を輸出する契約上で問題が起こった場合に、契約書の解釈や当事者の権利義務の検討にあたって、どの国の法律が適用されるかは直ちには決まらないのである。さらにこの問題の答えは一つだけではないところが国際取引の不思議なところといってもよい。

　では日本の売主と中国の買主が契約をして、日本から商品を輸出する契約で、売主が契約に従って船積みをしなかったため、買主が裁判所にこの問題を訴えた場合に、裁判所はどこの国の法律でこの紛争を裁くのだろう。もし日本の裁判所にこの問題が持ち込まれた場合には、日本の裁判所はこういう場合にどうすればよいかを書いた法律[24]に従って、この取引に適用される法律（つまりゲームのルール。法律ではこれを「準拠法」という）をまず決めたうえで、その法律に従って事件を裁く。一方同じ裁判が中国で提起されたとしよう。この場合中国の裁判所は中国の法律[25]に基づいて、この契約にどこの国の法律が適用されるかを検討し、そこで決まる法律によってこの紛争を解決する。この場合に適用されうる法律は、中国か日本の法律のどちらかである確率が高いが、理論的にはそうでない第三国の法律が適用される場合もあ

---

24 「法の適用に関する通則法」という日本の法律が使われる。
25 2011年4月1日から施行されている「中華人民共和国渉外民事関係法律適用法」がそれにあたる。

る。たとえばA国の売主がC国の買主と契約をしたとする。売主の会社の登記はA国にあるが、実際にはB国に営業の拠点があり、B国から船積みをしたとすれば、B国の法律が関係あることも考えられるといった具合である。

このように国際取引においては、まずその取引にどの国の法律が適用されるのかという、日本国内の取引では全く考えられないような問題が出発点に存在するのである。

2 誰にとっての問題か

契約から発生する紛争は両当事者にとっての問題である。したがってこの「ゲームのルールは何なのか」という問題は取引（ゲーム）の当事者（プレイヤー）の両方にとって等しく重大な関心事であるといってよい。

3 何か書かなければならないか

このことを検討する前に、そもそも準拠法を書かなくても何とかなる場合があるかどうか、まず考えてみる。何とかなるなら、検討する必要もないからである。

ある契約に適用される準拠法が当事者の契約の中で決まっていないところで、紛争が起こったら、①では裁判所が準拠法を決めると述べたが、誰であれ紛争になっている事柄について、当事者の権利義務を検討するときには、契約書にはどう書いてあるのかをみるだろう。契約書に当事者のなすべきことが明白に書かれていた場合には、準拠法が何であるかわからなくても、争いとなっている事柄に答えは出せる。実際には契約書に直接の答えが書いてない場合ですら、契約書の記述を手がかりにたいていの問題は解決できるし、当事者はそうしている（そうでなければ世の中は訴訟や仲裁だらけで動かなくなってしまうだろう）。そういう意味では、契約書に契約の内容がきちんと書かれていれば、準拠法条項がなくても取引はできないことはない。

そうだとすると本書が前提としているような、よい商品のよい相手との取引をしようとするときに「準拠法条項」は必要かと聞かれたら、その答えは「準拠法のために商売を犠牲にするぐらいなら、そこそこ書くべきことを書いた契約書ができることを条件に、準拠法条項のことを忘れても、たぶん大

123

丈夫だろう」ということになりそうである。

> **!**
> しかし、国際取引契約書に関する参考書で
> 「準拠法条項はなくてもよい」という本は1冊もない.╱

　そうはいったが、契約書に当事者が何をすべきかはかなり詳しく書いてあったとしても、一方当事者がすべきことをしなかった場合に、相手方は何ができるか、たとえば契約の解除ができるのか、あるいは損害賠償はどれくらい請求できるのか、といったことまでは書いていないかもしれない。いくら契約書が精緻を極めたものであったとしても、やはり法律問題は残るのである。そう言切ってしまった場合には、準拠法を書かなければ、いわばルールを決めることなく試合を始めたようなことになり、問題が起こったときに「これがルールだ」と決められたルール[26]のふたを開けてみたら、思ってもみない結果になるリスクがあるということもなくはないといえる。

　よく世の中で「どこの国の法律でも、法律は常識的な答えを出す」といわれるが、これは正しいといえば正しいが、必ずしもそうでもないともいえるので、あまりそれに期待することはすすめられない[27]。このように述べれば、慎重な結論としては準拠法を明記すべきだということになるであろう。そのとおりである。

　ではどこの国の法律にすればよいのだろうか。多くの国の法律で、当事者は準拠法を自ら選ぶことができる[28]。そこで普通よく行われる選択は自分が作成するドラフトでは、自分の国の法律を準拠法として提案するという方法

26　つまり裁判所が決めてくれる準拠法というわけである。
27　有名な例にアメリカの「懲罰的損害賠償」がある。これは契約違反をしたものに懲罰を課する意味で、通常の損害賠償に加えて多額の損害賠償金の請求を許す制度である。このような制度は日本には存在しない。

Ⅹ 準拠法（Governing Law）

である。契約書を書く当事者は自分の国の法律を一番よく知っているのだから、親近感のある法律に拠ろうとするのはあたりまえのことである。ただ問題は受取った相手方は知らない日本の法律に拠るよりは、自国の法律に拠るべきであると主張するのが、これまた通常であるということである。そこでその二つから、あるいは第三国の法律も加えた、いくつかの中から、一つ選んで決めなければいけない。しかし相手の国の法律もよくわからないし、また第三国の法律もよくわからないときに、一体どうすればよいのだろうか。

　この問題は残念ながらどのような契約のプロにとっても永遠の頭痛の種である。これといった解決策は存在しない。では実務ではどのように解決しているのだろうか。次の三つの方法があるようである。

① 取引における自己の優位性をてこに、あくまでも自国の法律を適用すべしと主張し続ける。

② 商売をとるためには法律は犠牲にする、との判断の下に相手の指定をのむ。

③ お互いに自国の法律を主張することを放棄して、第三国の法律にする。この場合第三国として選ばれる法律は、国際取引の世界で多くの当事者によって信頼され、選ばれていて、法的安定性が確立したと思われている国の法律にすることが多い。実務としては英国の法律、スイスやドイツ、米州の当事者が相手ならニューヨーク州、カリフォルニア州などの法律、アジアの当事者間の取引なら香港やシンガポールの法律であれば、割合当事者の支持を得やすいようである。その理由は、これらの法律が繰返し実務で国際的に使われているために、裁判例も多く、また文献なども多くあるために、答えの信頼性が高いということである。この意味では日本の法律は実はあまり国際的に引く手あまたという法律ではない。何といっても日本の判例、文献が日本語であるというどうしようもない問題に加えて、日本にはあまり国際取引に関する判例の蓄積がないとい

28　もっとも取引と何の関係もない国の法律を準拠法として選ぶことを認めない国もなくはない。たとえば日本から韓国に機械を輸出する契約の準拠法をニュージーランドの法律にする、あるいはペルーの法律にするといったときに、裁判所がそれを認めてくれるかどうかは国によっては疑問であろう。

125

う事実がある。使われないから判例が蓄積されない、判例が蓄積されないから使われない、という悪循環である。

　この関係で一つふれておきたいのが、第2章「契約書に書くべきこと」Ⅵで紹介したウィーン売買条約である。ウィーン売買条約は動産の売買に関して、国による法律の違いの問題を統一法の採択によって解決しようとした試みである。すでにかなりの成功を収めており、同所でも紹介したように、この条約の考え方は売買取引以外の場合にも借用されうるものである。

　そこで売買の契約をするならば現在では日本の法律、マレーシアの法律などという代わりに、ある国がウィーン売買条約を批准しているかどうかということを検討したほうが、実際的には問題は簡単かもしれない。ウィーン売買条約はすべてを解決するものではないが[29]、多くの問題についてはまずまず妥当な解決が用意されている。もっとも論者によればウィーン売買条約は多少売主に有利にできているともいわれるが、わけのわからない国の法律にするよりも、よく考えた契約条文とウィーン売買条約の組合せのほうが頼りになるといってよかろう。

4 どう書けばよいか

　「この契約書は『何国法』に準拠する」といえばよいのだから、「準拠する」という表現さえわかれば書けそうである。これは普通 'is governed by'、'is subject to' という。そこで、

> This Agreement is governed by Japanese law.

> This Contract[30] is subject to the laws of Japan.

と書けばよいのである。

29　代表的には商品の所有権がどうなるかについては、条約はカバーしない。ほかにも規定の存在しないことはいくつもある。
30　'contract' は 'agreement' とほとんど同じで、「契約」「契約書」を意味する。

X 準拠法（Governing Law）

> 準拠法を規定することをおすすめします！

XI 紛争解決（Dispute Resolution）(1)
──仲裁（Arbitration）──

1 問題の意義

「契約書などつくらなくても何とかなりますよ」という意見をよく聞く（実は全く何もないわけではなく、たいていは「インボイス」ですませるようである）。そのとおりかもしれない。通常行われる多くの取引は多少の波風はあったとしても、お互いに取引を完遂しようとしている当事者間で行われるわけだから、結局両者の満足のいくような形で終わることが多い。このことは筆者の経験に照らしても正しいということができる。もし相手に対する信頼が絶大なもので、かつ取引が簡単であったとしたら、契約書をつくる必要はないだろうし[31]、紛争解決についてあらかじめ考える必要などは全くないといっても過言ではない。とはいえ、いったん契約書をつくりだしたのだから、もし取引がうまくいかなくなって紛争が起こったらどう解決するか、ということを考えることには意味があろう。

紛争解決条項にしばしば書かれることに二つある。一つは本契約の履行にあたっては、当事者はお互い協力するといった趣旨の規定である。これは法律的な効果を期待して書くというよりは「当事者は誠意をもって契約を履行しよう」という決意を表明したものであるにすぎない。二つ目は紛争が起こった場合に、具体的にその紛争をどういう制度を通じて解決するかの指針である。日本国内の契約書では、たいてい訴訟によることを前提として「当事者は東京地方裁判所を第1審の管轄裁判所として指定する」といったようなことが書かれるが、国際取引では「仲裁」という制度が非常に高い確率で

---

[31] ただし国際取引では種々の目的のために書類が必要とされるので、何もつくらないですむかどうかは別問題である。船積書類をつくるためにも何か要るだろうし、支払いのためにも、外貨を調達するためにも、国によっては書類が必要である。税関申告のためにも何らかの書面は要求されるといってもよいだろう。

使われる。

　その理由は次のとおりである。たとえば日本の裁判所でとった判決を、日本で執行しようと思えば、手続をとれば判決は直ちに実行に移すことができる。しかし国際間の紛争では、仮にどこかの国で判決をとったとしても、その判決を外国にある相手方当事者の財産に対して執行することは容易なことではない。なぜならある国がほかの国の裁判所の判決を執行するかどうかは、もっぱらその国の法政策の問題だからである。2国間の条約でも存在しない限り、裁判所の判決だからといって、それが自動的にほかの国で執行されるということにはならないのである[32]。

　これに対して仲裁の結果（裁判の判決にあたるもので、「仲裁判断」という）は、1958年の通称「ニューヨーク条約」という条約が多くの国に批准されているおかげで、世界のたいていの国で困難なく執行される。そのために国際契約の紛争は仲裁に付託されることが非常に多いのである。その場合の手続などを書くのがこの条項である。

　仲裁という紛争解決制度のメリット、デメリット、具体的にどのような仲裁機関が使われるかといった問題は専門書に譲るが、世間に名の通った仲裁機関を指定した場合には、契約書に入れるべき文言も決まったものがあるので、その意味ではあまり契約書作成のテクニック上で問題となることはない。検討すべきことがあるとすれば、どこの国で仲裁を行うかということである。たとえば日本とオーストラリアの当事者間の契約の最終的な紛争解決を、日本で行うかオーストラリアで行うかということに関しては、いろいろなメリットやデメリットが考えられる。

2 誰にとっての問題か

　いったん紛争になった場合には、自分に有利な場所で有利な方法で第三者の判断を仰ぎ、その結果を実現する必要があるのだから、この問題はまさしく両者にとって重要な問題であるといってよい。

---

[32] 現在日本の判決は中国では執行されない。その反映として中国の裁判所の判決も、日本の裁判所によって執行され得ないことになっている。

ところで契約書を書くときに、自分は契約違反をしないのだから、相手が違反をすることを前提として検討すればよいと思いこむ人が多いが、自分とて契約違反をすることはある。少なくとも相手がそう思うことはある。したがってこの条項を書くときは、自分に対して仲裁が申し立てられたときのことも、同じように考えておく必要がある。

3　何か書かなければならないか

　仲裁によるとした場合には、契約書には具体的にどの仲裁機関の手続によるかを書いておかなければならない。単に「本契約から生じる当事者間の紛争は仲裁によって解決する」と書いても、現実にはどこの国のどの機関で、どのようなルールに従って行えばよいのかなど、不明な点が多すぎて役に立たない。仲裁にする場合には、次の4にあげるような規定が標準的な文言として推奨されているので、これを書けばよい。

　ところで実際の契約書の中には、仲裁について種々の検討を経たうえで何も書かないことにした、あるいは場合によっては合意に達することができなかったので何も書けなかった、という契約書もなくはない。そのような契約書のもとで紛争が起こったら一体どうなるのであろうか。仲裁による解決になるのか、それとも裁判によらざるを得ないのか。

　実はこの問題に対する答えは簡単である。仲裁と裁判は二者択一の選択であり、かつ、何も書かない場合には、裁判が標準的な問題解決の方法なのである。つまりデフォールト設定は裁判なのである。逆にいえば、当事者の合意の下に仲裁という方法を選ぶということは、「裁判によらない」と合意したということになる。仲裁を選んでその旨を契約書に書かない限りは、裁判しかないというわけである。

> ❗
> **仲裁によると書かなければ
> 仲裁制度を利用することはできません**

4 どう書けばよいか

日本の当事者が関係する国際取引契約で、しばしば使われる仲裁機関の標準的仲裁条項を次にあげておく[33]。

〔国際商業会議所[34]推奨の仲裁文言〕
All disputes arising out of or in connection with the present contract shall be finally settled under the Rules of Arbitration of the International Chamber of Commerce by one or more arbitrators appointed in accordance with the said Rules.

〈和訳〉
この契約から又はそれに関連して生じるすべての紛争は、国際商業会議所の仲裁規則のもとで、同規則に従って選定される一人又は複数の仲裁人により、終局的に解決されるものとする。

〔日本商事仲裁協会[35]推奨の仲裁文言〕
All disputes, controversies or differences which may arise between the parties hereto, out of or in relation to or in connection with this Agreement shall be finally settled by arbitration in (name of city), in accordance with the Commercial Arbitration Rules of The Japan Commercial Arbitration Association.

〈和訳〉
この契約からまたはこの契約に関連して、当事者の間に生ずることがあるすべての紛争、論争または意見の相違は、一般社団法人日本商事仲裁協会の商事仲裁規則に従って、(都市名)において仲裁により最終的に解決されるものとする。

---

33 このような合意を「仲裁合意」という。
34 英語では International Chamber of Commerce といい、頭文字をとって ICC と略称される。インコタームズも ICC が定めたものである。
35 Japan Commercial Arbitration Associate といい、同じく頭文字をとって JCAA とも略称される。

仲裁場所についても合意が必要で、各々次の下線を引いた例示のように挿入される。

〔国際商業会議所の文例の場合〕
All disputes arising out of ... shall be finally settled in Geneva, Switzerland under the Rules of Arbitration ...

〔日本商事仲裁協会の文例の場合〕
All disputes, controversies ... shall be finally settled by arbitration in Tokyo, Japan in accordance with ...

本当のところは

　訴訟や仲裁は自らの権利を実現するために用意された法的紛争解決制度です。このことに疑問はありません。しかし制度があることと、自分にとってそれが使い勝手がよいかどうかは全く別のことです。10万円の売掛金を取立てるために沖縄の買主を相手に、那覇地方裁判所で裁判を起こす札幌の売主はいないでしょう。同様に100万円で買った機械に不具合があったからといって、とれるかとれないか不確かな損害賠償を求めて、中国の西安まで訴訟をしにいく日本の買主もいません。まず中国の弁護士を雇わなければなりませんし、きっと中国の弁護士に指示を出すために中国語のわかる日本の弁護士も頼まなければなりません。弁護士に中国に出張してもらわなければなりません。それも1回では済まないかもしれません……という具合に気の遠くなる手間と、時間と、何よりお金がかかります。1億円くらい請求するつもりなら、場合によっては地球の涯まで追いかけていかないものでもないでしょう。いくら仲裁が国際取引の紛争解決手段として広く使われているからといっても、費用と効果の均衡がとれないことには実際的な意味はないのです。
　そう考えると理論的に有効な紛争解決手段を契約書に書くよりも、実際的に違反しにくい契約書をつくることのほうが、少なくとも少額の取

XI　紛争解決（Dispute Resolution）(1)——仲裁（Arbitration）——

引においては、ずっと大切なことがおわかりになるでしょう。もっといえば紛争の起こらない取引が一番儲かる取引なのです。自分が売主なら前金をとっておけば、たとえ引渡日に商品を積み遅れても、相手は契約解除を言出さないでしょう。買主なら商品検品後に最後の30%なりを払うと決めておけば、売主は真面目に商品をつくるでしょう。また引渡しが1日でも遅れたら、即座に解除できるとしておけば、何だかんだと生産を後まわしにしたりしないでしょう。
　一番よい取引、それこそ契約書いらずの取引、とは信用のできる客との、確実な商品（役務、技術など）をやりとりすることであるのは、いうまでもないことです。

133

XII 紛争解決 (Dispute Resolution) (2)　――裁判（Jurisdiction[36]）――

1 問題の意義

　前項で述べたように紛争解決を仲裁による、と書かなかった場合には、デフォールト設定に戻って裁判によることになるが、その場合には裁判を受け付けてくれる裁判所はどこか[37]、という難しい問題が出てくる。契約書を締結する際に、あらかじめ自分たちの合意できる裁判所を、紛争解決のいわば担当裁判所として決めておくことができれば、万一紛争が発生したときにこのようなことを考えずにすむ。実は多くの国で、当事者がその国の裁判所に問題の解決を依頼する合意をすること（これを「管轄の合意」という）が認められている。たとえば「日本の東京地方裁判所を管轄裁判所とすることに合意する」とすれば、日本の法律はその効力を認めてくれる。そのことを書くのがこの条項である。

　しかしこの問題を総合的に検討して、正しい判断をすることは大変法律的に難しいことなので、実際に紛争解決の方法を裁判によるとするならば、専門家のアドバイスを受けることがすすめられる。

> ！
> 紛争を仲裁によらず裁判で解決しようとする場合は
> あらかじめ専門家のアドバイスを受けてください

36　この言葉は「管轄」という意味で「裁判」という意味ではないが、この種の条項の標題として一般的にこの語を使う。裁判のことは litigation, legal action, suit などという。
37　どの裁判所が管轄権をもつか、という問題といってもよい。

2 誰にとっての問題か

仲裁と同じく紛争の解決の問題であるから、両当事者の問題といわざるを得ない。

3 何か書かなければならないか

これも仲裁と同じくこのような法律制度を利用するということに合意されれば、明確にその旨を書いておくことが推奨される。しかし実際に何を書くかについて、相手方と合意するのは大変である。法律的にも難しい検討点を含むうえに、このことを英語で交渉するにしても、専門用語を使いこなすのは至難の技だからである。

4 どう書けばよいか

ここでは日本の契約書ひな形によくある、どこそこの裁判所の管轄に合意する、という文言の英訳を参考のためにあげておくにとどめる。

> The parties agree to submit to the jurisdiction of Tokyo District Court.
> 〈和訳〉
> 両当事者は東京地方裁判所を管轄裁判所とすることに合意する。

実際にはこのくらいの長さと内容の国際取引契約中の紛争解決文言も、少なからず存在する。しかしこの文言に至るまでに、検討すべき事項は決して少なくない。

XIII 契約に関する政府許可（Governmental Approvals）

1 問題の意義

　本書の対象とするような種類の取引に関する契約についていえば、日本の国内では契約の締結や履行に関して、政府の許可がいることはあまりない。もちろん不動産の取引で土地の用途変更をしなければいけない場合や、企業間の契約でもしかるべき届出や許可がいる場合はあるが、契約をそもそも締結すること自体が許可事項であったりすることは、普通の契約ではそうないように思われる。

　ところが国際取引では、しばしば契約の締結に政府の許可が要求されることがある。場合によっては日本ではそれほどでもないと思われている技術が、相手国では重要な技術とみなされて、技術の輸出入関連の規制の対象となるために、売買や委託加工などの基本的な取引であっても、許可の対象になることもある。また契約を登記する手続がある国もある。外貨の流出を招く契約は、多くの発展途上国で政府許可の対象となる。

　そこで国際取引ではサインをしてから実際に履行しようとしたら、許可手続がとられていなかったので契約が履行できない、といったことが起こるのを防ぐために、契約の効力発生の要件に政府許可の取得を入れることが多い。

2 誰にとっての問題か

　せっかくサインしたのに相手国政府の許可がとれていなかったので、契約そのものが効力を発しなかった、いざ輸出しようとしたら「待った」がかかって輸出通関できなかった、といった問題が起こったとしたら、両当事者ともに契約をした目的を遂げることができない。政府許可の適法な取得は両当事者にとって大事な問題である。

3 何か書かなければならないか

　政府の許可をとっておかなければ、取引が実行できないのだから、契約が有効になるためには、政府許可が与えられることが条件である、ということを記す必要がある。

　少し細かいことをいうと許可には、契約を締結すること自体の許可と、契約書に規定されていることを、実際に行ってよいという許可と2種類ありうる。たとえていえば前者はプラットフォームに入る前に（契約書にサインする前に）、切符（政府許可）を買わなければならないようなものであり、後者はゲームセンターに立入る（契約書にサインする）のは自由だが、実際に遊ぼうとしたら機械にお金を入れなければならない（政府の許可を取らなければ、取引できない）といった関係である。

　もし前者だとすると契約書を締結して、その中で「本契約の発効は政府許可の付与を条件とする」と書いてみても、プラットフォームに入った人に向かって「切符を買えばプラットフォームに入ってよい」といっているのと同じで意味はないことになる。そうすると鶏と卵になってしまうので、現実には少し変だが契約書に条件をつけてサインする。許可がとれるまでは何の意味もない書類で、とれれば有効な書類ということになるわけである。

　後者の場合は特に矛盾はない。

❗
多くの国で国際取引には政府許可が必要です
契約書の中には「政府許可条件」を組み込んでください

---

4 どう書けばよいか

　一番簡単に書こうと思えば、「この契約は政府許可を条件とする」といえば

よいだろう。「条件とする」は 'subject to'[38]という表現が使える。

> This Agreement is subject to governmental approval(s).

といえばよい。もう少し「政府許可」をていねいに、たとえば「中国政府の許可」、「必要な政府許可」とすれば、どんな許可がとれれば契約が発効するかわかってよい。

 ... is subject to Chinese governmental approval(s).

 ... is subject to necessary governmental approval(s).

'approval' の後に '(s)' がついているのは、許可の数が必ず一つですむかどうかわからないときの用心である。

38 　この語句は、二つのものがあって、その強弱、優先順位が問題になるときに使われ、'subject to' の後に強いほう、優先するほうにあたる事項を書く。

第5章

契約をどのような形にまとめるか

I 契約の成立と契約書

　「契約はいつ成立するのか」という問題は、法的には非常に興味深い問題である。単純化された図式では片方の当事者が契約の「申込み」をし、申込みを受けた側がそれを「承諾」し、その承諾が申込みをした者に伝われば（申込みを受けた側が、ただ頭の中で承諾しようと思っただけでは、まだ契約にならないのはあたりまえである）、契約が成立したとされるのが一般である[1]。

　一方実際の取引ではこのように簡単にはいかず、いくつもの条件の交渉が同時進行的に行われる。商品、数量、価格、引渡時期、支払時期、そのほか諸条件すべてを含んだ完全な1セットの契約の「申込み」が、これまた何の異議もなくそのまま全体として無条件に「承諾」される、ということはまず起こり得ない。とはいえ取引をしている当事者にとっては、五月雨式の交渉をしていてさえ、どの時点で契約内容がほぼ固まったかということについて、そう疑問はないのかもしれない。商人がお互いに「これは大事だ」という事柄についておよその合意に達したら、契約内容はそれで大体固まったと考えるだろう。

　しかしこの契約の成立時期という問題は、契約書との関係で、もう少し丁寧に考えてみる必要が出てくる。つまり国際取引では（国内取引でもそうではないというわけではないが）、大体取引の輪郭がまとまったからといって契約ができたと安心するのは早計で、どのような契約が成立したか、契約内容は何なのかをしっかり目に見える形にしておかなければいけない、ということは今まで述べてきたとおりである。そう考えると、理論的にいつ契約が成立すると考えられるか、あるいは商売的にいつ話がまとまったかと感じるかにかかわらず、契約は契約書に実際にサインをしたときに最終的に確定すると考えておいたほうが安全である。

1　ウィーン売買条約23条、18条2項参照。

> **!**
> **理論は別として実務では**
> **契約は契約書に両当事者がサインしたときに成立する**
> **ものとして行動してください**

そこで、ここでは契約をどのようにして「契約書」にするかを考えてみる。

II　何で契約書をつくるか

1　電子メール

　昨今は電子メールで取引の条件をやりとりすることが多くなってきており、実際には電子メールでほとんどのことが済んでしまうことが国内ではあるようである[2]。もちろん電子メールに「裁判における証拠としての能力がない」というわけではないが、それでも電子メールがいつ届いたのか、本当に届いたのか、あるいはどのメッセージが最新のメッセージなのか、などについて争いが起こることも十分あろうし、また片方が何らかのつもりで出した電子メールに対して、相手が誤解して返事をしていることもいくらもあるであろう。裁判（仲裁も含めて）になったときに、電子メールが証拠として信頼に足ると考えるのはあまりよくない。

　もちろん最終的に取引がまとまったと思われる時点で、契約条件をすべて1通の電子メールに書き出して発信し、それに対して確実な返信を受領すれば、実際としてそれで契約書として役に立つとは考えられる。しかし、現実には何通も寄せ集めてみなければ、契約条件の最終的な姿はわからない、そうしてみたら何がファイナルなのかについて疑問がでることもままある、といってよいのではないだろうか。

　やはりここでは一応電子メールは道具としては、契約書をつくる準備段階のものと考えておきたい。

警告！

電子メールで契約書をつくることはおすすめできません

2　国際的にも慣れた当事者はそうすることがままある。

2 ファックス

　ファックスも電子メールとあまり変わらないだろう。相手方から受取ったファックスに手書きでコメントを加えて送り返した場合などは、ファックスの上に両者の意見が現実に反映されるために、何が起こったのかわかりやすいという意味では、電子メールより多少視覚的にはよいのかもしれない。実際契約書を締結するときですら、時間がないときに片方が署名欄に署名をしてファックスし、相手方が自らの署名欄に署名をし、ファックスで送り返して契約の成立を確認するといったこともなくはない。しかしこのような場合でもそれで終わりとはせず、最終的には契約書のオリジナルに各々がサインしたものを速やかに取交すので、結局ファックスはでき上がったものの内容のとりあえずの確認という地位にとどまっている。結論としてファックス（PDFファイルも含めて）で契約書の代わりをさせることは不十分だといっていいだろう。

3 紙

　このように考えると、結局契約がまとまったらそれを伝統的な紙の契約書の形にするのが最も好ましいということになる。当事者間における内容確認、紛争になったときの証拠書類という意味のほかに、関係当局や輸出入手続の際に必要とされる書類にもなる、という意味で一石三鳥であるともいえよう。

　さて紙の契約書にする場合には、どのように整えればよいのだろうか。ときどきみられることであるが、片方の会社の用箋に条件を打ち出して相手方にサインをさせるといった形は好ましくない。そもそも契約というものは両者対等の立場で結ぶものであるから、片方の用箋に相手がサインするというのではおかしい。

　用箋にはそれ以外の法律的な問題もある。米国の統一商事法典では会社の用箋にものを書くことは、そこに書かれたことにサインを付したことと同様に扱うことがあるといった趣旨の規定[3]があるが、用箋を使って何かを伝え

3　米国統一商事法典§1-201および公式コメント参照。

るというのは、その会社の正式な意思表示とみなされるということを示している。たとえば相手方から提示された条件に対して、こちらがレターヘッドのついた会社用箋で「お申し出のとおりで間違いないことを確認します」といって相手に手紙を出した場合であって、その後正式な契約書の作成が行われなかった場合には、この手紙が最終的な承諾の意思表示だととられても、やむを得ない。

　もっとも白紙に書いて返事すれば、会社の意思とみなされないわけではないことはいうまでもない。いずれにしてもこのようなことが起こらないようにするためには、契約交渉という場面では、常に手紙の文章に気を付けて、書いてあることが最終的な決定であると受取られないように書くことが必要といえるだろう。その意味で逆説的ではあるが、相手方からきた条件確認書を、相手方がレターヘッドに打ってきたからといって、相手は最終条件とするつもりで署名してきたもの、と取扱うのもこれまた危険なことである。

　このようなことを考えれば契約書は白紙に、当事者の数だけ作成し、各々のサイン欄に全当事者が署名をして、お互いに1通ずつ所持するのが基本であるといってよい。それでは一堂に会して署名ができない場合にはどうすればよいのだろうか。通常行われる方法は条件について合意に達したのち、片方当事者が契約書を作成し、サインをして相手方に2部（当事者が3者以上の場合には当事者の数だけ）送付して相手方が両方にサインをしたうえで、1通を送り返すという方法である。こうすれば両当事者とも相手方のサインを取得した契約書を手元に証拠書類として置いておくことができる。この場合には署名欄に署名日付を書くことが一般的で、契約書の効力発生は通常最後の当事者が署名をしたときというふうに考える。契約書の最初に本契約は何月何日に締結された、などと書いてあるにもかかわらず、署名欄には異なる二つの署名日が書かれているというようなことになっては、契約の成立日に疑問が発生するので注意しなければならない。具体的には契約書の頭の部分に日付を入れることを避けたり、あるいは契約書本体にこの契約書が最後にサインをされた日をもって効力を発する、などと書くことが行われる。

> ❗ 契約書は白紙にタイプして当事者の数だけ作成し
> 全員がサインしたうえで
> 各自1通ずつ所持してください

III　印紙税

　多くの国で契約書面を作成した場合に、書面について印紙税を課することが行われる[4]。日本でも印紙税を納めるべき契約書があることは周知のとおりである。さて印紙税は税金の問題であるから、印紙を貼らないからといって、契約書そのものの当事者間での効力には関係がないとよくいわれる。確かに日本では印紙税法に従うかどうかと契約書の効力は、別の問題として考えるが、国によっては印紙が貼ってあるかないかが、契約書の効力に影響を与える場合もあるようである。その他に契約書に印紙が貼付されていない場合には、その契約書は裁判で証拠として使えないといった制度をもつ国もあると聞く。実務でしばしば印紙税を節約するために契約書の数を1通にしたり、あるいは契約書自体は原本を1通だけつくり、後は副本と称した写しにするなどといったことが行われているようである。契約書の原本を自分がもっているなら、問題は相手方に存在することになるが、そうでなければ多少費用がかかってもきちんとし、手もとにはどこに出しても問題のない契約書を残しておくことが基本である。

　何かあったときに2通目をつくることにして、その際はこちらで印紙代を負担することに合意したとしても、紛争に至ったそのときに新しく契約書をつくって、相手方に署名したうえで、印紙を貼ってもらうことはまず不可能である。

　最初に契約を締結するときには、当事者はお互いに前向きの姿勢で向き合っているのであるから、その時に将来の問題をあらかじめ解決しておく、というのが契約書作成担当者の責任であるといってよいだろう。

---

[4] ときには書面を作成しなくても、契約行為そのものに印紙の形で税を課することがある。

> **警告！**
> 印紙税節約のために契約書正本の数を減らすことは重大な結果を招きうるのでやめてください

Ⅳ　署名、捺印など

　日本では契約書に記名、押印することがほとんどである[5]。
　もっとも日本の契約に関する法理論からすれば、合意さえ存在すれば、その内容が書面という物理的な形をとっていなくても、契約として有効に成立する。したがって、それを書面にしたときに、署名しようが、記名、押印しようが、もうすでに成立した契約の効果には影響はない。しかし合意内容の証拠として契約書をつくったときは、双方ともそれに同意していることを確認する意味で、記名、押印するのである。
　日本だけでなく理論的には多くの国で契約は口頭で、書面がなくても成立する。そのような国では、でき上がった契約を紙にしたときに、サインをするか、判を押すかに、大した意味はないことになる。
　しかし今まで何度も述べてきたように、まず国際取引では最終的な合意を反映した、契約書をつくることが絶対に必要である。
　ではその場合に契約書に合意の旨を表す「しるし」として、何をどうすればよいのかは、案外複雑な問題なのだが、結論からいえば相手が署名でよいというならそれにつきあっておけばよい、ということになろう。日本では署名だけですますことはほとんどないが、相手国の習慣につきあえばよい[6]。ということは日本で作成する契約書でも、相手が署名すればそれでよいことになる（実際問題として、印鑑を持っていない相手が多いに違いない）。

警告！

契約は口頭で成立する、というのは理論だけのことにして実務では契約書をつくって、両者とも署名してください

5　法律上は署名でよいのだが、実際にはこうする。商法32条参照。

IV 署名、捺印など

　なお中国との契約では、しばしば社印または契約専用印を取得するよう助言されることが多い。このような場合には契約の強行力を確保するために、その国その国の法的要求に従っておくことが必要である。

　日本では正式の契約書は袋とじにしたり、各ページに割印を押したりする。これは改竄を防ぐためである[7]。国際取引契約書はそれほど厳密にしないことも多い。単にホチキスでとめただけ、本のように装丁してはあるが、サインはサイン欄にするだけ、といった例がいくらでもある。しかし時には各ページに全員がイニシャルして（これが割印の代用になる）、サイン欄にはサインすることもある。いずれにしてもこうでなければならないという形はないので、日本式でも相手国式でも、相談して両当事者が満足する形で行えばよい。

6　実は日本ですら、法律上は署名は意思表示の方法として十分なのである。
7　作成のキーポイント271頁以下。

V 注文書や請求書（インボイス）は契約か

　しばしば相手方から契約条件を全部書いた注文書が送られてくることがある。カタログの送付や、細かい条件の交渉などを経て、取引条件が煮詰まったところで、相手方から注文書（オーダー）が送られてきた、というケースである。さて相手方が署名をした注文書は契約書と考えてよいのだろうか。確かにそのときに至るまでに当事者間では条件のやりとりがなされ、注文書に書かれたことはすべて契約条件を反映したものであるということは現実にはいくらでも存在するだろう。また形式的なことをいえば、大抵の国では、両当事者のサインがなければ契約は成立しない、というわけでもないので、相手がサインしてくれてさえいれば、こちらはそれを契約書と考えて受取っておいてもよいといえなくもなさそうである。しかし次にあげるような理由でこれを契約書として取扱うことは適当ではない。

① まず注文書がいくら最終的な条件を反映していたとしても、後日問題が起こって、注文書をみたときに、注文書が本当に最終的な合意条件をすべて反映しているものであるかどうかは誰にもわからないという問題がある。たとえば外見上完全に条件を含んでいるとみられる注文書を発行した後に、追加的なやりとりがあって、注文書記載事項の一部が変更されたとしても、そのことがその注文書に修正として反映されて、修正注文書が発行されなかった場合には、最初の（つまり唯一の）注文書は、追加合意成立以降は最終合意を示していないということになる。

　またことが紛争になった場合に、注文書が最終的なものであったということを、相手方が何らかの理由をつけて否定するというおそれも十分にある。たとえば「確かに当方は注文書にサインして送ったが、相手方が『条件に不足があり、認められない』と言ってきたので、結局その条件では契約は成立していない」と抗弁されたら、どのようにして裁判所にその注文書が両者を拘束する契約書であることを説明できるだろうか。

片方からきた書類はいかにそれが十分なものにみえても、法律的にはこれで安全であるという書類として扱うわけにはいかない。

② 仮に注文書が当事者の最終的な合意を反映していたとしても、片方の当事者から一方的に出された注文書だけでは、注文の相手方がそれに合意したのかどうかに疑問が残る。両当事者が合意したというしるしが欠如しているからである。たとえばこちら側から相手方に対して注文書を出したとする。それに対して相手方が特に何も言ってこなかったときに、一体契約が成立したのかどうか、いつまでたってもわからないであろう。仮に相手方が承諾に値するような行為をしてきたとしても[8]、何かの間違いで後日契約紛争が起きたときに、双方の署名をした契約書がないというのでは、契約の成立およびその内容の証明に困難を極めることは十分予想されることである。

したがっていずれにしても申込書、注文書をもって契約であると考えることはすすめられない。

警告！

申込書、注文書を契約書として取扱うことは危険です

同じようなことは請求書（インボイス）についてもいえる。契約条件が合意された後に、相手方が早々とサインした請求書を送ってくる。昨今ではPDFファイルの形で送ってくることも少なくない。この場合にも理屈だけからいうと、相手が契約書のつもりで送付してきて、かつこちらもそのように考えて、送金したといった事実があればそれで問題ないといえなくはない。しかしこの本では、うまくいっているときはそれでいいとして、紛争が起こらないようにするにはどう対応すればよいのかを考えているのである。

8　ウィーン売買条約18条3項。

どのようなことが考えられるであろうか。インボイスには細かい保証条件までは書かれていなかった、インボイスには裏面約款がついていたが[9]、特に注意を払わなかったといった状況下で、製品やサービスに不具合が起こったのでクレームしたら、「契約書（つまりインボイス）には何も書いていない」、「裏面約款によれば当社は免責されている」といわれたらどうすればよいか。「インボイスを送ったのは事実だが、その後で交渉があって、保証条件は変更されている」と居直られたら、何を証拠に反論すればよいだろうか。

このように考えていくと、やはり大事なことは、形は何でもよいが両当事者がサインした書類以外は頼りにならないということである。

> **警告！**
>
> どんなに立派な請求書がきても
> 契約書とは思わないでください

なおここではインボイスとして話を進めたが、実務ではプロフォルマインボイスが登場することも多い。その目的は、輸入許可取得用であったり、関税額の計算のためであったりするが、最終的契約書でも何でもない、という意味ではインボイス以下である。

9　もっと法律的におもしろい問題は、インボイスの表面には裏面約款があると書いてあるのに、当の裏面はファックスし忘れたとか、それがPDFとして送られてこなかった場合に、契約条件は何なのかというものである。

第6章

送られてきた契約書への対応

取引をしようと相手方に呼びかけたら、相手方から契約書が送られてくることがある。そのようなときに相手方の契約書にどう対応すればよいかを考えてみよう。

Ⅰ　まずよく読んでみる

　相手方から契約書が送られてきたら、第2章「契約書に書くべきこと」に従って考えた、あるべき契約条項を念頭におきながら、まず読んでみることが必要である。取引に具体的に関係するところ、法律的な条文などを分けて整理したうえで検討する。もし意味がわからないところがあれば、それはそれでよい。「わからないことは何なのか」も確認しておかないと、次のステップには進めない。

　読むときに一つ大事なことは、書かれていないことは何か、を常に考えつつ読むことである。必要なことがぬけているかもしれない。こっちにとって必要でも相手にとっては好ましくないことは、もちろん書いていない。相手からきた契約書は、相手に好都合につくられているのである。

> ❗ **契約書は自分のペースで書くものです**

1　内容を受け入れられるとき

　相手方の契約書に書いてある具体的な取引条件、たとえば商品の内容、価格、引渡日、支払方法、保証条件などについては十分確認をしなければならない。書いてあることに間違いがないか、追加すべきことはないかを確認したうえで、相手方のつくった契約書の内容が、こちら側にとって特に問題が

ない場合には、相手方にその条件で取引をすることを伝えればよい。

とはいえ現実的なことをいえば、相手方の案がすべて受け入れられることはあまりない。当事者がそれまで話をしてきたことを正しく反映していないこともあれば、話をしたことが盛込まれていないこともある。時には全く新しいことが挿入されていることもあるだろう。その場合には次のようにする。

2 納得できないとき

相手方からきた契約書の内容に異議がある場合に一番良くない対応方法は、「これぐらいなら何とかなるだろう」、「まあいいだろう」と思ってしまうことである。どんな小さなこと、取るに足りないと思えることでも、とにかくコメントをし、自分の対案を出すようにしなければならない。

自分が希望する取引条件と異なることが提示されてきているのに、何もいわない（つまり何の反応も示さない）のは礼儀にもかなわないし、取引上もよいことではない。とにかく相手から何か送られてきたときには、それに反応することが国際取引では最も重要である。なぜだろうか。それは国際取引では共通の行動基準がないのみならず、「目に見えないものの意味が異なる」からである。英文契約書の世界は閉じた世界なのである。

「これくらいなら何とかなる」と思って小さな差異に異議を唱えずにおいて、後日微調整を依頼すると、全く理解できないといった顔で、「今頃契約条件の変更を言出すとは一方的ではないか」と反駁され、汗かきかき説明すると「そんなことは考えてみもしなかった。何も言わないのだから、あのままで異議ないと思った」と言われて、結局契約書どおりにさせられることがしばしばある。「まあいいだろう」というつもりで黙っていたら、「全面的に賛意を表し、これ以外に言うべきことはない」と受取られても仕方がないのだ。

日本人はしばしば「相手の気分を害さない」ためや、「小さなことで波風を立てたくない」、「こだわっていると思われたくない」と考えて、何も言わずにいることをよいことだとすら思って行動するが、これは危険なことである。

一般論だが、異なる文化の中にいる当事者にとっては、同じ現象の意味も異なることが多い。何か争点になりそうなことが出てきたときに、黙って何も言わないでいると、「黙っているから、てっきり賛成しているものだ」と思

う人もいれば、「黙っているということは、賛成してもらえないのだ」と諦める人もいる。「黙っているということは、無視しているということだ」と感じて、憤慨する人もときにはいるだろう。単純な可否も含めて、とにかく反応することが大事なのである。

> **!**
>
> 相手のドラフトに問題があると感じたら
> ことの大小を問わず必ず思っていることを
> 言葉、形に表わしてください
>
> 異議がないときも「合意」と言ってください

　ところで相手方から送られてきた契約書の内容、意味がわからない場合にはどうすればよいだろう。全く何をいっているかわからないときには、聞くことが正しいのである。正しいどころか義務といってもよい。疑問をうやむやにすることがよくないことはいうまでもないが、問合せることを先送りすることも国際取引では間違いである。
　次に何となくわかったような気がするところも確かめることが必要である。というのは、契約書を書く側は知らないうちに多くのことをわかったものとして書いてしまうため、できあがった契約書は、多くの推定や想像の上に建てられた建物であることがしばしばあるからである。確認のために聞いてみると、全く前提を取違えていたりすることがある。相手の契約書に書いてあることがわからないというのは、実は相手がこちらの申出を誤解しているからであるという場合も決して少なくないのである。
　わからない中には法的な規定の意味が全然とれない場合もあるだろう。思い悩むことはない。相手方も定型の契約書からコピーしただけで、必要性も意味もわかっていないことはよくあることである。

> **相手だってわかっていないこともあります！**

　だから相手に意味を聞いて、なぜ必要なのかを説明してほしいと何度でもいえばよいのである。それで意味がわかれば、諾否を考えればよい。場合によっては相手も意味がわからなくて取り下げてくれることもあろう。意味を尋ねただけで取り下げてくれるとすれば、ありがたいことではないだろうか。

　そのようにして不明な点をやりとりしたのちに、それでも納得できないとなれば、自分から契約書をつくってしまうのが一番である。

Ⅱ　対案はどのようにつくるか

⬜1　自分の望むことは、自分で書く

　第1章「契約書って何ですか」Ⅵに書いたように、契約書を誰がつくるのかについては大体の慣行というものがある。簡単にいえば、その取引の主要な部分を左右する立場にいる当事者、たとえば売買契約でいえば売主が主導権をもってつくるのがふつうである。したがって、もしそうなっていなかったら、今からでも主導権を取戻すことが必要である。そのためには相手方の契約書を検討の材料にして、作業をし、意見を述べるのではなく、思い切って自分から契約書をつくって提示することが最もよい。

　契約書に限らず人が書いた文章を、自分が満足できるように手を入れるというのは大変難しいことである。多くの場合そんなことをしても構造上ひずみができたり、語法がうまく統一できなかったりして、破綻してしまう。そうであれば自分で書いたほうが早いのである。いずれにしても自分が主導権をもっている取引では、自信をもって自分の契約書をたたき台に提示することを考えるべきである。

　もしそれとは反対に自分の立場が、一般的には契約書を受取ってそれに意見をいう立場であったとしても、気にせず自分の対案をつくって出しても商慣習に反するということは何もないし、失礼になるわけでもない。

> とにかく自分でドラフトをつくってください

　いうまでもなく、相手方から受取った契約書がまあまあ合理的で、それほど問題になるところが多くあるわけでもないのに、自分のドラフトにこだわって自分のつくった契約書を相手に送り付けるというのは、お行儀がよくない。このように程度問題ではあるけれども、原則としては、こちらから契

約書をつくって出したからといって、ただちにルール違反になるわけではないということは覚えておきたい。

仮にそのような考えに基づいて相手方に送付した契約書が、相手方にとってたたき台として受入れるところとならなくても、自分のドラフトを送ることにはいくつかの実際的な効用がある。

① 自分から書類をつくったことによって、契約条件交渉において主導権を握れるかもしれない。仮に主導権までいかなくても、積極的な発言権を手にすることができるであろう。前項にも書いたように、国際取引契約交渉で大切なことは日本でなら黙っているようなことでも、とにかく発言することである[1]。発言してはじめて平等な1票を手に入れられる。契約書をつくって送れば、「正しく自分を主張する人」という評価を受けることができるのだ。

> **!**
>
> **国際取引では沈黙は美徳ではない**
>
> **沈黙は金どころか鉄以下である**

② 仮に契約書のドラフトとして考慮してもらえなくても、そこに書いたことはこちら側の要望事項の一覧表として機能する。契約書は最終的な書類であるから、そのような形で相手に送った書類の中にはこちらの要望がすべて入っているといってよいからである。

もちろんこちら側の対案が全面的な改定案ではなく、ある限られた条件に対する案であることもあろう。その場合でも相手の案と自分の対案

---

[1] 小学校の1年生は先生が「わかりましたか」と問えば、次々に手を挙げて「わかりました」と答えたのに、大学生になると「質問はありませんか」と尋ねても、誰も何も言わない（わかっているとは思えないときでも！）。子供の頃を思い出してもらえばよいのである。

を合わせれば、こちらの要望の全容がわかるのだから同じことといってよい。

　対案を出すときには、それが自分のいいたいことのすべてなのか一部なのかを明らかにしておく必要がある。このことは契約書に関する事項だけでなく、いつでも当てはまることである。自分が何を考えていて、何については意見をすでに明らかにしていて、何については態度を保留しているかを、相手方に常に風通しよく知らせておくことが、よい交渉、よい取引の第一歩である。繰返すが、黙っていては、相手はわからないどころか、こちらに不利な決めつけをしてしまうこともあるのである。

③　自分の考えを書面にして出せば、相手をこちらのレベルに引き付けられる。こちら側から契約書の対案を出せば、相手にこちらの契約書作成能力が伝わる。それが相手の能力を上回っている場合には、相手方はこちらが国際契約に習熟した当事者であると感じて身構えるであろう。そのことはこれから交渉を進めるときには、それなりに有利に働く。

　一方相手方がこちらの契約ドラフトをみて、作成能力があまり十分でないと考えた場合はどうだろう。その場合には相手は今後こちらにわかるように簡単にものをいう必要にせまられる、というメリットがある。こちらが出した契約書案が明らかに技術的にはそれほど高度なものではないとわかれば、次回には相手はこちらがわかるようにしか書かないであろう。こちらが理解できないような書き方をしても、わかってもらえない、かえって質問を誘発するなど、向こうにとっては時間の無駄になるからである。

こういうわけで提出後は、こちらのレベルでやりとりすることができるようになる。

契約書は商売の手紙や電子メールと少し種類の違う「硬派」の書類である。したがって、こちらの言い分とその書類についての作成能力を相手に理解してもらうことは自分の利益になる大切なことである。

２　自分のペースでしか書いてはいけない

　対案をつくるときには、相手のペースに乗らないように気をつけることが

必要である（これは契約書作成以外の場合にもいえる）。自分の実力で対応していける範囲の契約書案を出せば、その後のやりとりがスムーズにできるが、背伸びしたものをつくってしまうとフォローしていくのに困難なことが多い。

国際取引でしばしばみられる失敗は、自分の能力を超えた返答を他人に作成してもらい、それを自分の文章のごとくに相手方に送付することである。そんなことをすると、相手がそれをこちらのレベルだと考えて、その後あらゆるやりとりが非常に高度なものになってしまい、その度に専門家に相談しないわけにはいかなくなる。社内に十分な人材をもっていればよいのだが、たとえば弁護士やジェトロなどといった外部の機関に援助を仰がなければいけないとすれば、大変なことである。四六時中そのようなことをしているわけにはいかないからだ。その意味でも相手が自分にわかる言葉をしゃべってくれるということは、非常に交渉の進展を助けるものなのである。そのためには前項に書いたように、こちらの実際の力、対応力をわかってもらうことが大事である。

第3章「最低限の英語で使える契約書を書く」でも例を示したように、契約書は簡単に書こうと思えば書けるのである。相手方が簡単な内容をもう少し高度な文章にしたいと思えば、それは相手方に任せればよい。こちら側としてはできないことをしようとする必要は全くない。繰返しになるが、対案は自分のペースでつくることが大事である。

> **ドラフトは自分に満足のいくように書いてください**

3 こちらから契約書を出したところ、相手方からも契約書案がきた場合 ──契約書の正面衝突──

こちらから契約書のドラフトを提示したところ、相手方がその中の条件について個別に異なった意見を述べるのではなく、全く異なった形式と内容の

契約書をつくって送ってくる場合がある。つまりこちらの案と相手の案と2種類の契約書が存在することになるわけである。この場合にはどう対応すればよいのだろうか。

相手方から「契約書」がきたときには、こちらからも契約書を提示すればよいと①で述べた。しかし今この場合には最初にこちら側から送った契約書が存在するわけである。それにもかかわらず再度こちらの、最初に出した契約書を使うことを主張するか、あるいは相手方の改定案をたたき台にして今後の契約交渉を進めるかは、少し考えることを要する難しい点である。こちらの立場が比較的安定して強いときには、「当方のドラフトをベースに検討してもらいたい」（つまり相手方のドラフトをたたき台とすることを拒否することになる）と相手に要求してもそれほどリスクはないだろう。しかしこちらの立場がそれほど強くないとか、相手から提示されたドラフトが明らかに非常によくできている、もしくは相手との相違点が少なくないため、こちらの要求を再度持ち出せば破談になる可能性もある、といった場合には相手方との差をよく計ったうえで、相手方のドラフトに乗って交渉を進めるほうが、心理的にはよい結果を得られる。その場合にどのように対応案をつくればいいかを次に考えてみる。

④ 相手のペースで対案をつくらなければならないときは

Ⅰでも述べたが、まず相手が何を問題にしているかを理解しなければならない。そして本当に争点として取上げられなければならないことと、それほどでもない争点を分けてみる必要がある。そして大きな争点については当然対案を出すことになるが、これも契約書として対案をつくるよりも、自分たちはその点についてこう考えるという説明のような文章にして、相手方に検討を促す方が相手のプライドを傷つけずに交渉を進めることができる。また二次的な争点については最初の説明の手紙の中では、「そのほかにもいくつかあるけれども、その点は別途お伝えする」と予告したうえで、別の手紙にすればよい。重要な点を先に片づけておくためである。

一般論として、法律的な事項について交渉をするときに、同じ書面の中に

多くの争点を、軽重を問うことなく盛込むことは好ましくない。1通の手紙、1通の電子メールの中には独立した問題を一つだけ書くのが一番よい。仮にいくつか書くにしても大事な用件を少数だけ書くようにしたほうがよい。そしていずれの場合も、それが決まればほかはそれに従うような、重大な問題を一番先に決めてしまうことをめざすべきである。たとえていえば、もし値段に合意してもらえるならば納期は柔軟に対応できるというなら、値段を先に決めるべきである。納期が致命的に大事であればまずそちらを固めてしまうべきである。このようにして細かいことは別にして、まず大筋での合意が得られれば、その後の進展はずっと変わってくる。

　読んでみたが内容がわからない点については、意味を説明してほしいと正直にいうことは、すでにふれたとおりである。意味を問われて嫌に思う者はいない。質問をしてくるということは、そこに書かれたことを理解して検討しようという心の表れだからである。意味を問われた相手方はできるだけ理解してもらいたいのだから、簡単な言葉や別の言葉で説明するであろう。そうしているうちに相手が何を本当に考えているのかわかってくる。そしてそれに対応すればその争点はおのずと解決できるわけである。質問をすることも契約条件の交渉には役に立つことである。

重要なことをまず確定させてください

Ⅲ　最終契約文言の確定

　このようにして自分の意見を述べたり、質問を繰返すことによって争点が洗い出され、不要な争点は忘れ去られていき（うやむやにして積残しにするのも、交渉のテクニックである）、最終的な合意が固まる。そうしたらもう一度相手方にそれをすべて織込んだ契約書をつくるように依頼する。このときに使われるたたき台は、それまでの交渉の経過により、自分の出したものであることもあれば、相手方の版である場合もあろう。その時点では相手方はこちらの英語の実力や、法律的争点に対する対応力を見極めているはずであるから、こちらにわかるような練れた契約書をつくってくれるはずである。そうすればこちらとしてはあまり法的コストをかけずに、なお望むような契約書を手に入れることができるということになる。もちろん自分で主導権を取って、最後のまとめ役を買って出られれば一番よい。

　一方いくら交渉をしても、なかなかまとまらない場合がある。何往復かやりとりをしても大幅に意見の相違がある場合には、そもそも取引を行うかどうかについて考えてもよい時期にきていると思ったほうがよいことも少なくない。

　そのようなときには相手方と直接に会って話をする、責任者同士が腹を割って話をするなどといった解決方法もあるが、どうしても取引がしたいというときには、争点を先送りにするという手段もある。一般論として契約書は自分の権利と、相手の義務の最大限を書いたものであり、かついったん署名すればもうその後自分に有利に修正することなどはできないと考えたほうがよいのはそのとおりである。しかし争点がそれほどでもないときには、思い切ってその点については何も書かないか、あるいは後日合意をするという合意に留めておくという方法もなくはない。

　実際の取引の中では、そのように中途半端に残された事柄がどうしても大事なことになれば、当事者はいやでも話し合うことになる。その場合これから取引を始めるときと違って、すでに取引が動き出しているときには、当事

者は一層取引を推進する方向で対話するであろう。そのため理論的に議論するよりも実務的な議論が展開することが多く、あまり心配したほどのこともなく合理的な結論に落ち着くことが少なくない。

　なるほど「将来合意することを約束する」という約束は、法制度によっては効力を認められないこともある。そのとおりであろう。「商品の価格は後日当事者交渉の上決めることとする」という契約条項に法的効力があるかといわれれば、確かに効力がないというのが正しい答えかもしれない。しかしその商品が市場性のあるものであれば、おのずと船積をする時期の市場価格を支払うのが合理的だということになろうし、逆に全くの特注品であれば、それを組み立て完成させるのに必要なコストに、合理的な利益と諸費用を加えたものが契約価格になって当然である、という合意も商人間なら成立するに違いない。

　もちろん合意しないときは問題を先送りにすべきであるというのではない。契約は契約条件にすべて合意してからサインすべきであることはいうまでもないが、当事者に十分な確信があれば、ことによっては先送りすることによって、取引が成功することもあるといっているだけである。

　どのような場合に当事者でどうしても合意ができないかを現実に即して考えてみると、時には頭でっかちであまり意味のない議論であることもある。また実務の世界では議論自身がほとんど架空の争点にすぎないこともあるのである。建設工事で、もしプラントが全く稼働しなかったらどうするか、もしプラントが爆発して隣近所に大火事が起こったらどうなるか、といったことは法的議論としては確かに大事ではあるが、実際にはそのようなことが起こる確率は何万分の1もないかもしれない。ときに技術者と法律家の間にこのような意見の相違が出てくることがある。そして商売をするものは買い手と商品をみてそのどちらかに決める必要があるのである。

> **あまりおすすめではありませんが
> 現実性のないことは放っておいても
> 取引はできなくはありません**

第7章

売買契約書以外の契約書の記載事項

I　はじめに

　第2章「契約書に書くべきこと」VIでウィーン売買条約を手がかりとして、当事者の義務を中心に、売買契約の記載事項を考えてみた。本章ではそのほかのよくある取引について、契約書に何を書けばよいかを考えてみたい。

　契約書の構成を考えるにあたっては、契約とは「何か」と「金銭」の交換であり、その具体的な内容と、それがうまくいかなかったときに、どのように問題を解決するかの方向性を示すものである、という視点を常に忘れずにおかなければならない。本章で取り上げる取引も、基本が交換であるという点では全く同じことで、「何か」を目に見える商品から、目に見えない商品に置換えて考えてみようというわけである。交換の対象が「金銭」であることはいつも同じである。

　もう一つ大事なことは、契約書に何を書くかは、実際の取引で何が起こるかを具体的に考えてみると、一番よくわかるということである。そして実際に取引に携わっている人が、何が起こるかについて一番よく想像力が働くのである。一例をあげてみよう。ワインの品質保証期間はどれくらいにするのが適当だろうか。法律家なら「食料品だから、あまり長期の保証は好ましくない。6カ月にしよう」というかもしれない。ひょっとしたら「買主リスクにして、保証期間はおかないことにしてはどうか」などというかもしれない。20世紀初頭のフランスのヴィンテージワインが高値で取引されていることに思い至らないのである。日本の業界ではワインの保証期間は10年程度だそうだ。ましてや寝かせれば寝かせるほど品質の上がる赤ワインの製造者は、それこそ逆の意味で保証期限などおかない、というだろう。商品を知っていなければ、条件が設定できないよい例である。自信をもってことにあたっていただきたい。

　なお本章の法律条文番号はウィーン売買条約のものであるが、ウィーン売買条約は物品売買を対象にした条約なので、これが直接に適用されるわけではない。ただ考え方として、「何か」と「金銭」の交換を考えるときに大変参

考になるので、条約をベースとして使ったものである。
　またここで示す契約書の骨組みは満点の答案ではなく、及第点ぎりぎりのものでしかないことはすでに述べたとおりである。

> **取引想像力が契約書創造力の源です**

Ⅱ 技術援助契約（ライセンス契約）

　技術援助契約では技術の使用を許諾する当事者をライセンサー、技術の供与を受ける側をライセンシーとよぶ。

1 基本的な記載事項

(1) 当事者の義務に関すること
(A) ライセンサーの義務の内容
　(a) 目的物の定め（35条）

　ライセンサーが相手方に渡す義務を負う「何か」は技術である。そこでまず技術の内容の記述が必要となる。技術が何であるか（これが売買契約における商品の記述にあたる）を記し、その技術を「提供する」[1]ことを約束する。ライセンサーにとっては、この部分を正確に書くことで、自分の義務の外周縁を明らかにすることができる。ライセンシーから考えると、ここでしっかり書いておかないと、欲しい技術が手に入らない。これ以下も同じだが、各当事者は自分の立場で考える必要がある。

　(b) 引渡場所（31条）

　どこでどのように技術を開示するかの記述がこの部分の内容になろう。たとえばデータの形で相手に送付する、技術書類の形でライセンサーの事務所で引渡す、といった具合である。このようなことは現場の人間にはわかりきっているため、契約書では「適切な方法で」とか、「当事者合意する方法で」と書いてすませたり、何も書かないことのほうが多いかもしれないが、大筋は書いたほうがよい。

　引渡し、開示に伴って技術者の出張、派遣などがあるときは、細かい条件が書かれる。

1　売買契約なら商品を引渡すが、技術援助契約の下では技術を相手に開示しても、当の技術はライセンサーの手許に残るので、「渡す」というより「提供する」ということになる。「開示する」といってもよい。

(c) 引渡時期 (33条)

技術をいつ引渡すかである。開示する側からすれば、早く開示すればするほど実施料も早く入ってくるが、それ以上に重大な側面はあまりない。一方、製造体制を整え、原材料の仕入れ手配をし、販売計画を立てて、競争相手を出し抜いて、一刻も早く利潤に結びつけようとするライセンシー側には、プロジェクトの成否を左右するような問題であろう。

(d) 知的財産権の侵害 (42条)

開示した技術がライセンシーの国で、確立した（あるいは確立したと称する）第三者の技術を侵害しないものであることの、ライセンサーによる保証である。物品には知的財産権と全く何の関係ももたないものもたくさんあるが、技術はほとんど常に何らかのかかわりをもつ。いわば品質保証のようなものである。

ここで大事なことは、そもそもライセンサーはそのような保証をするものかどうかである。詳しいことは専門書に譲るが、ライセンサーからすれば、相手国の状況は全くわからないのだから保証しようがない、とするケースもある。一方ライセンシーにしてみれば、自分は中味について知らない技術の開示を受けて実施料を払おうとしているのに、使えるかどうか保証の限りではないとは何ごとか、ということになろう。

現実には技術の内容、当事者の規模、調査能力、実施料の多寡などで、保証義務の有無、範囲に多くのバリエーションがありうる。時には何も書かずにすませる（というより、放置するというべきか）ということもある。あまり勧められる選択ではないが、場合によってはありうるだろう。

(B) ライセンシーの義務の内容

(a) 代金支払義務 (54条)

技術援助契約では実施料（ロイヤルティー）、ライセンスフィーの支払義務となる。売買契約の場合と名前は異なるが「金銭」を支払うという意味では同じである。ここで大事なことは、当然のことではあるがライセンシーによる支払義務の確認に加えて、何を基準に（たとえば売上金額か個数か、製造か販売か、税込かどうか、外貨の換算はどうするかといった実際的な点）、どのように計算して金額を決めるかという手続の詳細である。

(b)　支払時期（58条）

　考え方は「金銭」をいつ払わなければならないかという意味では、物の売買と同じことであるが、単純な売買契約よりは複雑なことにならざるを得ない。理由は、実施料は何を基準に計算するかにバラエティーがあり、支払期間、回数も長期、複数にわたるからである。1回限りの払切りという、売買契約と似た形の取引もなくはないが、たいていは売上金額、製造個数などをもとに何らかの計算を必要とする。そのため集計のルール、支払日のルールなど継続的に適用される原則を必要とする。前項の支払義務と一緒にして書くとわかりやすいかもしれない。

　多少言い過ぎを恐れずにいえば、絶対的に書かなければならないのは、この(1)であげた事項だけである[2]。次に示すものは義務そのものではなく、義務に違反した場合の対応についてである。これらのことはごく一般的な形では法律に規定されていることが多い。もっともそれが当事者にとって満足のいく規定内容であるかどうかはわからない。そこで多くの場合、何か特別のことをわざわざ書くのである。

(2)　当事者が義務に違反した場合に関すること

　(A)　ライセンサーが契約に違反したときに、ライセンシーにどんな権利が生じるか

　　(a)　権利の内容のリスト（45条）

　ここでも売買契約における規定が参考になる。具体的な中味は46条から52条にあるほか、両者に共通に適用される原則が74条から77条にある。

　　(b)　履行を請求する権利（46条）

　まず履行そのものを要求する、つまり技術を開示しないライセンサーに対して開示を要求する権利がある。これは当然のことだろう。わざわざ契約書に「ライセンサーが技術の開示を怠ったら、ライセンシーは技術の開示を請求することができる」と書くことはない。

　次に46条には「修補」があげられている。供与された技術が不完全なものであれば、追加的情報を要求する、欠陥個所を直してもらうなどして修補し

2　ただし技術援助契約特有のいくつかの条項については、2参照。

Ⅱ　技術援助契約（ライセンス契約）

てもらうことは当然である。

　また同条は代替品の引渡しをうたう。技術の場合にこの概念は直ちには該当しないかもしれないが、42条の知的財産権侵害の場合などは、代替技術の提供、関係箇所の変更などが考えられなくもない。しかしそこまで細かいことを考えたとしても、具体的な対応策は実際に問題が起こってみなければわからないので、現実論としては何も書かずにおくだろう。

　　(c)　契約解除権（49条）

　ライセンサーが全く義務を果たさなかったり、その契約の履行の仕方が契約の目的とかけ離れていたら、49条にあるように解除することも同じである。

　(B)　**ライセンシーが契約に違反したときに、ライセンサーにどんな権利が生じるか**

　　(a)　権利の内容のリスト一覧（61条）

　ライセンシーにとっての45条と同じである。中味は62条から65条までと、(A)(a)の場合と同様に共通規定である74条から77条である。

　　(b)　履行を請求する権利（62条）

　技術援助契約では実施料を支払えという、誰でも思いつくことである。これもライセンサーに対する場合と同じく、「ライセンシーが実施料の支払いを怠ったときは、ライセンサーはライセンシーに実施料の支払いを請求することができる」とはまさか書かない。

　　(c)　契約解除権（64条）

　支払われなければ契約を打ち切る64条のオプションも、容易に想像のつく規定であろう。むしろ注意を要するのは解除したあとの始末である[3]。

　(C)　**両者に共通の規定**

　　(a)　損害賠償の範囲（74条）

　条文自体は損害賠償をどこまで請求できるかという範囲を示すものだが、実際の契約文言との関係で考えれば、そこまでの賠償には応じないと書くか、逆にそれを超えて請求できると明記すべきか、あるいはほかの方法で賠償責任の範囲を示すのがよいのかという、「制度設計」の問題としてでてくる。

3　(C)(c)の解除の効果（81条）参照。

もともとの条文は違反の結果として生ずる損害はすべてが賠償の範囲に入るが、違反をした当事者が契約時に予見したか予見すべきであった金額を超えない、という規定の仕方をしている。これでは場合によれば賠償額はかなりの金額にのぼることが考えられる。たとえばライセンサーから考えると、使用許諾する技術に多少の欠陥があったからといって、「技術が完全であったら得るはずであった利益」まで請求されては困るであろう。74条は状況によってはそれを許すという規定であるから、ライセンサーとして書くなら責任を限定する方向で書くし、ライセンシーとしては反対にこれを拡大する方向で書く。

　実際問題としては技術が侵害問題を現地で起こした場合が最も代表的なケースなので、その場合にライセンサーは何をしなければいけないのか明記したうえで、それ以上は責任を負わないとするといったところでまとめられれば、ライセンサーとしては上首尾であろう。そのほかの可能性は、技術が約束したほどのものではなかった、という場合である。このケースでライセンサーの責任に合理的な天井を設定しようとしても、ライセンシーは抵抗するに違いない。

　(b)　不可抗力（79条）

　不可抗力事由が発生した場合に、義務を負っている者の責任がどのようになるかが、この条項のポイントである。技術援助の契約を結んだ途端に日本と相手方当事者の国との外交関係が破綻して、技術移転が不可能になったらどうなるか、ライセンシーが送金しようとしたら、その国で外貨規制が発動されて外貨が購入できなくなったといってきた、さてどういう権利がライセンサーにあるだろうか、といった話である。

　考え方としては、技術援助契約においてこの条項を設定して自分は利益を得ることができるだろうかと考えてみればよい。日本の当事者であれば自らがいずれの立場であっても、あまり恩恵はないように思える。逆に入れるとライセンシーに塩を送ることになるので、思い切って不可抗力条項は入れないというのも、日本側ライセンサーにとっては十分理由のある選択である。

　(c)　解除の効果（81条）

　この条項は49条や64条に従って、契約を解除したときの効果についてであ

る。解除すればその後の義務からは解放されること、解除前に受取ったものはそのままの形で返すこと(「原状回復」の考え方である)が規定されている。その後の義務から解放されることは、実は大体の法の下では共通の結果で、これを契約書にわざわざ記載することは、よほどの厚さの契約書でもめったにないので、忘れてよいだろう。一方技術援助契約の場合はすでに技術を移転しているので、解除前に受取ったものの返還の対象は、技術、もっと正確にいえば技術を移転するためにライセンシーに渡した目に見えるもの(図面、設計図、ディスク、記憶媒体など)とその複製に限られる。解除以降は技術を使うことができないということは自明のことといってよい。

　少し話がややこしくなったが、実際問題として元に戻せと言ってもこの種の取引では、記憶は消去できないし、データを返したといっても本当かどうか検証することは不可能である。その意味ではこの条文を技術援助契約に準用することには、あまり実際的な意味はないのかもしれない。

2 いくつかの技術援助契約特有の記載事項

　1の(1)(A)(B)に列挙したことを書けば、「何か」と「金銭」の交換についての基本的なことは完了である。ただ取引とは「何か」と「金銭」の交換である、という見方は非常に抽象的な表現で、実際の「何か」が「工作機械」である場合と、「微生物培養に関する技術」である場合に、契約内容が全く同じというわけにもいくまい。そこでその契約特有の「何か」、つまり取引の対象に応じた事項が多少は必要になってくる。しかしこれは「餅は餅屋」のたとえどおり、取引の当事者にとってはむしろ思いつきやすいことだといっても過言ではない。つまり義務の記述という部分の山さえ越えれば、あとは自己薬籠中の注意事項を書けばすむともいえる。

　では技術援助契約に特有なこととは、何だろうか。ライセンサーの立場から考えてみよう。おおかたの契約書作成の参考書をみてみると、「情報の取扱い」「技術の流用、転用の禁止」「守秘義務」「ライセンシーによる知的財産権の申請の禁止」「改良技術をどうするか」「競合する契約締結の禁止」「相手方の場所での出張技術援助」、支払いと関係して「帳簿の監査」「定期報告書の作成と送付」、製品に関しては「競合品製造の禁止」「販売促進義務」など

が書いてある。これらについては個別の取引で考えていくしかあるまい。

ところで契約書の義務をよくみてみると、いくつかにわかれる。まず第1番目は「技術を移転する義務」「実施料を払う義務」といった積極的な義務で、それなくしては、つまりそれをしてくれなければ、その契約が成り立たないものである。売買契約における「商品を引渡す義務」、「商品代を支払う義務」なども当然すぎて、ことさら考えてみるまでもないものであった。これらの条項は書かざるを得ない部類に入る。

次に上にあげたものの中では、たとえば「競合品製造の禁止」のように、「……してはいけない」という禁止の規定がある。消極的な義務とよぶこともあるが、いずれにしても何もしないことが正常な状態である、という性質のことである。これらは取引関係によって必要であったり、そうでなかったりする。たとえば「競合品製造を特に禁止しません」というライセンサーもいるだろう。技術の流用に寛容なライセンサーもいるだろう。積極的な義務は負ってもらわなくては困るが、消極的な義務は特に負わそうと思わない限り、必要ないものもいくらもある。

> 契約上の義務には積極的義務（しなければならない）と
> 消極的義務（してはいけない）があります

そこで参考書、専門書に満載されている条項に直面して考えるべきことは、「そのようなことを書かなければ取引が成立しないかどうか」、「契約は成立しても動かない、といったことになるかどうか」、あるいは契約の成立には疑問がないが、「それをいっておかなければ自分に不利になるかどうか」である。もしなくても取引に支障はない、ちゃんと契約は履行できる、自分は平気であるというなら、そのような規定はあったほうがよいに決まっているが、なくても致命傷ではないということである。

> **！ 自分の契約書に何が必要かは
> 自分の取引について自分で考えて決めればよいのです**

　技術援助契約に特有なもう一つの条項は契約期間である。これは技術援助契約に限らず、売買契約でもそれが継続的売買取引の基本契約であれば同じことである。単発の売買契約は商品が引き渡され、代金が決済されてしまえば、黙っていても契約は完了してしまう（ただし、商品の品質保証に関する義務だけは引渡後も残る）。しかし技術援助契約は、権利を使わせ続け、実施料を受取り続ける契約だから、いわば河の流れのようにずっと続くものである。そこでいつまで続けて、いつやめるかを決める必要がでてくる。そしていつやめるということの中には、当初の計画どおり、期間満了で終結する場合と、一方当事者が契約を履行しなかったり、続けることができなくなって中途でやめる場合に分かれる。

　まず両当事者に特別心配するようなことも発生せず、満期で終了する場合について考える。継続的契約の期間の設定は、各々の立場でどれくらいが得かを考えるところから始める。非常に高度な技術であって、相手方にも十分な製品化技術、販売力があるとすれば、ライセンサーに安定的な高収入が見込まれるであろうから、契約は長期間の方がよいだろう。3年、5年、7年、場合によっては10年の契約も考えられる。ライセンシーの立場で考えるとすると、導入する技術の市場価値がそれほど高くなければ、短い期間にして、技術革新の動向を見極めるという態度もありうる。その場合は2年も続けば十分かもしれない。短いといっても実際の契約に1年未満というのはあまりない。常識的には2年ないし3年ぐらいであろう。逆に高度な技術で、廉価な実施料というなら、長い権利を持っていることが得になると考えるのは当然のことである。

　当事者に契約違反、破産などがあった場合の考え方については、第4章「法律的事項は避けて通れないか」Ⅲを参照されたい。

177

III　製造委託契約

　最近日本の製造業者が、コスト削減のために近隣諸国の工場に製造委託をし、できあがった製品を輸入して日本、そのほかで販売するケースが増えてきている。そこでここでは外国の業者に製造を委託する契約の記載事項を考えてみる。

　製造委託取引をするためには、契約締結前に多くのことを検討する必要がある。既製品の売買と違って、受託者（以下、「製造者」という）側はこの契約をするまでは、目的の商品を作ったことがないのだから、委託者の要望に応じた品質、数量を作る能力が製造者にあるのかどうかの審査が必要である。単発の取引ではないであろうから、前金の支払い、不良品への対応などに絡んで、金銭の貸借も起こるだろう。そのために与信限度を検討する必要もある。原材料を支給する形態の製造委託だと、原材料の引渡し、保管、使用、管理などに関する心配ごともあろう。またせっかく作ってもらっても意図した市場で思ったように売れないときは、契約期間中でも製造を中止したり、商品の仕様を変更する権利も確保しておかなければならない。目が届かない地の相手と、継続的に取引できるかどうかについて、十分に確信のおける調査を前もってすることが必要不可欠である。調査の結果、取引をしてよいと判断されたという前提で、契約書に何を書くべきか考えてみよう。なお物の流れに注目して売買契約にたとえてみれば、海外の製造者が売主と等しい立場に立つ。委託者は買主というわけである[4]。

4　なお委託者／受託者を和英辞書で引くと consignor/consignee と書いてあるが、これは委託販売のときか、物を預ける場合の用語である。そのほかにこの単語の組は、荷送人／荷受人という意味で海運用語として使われることもある。しかし製造委託契約はこのどれでもない。といってこの関係にあてはまる英語のペアは見当らない。契約書作成にあたっては製造者を manufacturer とし、委託者は会社名でよぶのがよかろう。あるいは両方とも、会社名でよぶオプションもある。

> 製造者が原料代を負担するときは、製造委託は
> 売買契約のようなものだと考えてもよいのです

1 基本的な記載事項

(1) 当事者の義務に関すること

(A) 製造者の義務の内容

(a) 目的物の定め（35条）

引渡すものが何であるから、売買契約と同じように35条の適合品の定めが、記載事項の中心になる。仕様はたいていの場合、委託者が決めるのであろうから、製造者はそれに合意すればよい。

仕様は単発の売買契約では当初合意したものが適用されるが、一定期間継続することが前提である製造委託契約では、委託者が一方的な通知で変更できるようにしておくことが望ましい。場合によっては仕様変更に伴う、製造コストの変動もあろう。このようなことは相手方が持出すことと思われるので、委託者が作成するドラフトにわざわざ書くことはない。製造者の立場でいえば、変更を実行に移せるだけの時間的余裕と、必要であれば追加コストに関する取決めが欲しいだろう。

(b) 引渡場所（31条）

製造者の引渡場所は売買契約と異なるところはない。インコタームズで決められることがほとんどであろう。インコタームズは価格条件でもあり、引渡条件でもある。

製造委託が材料支給の形で行われる場合は、正確には製造者は他人（委託者）の材料に手を加えて、製品の形にして返すだけだから、完成品を「売買」しているわけではなく、委託者が委託料（加工料）を払うだけということになる。したがって引渡される製品の価格をインコタームズを使って表現することは、適切ではない。たとえば原料代が80、加工費が20、諸費用が10、運賃と保険料が合わせて15とした場合、製造者がすべて自分で負担すればCIF

179

日本港で125と表現して正しいが、材料支給の場合は加工費、諸費用および運賃、保険料で45ということになるが、これを CIF 日本港で125というわけにはいかないし、かといって CIF45というのもおかしい[5]。しかし商品代金（80）を除けば、費用負担も、引渡条件も、危険負担もあたかも CIF 日本港と同じように考えるというのであれば、「引渡し」を CIF 日本港条件で行うと「表現」することは可能である。そうすれば引渡場所は CIF を基準に定まることになる。インコタームズの価格に関する項目のうちで、商品代を除く、内陸運送費用、梱包の費用、通関費用、場合によっては運送費などの合計を委託加工費用としてまとめて支払うことにすれば、結局インコタームズの引渡しに関する規定（輸出手続、引渡方法、危険の移転など）がそのまま適用になるといってよいだろう。ただしあくまでも本来の意味でインコタームズを使っているわけではないことを忘れてはならない。

**委託者が材料を支給するときは
売買契約ではなく、委託料支払が取引の柱になります**

**たとえていえば生地を持っていって
着物を仕立ててもらうようなもので
手間賃と配送料などを払う取引と考えます**

　　(c)　引渡時期（33条）
　これも売買契約と同じである。材料支給の有無は関係ない。1回限りの取引なら契約書の中に示されることになるし、継続的な取引であれば個別の注

5　関税を計算する等の仮の目的のために CIF125と考えることは可能性としてなくはない。

文書とその請書の中で確認されていくことになろう。大事なことは、製造者が製造加工した商品を、いつ引渡さなければならないかが明らかにわかることである。

  (d) 知的財産権の侵害（42条）

製造委託取引では海外の製造者は、日本の委託者の定めた仕様と指示に従って、ときには委託者支給の材料を使って商品を作るのだから、基本的には荷揚地である日本（場合によっては委託者の指定する第三国）における、製品に関する知的財産権問題には責任の持ちようがないので、この条項は入れる必要がないということになるだろう。

もちろん製造者が自ら材料を調達したり、技術を提供するときは、その部分が日本で知的財産権の侵害問題をひき起こすことはありうる。たとえばある国の業者に製造委託をしたら、同国で調達して組み込んだ部品が日本で成立している特許を侵害するといったケースである（その国に特許が登録されていなければ、製造者は全く合法的な部品を使ったというだけのことである）。このような場合のことまで考えて相手方に何らかの保証をさせるかどうかは、個別の契約における事実をみて考えるしかないだろう。

 (B) 委託者の義務の内容

  (a) 代金支払義務（54条）

この契約では製造委託した商品の売買代金か、材料支給をした場合は委託料（加工料）を払うということになる。いずれの場合も、あらかじめ決められた単価に数量をかけた金額となり、それほどややこしい問題ではなかろう。

  (b) 支払時期（58条）

できあがった商品の売買の場合は、売買契約と同じことを考えればよい。

この契約形態に特有な問題は、材料を支給して委託料を支払う場合に起こりうる。製造に着手する前に委託料を全額払うことはまずあるまいが、製品が納入され、検品が成功裡に終了するまでは何も払わないというのも、委託者にあまりにも有利すぎて合意を得られないかもしれない。しかし製品を見ずに全額委託料を払うことも同じく考えにくい。そこで何らかの割合で分割支払いをすることが考えられる。実際の割合は取引によって異なるだろうが、材料到着時に仕事に着手するにあたって30％、仕事が完了して船積みすると

ころまでいけばさらに30％、商品を検品した後で最後の40％を払うといった方法が考えられる。実際の配分は相手方の資金繰り、信用度、取引の履歴などを勘案して決めることになる。

　材料の全部または大部分を製造者が調達する場合でも、売買契約と多少異なる意味合いで前金が要求されることは考えられる。これは同じ洋服を買うのでも、既製品を買うのと仕立ててもらう場合の違いのようなもので、製造者にとってみれば一人のお客にしか売れないものをつくるのだから、安全のために多少でもお金を受取っておこうというものである。

(2) 当事者が義務に違反した場合に関すること

(A) 製造者が契約に違反したときに、委託者にどんな権利が生じるか

(a) 権利の内容のリスト（45条）

　製造者は商品を製造して引渡す契約をしているわけだから、製造者の義務は商品を引渡すことと、引渡した商品の保証である。引渡しの義務に関してはおおむね売買契約について説明したところと同じである。次に説明するように品質保証にあたる部分に多少違いがある。

(b) 履行を請求する権利（46条）

　46条1項では履行を請求する権利が規定されている。これは当然のことといってよく、契約書に特に書くことはない。3項には「修補」があげられている。これは契約書では保証条項の記載事項の一つとして書けばよいだろう。製造者は委託者の指示に従って製品を作り、その製品が仕様に従ったものであることを保証し（(1)(A)参照）、もしそれに反したら修理するということになる。売買契約の場合と異なるところはない。2項には「交換」の規定がある。これも委託者としては入れておきたい規定である。

　さてちょっと考えることを要するのは、材料支給してつくらせたものが、仕様どおりになっていなかったときの対応である。修理（修補）すればよいものはそれでよいが、全く使いものにならないときはどうすればよいだろうか。相手に必要とされる技術がないために、仕様どおりつくることができないというのなら、契約を解除して支給して無駄になってしまった材料費、そのほかの損害を返してもらうことになる。もしまたまたできなかった場合には、次回に期待して、無駄になった材料費（なおこの値段は契約書には書かれないの

で、別途証明しなければならないことになる）を弁償させるだけで契約を続けることも考えるだろう。このようなことまで契約書に書き入れるのは一般的ではないかもしれないが、一応は考えておく必要のあることである。

　支給材料は製造者の国に輸入されるときは代金決済を伴わない「無為替輸入」となり、制度が確立していれば保税状態で製造、加工される。その際に税関手続のために参考価格が必要になるという場合には、個別の材料輸出の際に、評価のためにだけ価格を設定する必要が出てくる。

　なお指定した仕様に間違いがあって、商品が機能しない、売れないということもあるかもしれない。製造者は言われたとおりやればよいのか、明らかにわかる間違いは指摘すべきか、という問題が起こりうる。ヨーロッパに出荷する電気製品に、委託者が100ボルトの電圧と部品を指定してきたら、どうするかである。仕様に忠実に従って、実用の役に立たない商品を大量につくってよいのだろうか。これも個別の契約ごとに考えるしかないが、製造者からは、仕様の間違いについては責任をもたない、という条項を入れるという要求が出てくるだろうと思われる。

　　(c)　契約解除権（49条）

　製造者の契約履行が、実質的に目的をとげることができないくらいに悪いときは、契約を解除するしかない。解除の詳細については、売買契約について書いたところが参考になる。

　(B)　委託者が契約に違反したときに、製造者にどんな権利が生じるか

　　(a)　権利の内容のリスト（61条）

　委託者の主な義務は代金支払いなので、これも売買契約と考え方はそう変わらない。材料支給は売買契約には存在しない側面なので、その義務の不履行の場合の製造者の権利については、売買契約とは違いがある。

　　(b)　履行を請求する権利（62条）

　委託料を支払えという請求が主たるものである。材料の支給を怠る場合は支給せよと請求するわけだが、いずれも委託者の基本的な義務なので、違反したときには払えとか、材料を渡せとかいう請求をする権利があるということを、契約書に書く必要はないだろう。

　　(c)　契約解除権（64条）

183

委託者の立場で契約書を書いているとすれば特に書く必要はないが、製造者にしてみれば委託料の支払いが滞ったときや、原材料の支給がないとき、支給された材料に継続的に問題があって、なかなか解決されないときなどは、ひと思いに契約を解除したいと思うだろう。

一方支給されるべき原材料の数量に不足があるときは、売買契約のときとは異なって、製造個数が減るだけで、直接の被害者は委託者だから何も書くことはない[6]。売買契約では売主は合意された数量を引渡す義務があるが、材料支給型の製造委託契約では、製造者は材料の数量に見合うだけの数の製品しか作れなくて、あたりまえだからである。

(C) 両者に共通の規定

(a) 損害賠償の範囲（74条）

売買と類似した取引なので、ことさら範囲の拡大または縮小を目的に何かを書く、ということはあまりない。特有なこととして考えられそうなこととしては、委託者が材料の支給を怠ったために、製造者の工場設備が遊休状態におかれて損害を被った場合の賠償がある。これに対して委託者は得べかりし利益については責任をもたないと書いてもよいが、そこまで心配することもないかもしれない。

(b) 不可抗力（79条）

不可抗力によって履行を妨げられる可能性は、製造者に多く発生しそうである。したがって委託者として書くなら、わざわざ何か書く必要はない。委託者の義務もあるが、これはコントロール可能なように思われる。もちろん支給型の場合は送付上の問題がある。また、完成品の引取りがFOB条件であれば、船の手配の困難などはありうるので、両当事者ともに不可抗力条項の利益を得られるようにしておくという考え方もある。

(c) 解除の効果（81条）

この契約が解除されたときに格別複雑な問題が残るとは思えない。多少の在庫、半製品、未払い商品があるかもしれないが、そのことを契約書に書きだしたら、ほかにも細かいことはたくさん出てきて、大部な契約書になって

---

[6] もっとも製造者にも、受取委託料が減るという不利益はある。

しまうだろう。

2 いくつかの製造委託契約特有の記載事項

　この型の契約では技術移転が発生することがある。委託者は製造者に仕様、工程、設計図などを開示するため、製造者は自ら所持していない技術を目にする。これが高度で秘密を守られるべきものである場合は、製造者に対してこの契約の目的以外にそれらの技術を自由に使ってはならない旨の禁止規定を入れる。

　そのほかに「製造記録の作成と保管」「定期的報告」「競合製品の製造受託制限」などもある。

　取引の構成であるが、材料支給型の契約でも、形式上はいったん原料を売却して、製品を買戻す形式にする場合がある。その目的は債権保全にある。材料代を与信することを実質的に防ぐわけである。製造者側から考える場合には、材料代と製品代を相殺する形にして、現金の流出を防ぐということも考える。

　製造者がある製品の製造を委託されたことをきっかけとして、設備投資を行うことが考えられる。契約が契約期間満了によって無事に終了すれば投資は回収されるだろうが、途中で解除されてしまうと委託料でこれがカバーできない。そのような場合でも委託者は何も責任をもたないということを書くこともある。状況によって考えればよいだろう。逆に委託者側に責任のある事項が原因で、製造者側が契約を解除することも考えられなくはない。この場合は投下資本の回収が、委託者側の理由で未完のままに終るのだから、製造者側に立って書くなら、明らかな賠償請求権を残しておきたい。

Ⅳ　役務提供契約

　売買契約が物と金銭の交換であったのに対して、役務提供契約は目に見えない「役務（サービス）」と「金銭」の交換をする契約である。

　技術援助（ライセンス）契約も目に見えないものと金銭の交換ではあるが、技術援助契約ではいったん技術というものを相手方に開示、提供してしまえば、技術提供は終わってしまい、あとは相手がその技術を繰返し使って製品を作るだけである。もっと冷たくいえば、ライセンスをした方は、実施料さえ受取れば、相手が成功裡に技術を使おうが、何らかの事情で技術の実施をしないでおこうが、関係ないともいえなくもない。

　これに対して役務提供契約は依頼した事項を、相手方が実際に行って、かつその成果を依頼した当事者に還元して、はじめてその目的を達する点が、技術援助契約と異なる。たとえばコンサルタントに頼んでマーケットの調査をしてもらう、海外のプロジェクトに入札するにあたって、どのようなことを準備すべきかを調べてもらう、といった契約は典型的な役務提供契約である。家庭教師なども（国際的な契約ではなかろうが）役務提供契約といってよい[7]。人を継続的に雇って役務を提供してもらうと雇用契約になる可能性もあるが、ここでは主に企業間の契約で相手の会社（個人営業も含む）から役務の提供を受ける契約を対象に検討してみよう。

> ！
>
> **役務提供契約は目に見えない商品の売買のようなものと思ってください**

---

[7] 成績が上がったり、合格することを保証すれば「請負契約」になるのかもしれないが、通常は決められた時間に、決められた教育をすればよいだけである。

1 基本的な記載事項

(1) 当事者の義務に関すること
(A) 役務提供者の義務の内容
(a) 目的物の定め（35条）

ここでは目に見えないとはいえサービスを提供することを約束した者が、どのような役務を提供するかを書く。いわば売買契約における商品の仕様である。この条項にはどのようなサービスをするか、あるいは頼む側からみれば、してもらえばよいのか、をできるだけ具体的に書く必要がある。

(b) 引渡場所（31条）

売買契約では物をある場所で引渡すことになるが、役務の場合はその果実を引渡す場合、たいていは情報の受渡しという形をとるであろう。たとえばレポートの形で送付したり、場合によっては電話や電子メールで情報を伝達することもサービスの提供になる。したがって引渡しの場所というのは、あまり重要なポイントではない。むしろここではどのように役務の結果を渡すのかを考えれば、おのずと書くべきことがあるかどうかわかるであろう。たとえば庭木の剪定のような種類の役務や、音楽家との演奏契約では、引渡すものは何もなく、仕事の結果があるだけである。

(c) 引渡時期（33条）

引渡時期は情報提供、サービスをいつ行うか、あるいはいつまでに行うか、ということを意味する。役務提供契約は1回限りの役務、たとえばマーケットリサーチをするといったこともあれば、継続的に情報を送付するといった場合もあるであろう。いずれにしてもいつ（までに）その役務を提供するかを明確に書かなければならない。

もう少し深く考えると、マーケットリサーチで、結果を紙に書いたものはある決まった日までに渡すとしても、リサーチ活動自体は契約したら継続的に行われなければならない。その意味では引渡時期にレポートを引渡しさえすれば、それで契約を履行したということになるわけでもない。とはいえ常にリサーチしているかどうか見張っているわけにもいかないので、結局は結果としてのレポートの適時の提出で満足するのだろう。

これに対して見本市で商品の宣伝、販売をしてもらうというような役務契約では、もっと明白にその期間全部が履行すべき時期といえる。これを引渡時期というと何だか変だと感じるが、履行期間とよべばすっきりするだろう。法的には同じことである。庭木の剪定や、音楽家のステージは役務を提供すべき日を決めればよい。

(d) 知的財産権の侵害（42条）

この契約で知的財産権にかかわるものがやりとりされるとすれば、役務提供者がレポートを出すときに、著作権に違反したコピーをした、あるいは知的財産権の対象になるような情報を不正に取得したり、漏洩した、といった場合であろう。しかし役務提供契約でこの種のことが起こらないという「品質保証」を書くことはあまりない。書くとすれば「役務の提供にあたっては、関係する法規制を遵守すること」といった、一般的な合法性の約束という形をとるだろう。

(B) 依頼者の義務の内容

(a) 代金支払義務（54条）

役務提供契約では役務提供者に役務の対価を支払う。コンサルタントの場合はコンサルタントフィー、コンサルティングフィーなどといわれるし、もっと一般的にはサービスフィーなどという名前でよぶこともある。名前のないものは単に「報酬」(remuneration, fee) としかよびようがない。役務料の支払いは目的たる役務に対して決められた金額を払う場合もあれば、役務の時間や提供された役務の量に比例して支払う場合もあるだろう。いずれにしてもどのように役務料を計算するのかがわかるように書いておく必要がある。

(b) 支払時期（58条）

役務料の支払時期について特に難しい問題はない。たとえば1回限りの市場調査を頼んでレポートと引換えに払うとすれば、その引換時が支払時となる。1年間にわたって市場調査を依頼して、毎月末に支払うとなれば毎月末が支払時期となる。場合によっては役務料を分割して支払うこともあるかもしれない。相手が履行の準備をできるように頭金を支払って、後は役務が完成したときに残金を支払うといったこともあるだろう。商品代の支払いを考

えればわかりやすい。
(2) 当事者が義務に違反した場合に関すること
(A) 役務提供者が契約に違反したときに、依頼者にどんな権利が生じるか
(a) 権利の内容のリスト (45条)
履行を請求する権利や、契約を解除する権利はこの場合でも同じである。
(b) 履行を請求する権利 (46条)
役務提供者が役務を提供しないときには、依頼者は相手にそれを請求することができる。これは当然のことで書くまでもない。3項の「修補」にあたることは、役務提供の場合には役務の結果が不十分であった場合に、補充的に役務を提供させるという形であらわれる。しかしこのことも役務契約の目的が何であるかを明確に書いておけば、特に記載する必要はないだろう。交換にあたるようなことは役務提供契約では考えられない。
(c) 契約解除権 (49条)
役務提供者の契約履行が、全く契約の目的を遂げることができないほど不十分である場合には、契約を解除する権利を明記しておくことは大切なことであろう。場合によってはそれほど重大な不履行でなくても、一定の期日に役務が提供されなければ、直ちに解除できるとしておくほうがよいかもしれない。月例報告を2回続けて怠ったら解除するといったことも考えられよう。演奏者がステージに間に合うように来日しないことがわかれば、公演日前にでも契約を解除できるように特約する必要がある。

(B) 依頼者が契約に違反したときに、役務提供者にどんな権利が生じるか
(a) 権利の内容のリスト (61条)
売買契約の場合と違うのは、売買契約では買主に目的物を引取る義務があるが、役務提供契約の場合はレポートを引取る義務などというのは抽象的には考えられても、現実には郵送するなり引渡してしまえばよいのだから、あまり問題にならないということである。結局権利のリストの中で大切になってくるのは、役務料の請求と損害賠償であろう。ほかの役務でも依頼者側が何かをしなければ、役務の提供ができないというケースはあまりなさそうで

ある。もっともオーケストラと契約をした招聘元が、コンサート会場を手配しそこねたといった場合には、オーケストラ側は解除権を行使することとなるが、ここまで重大な契約違反をすれば、契約書に規定がなくても、たいていの法律で解除が可能である。

 (b) 履行を請求する権利（62条）

役務料を支払うことが依頼者の最大の義務である。しかしこれは契約の根幹にかかわることで、すでに役務料の規定の中に役務料を支払う義務を負う、そのことに合意するなどと書いてあるので、契約書にこれを書く必要は何もない。

 (c) 契約解除権（64条）

依頼者が役務料を払わなければ、役務提供者は当然それ以上の役務の提供を拒否して、契約を解除したうえで未払いの役務料を請求することができることとしたいだろう。したがって一定の事由が生じたときには、解除ができると書く。解除したからといって未払いの役務料の請求権が消滅するわけではないが、念のため書いておいてもよい。

 (C) 両者に共通の規定

  (a) 損害賠償の範囲（74条）

役務契約においてはその不履行の結果として、依頼者が多大な損失を被るという場合もなくはないだろう。しかしこれは大いにその役務の内容による。

新しい市場に進出すべく用意を整えて市場調査を依頼したときに、その市場調査の内容が著しく事実に反していたために、大々的に投資をしたら損失を被ったといったような場合には、そのような損失を役務提供者に損害賠償として求めることを望むに違いない。役務を提供する側はそれは困るので、役務料を上限とするといった、金額的な免責条件をもちだすことが十分考えられる。

しかし月々にある市場の状態を報告してもらう程度の役務であれば、そのようなことまでは考える必要はないだろう。

  (b) 不可抗力（79条）

不可抗力によって履行に障害が出る可能性は、ほぼ役務提供者にしか考えられない。したがって役務提供者は自分の役務の内容をみて、どのような場

合に自分が支配することができない状況のために役務が提供できなくなるかを考え、それを不可抗力条項に盛り込む必要がある。

依頼者は役務の成果に対して代金を払うのがもっぱらの契約上の義務であるから、特に不可抗力条項を入れる必要はない。

(c) 解除の効果（81条）

売買契約では契約が解除された場合に代金未決済の商品があったり、逆に商品が引渡されていないにもかかわらず代金が支払われている、といった場合がある。そのような場合には原状を回復するための手続が必要である。役務提供契約でもすでに役務の結果が相手方に提供されていたり、また逆に役務のための代金が支払われているのに、まだそれに見合う役務が提供されていない、という場合もあるだろう。しかしこのようなことはことさら契約書に書かなくても、一般的な法原則によっても解決しうることである。その意味では特に書く必要はなかろう。

役務提供のために依頼者側から何か支給されているときには、返還の問題が発生しうるが、一般的ではないし、仮に書かなくても返還は当然の義務である。

2 いくつかの役務提供契約特有の記載事項

このような契約の下では、特に依頼者側の重要な情報が役務提供者に伝わっていたり、役務提供の結果として依頼者にとって非常に価値のある情報が、役務提供者の手もとに蓄積されることがある。たとえばマーケットリサーチの結果などは、依頼者の同業者にとっては大変関心のある情報である。もし役務提供者が同じ情報を、再利用したり、ほかの者に売却することができるとしたら、役務提供者は不当に利益を得ることになるし、第三者は大して手間をかけずに貴重な情報を入手できることにもなり、依頼者にとっては大変な損失である。

そこで守秘義務に関する条項が検討されることになる。役務提供者は役務契約の過程で得た情報を誰のためにも使ってはいけない、また第三者に開示してはいけない、またさらに自分自身のためにも使ってはいけない、といったことを明記することが考えられる。情報に対する権利は、すべて依頼者に

帰属すると書く方法もある。

　役務契約が入札プロジェクトに関する情報提供などのような業務の場合には、専属条項、排他条項を入れることもあるだろう。プロジェクトに入札したいと考えている者が、その国のマーケットを熟知しているコンサルタントに情報収集を依頼するような場合に、コンサルタントがほかの顧客と同様の契約をするのを禁じるのは当然のことである。

　役務提供契約は基本的には相対で役務提供者が依頼者に役務の結果を提供するものであって、役務提供者に依頼者に代わって法律的な権利や義務の履行を任せるものではない。したがって相手方に自分に代わって契約条件を交渉したり、契約書にサインをしたりするような権限は、特別な場合を除いて与えないものである。つまり法律的にいえば、役務提供者は依頼者の代理人となるわけではないということである。このことを明記することもしばしばある。その意味で役務を提供する者を「エージェント」('agent'は英語で代理人を表わす法律用語である）とよぶことは好ましくない。

　契約書の内容が、工場の建設にあたって、経験のないメーカーに工法に関するノウハウを開示する、といったものである場合には、書類のやりとりが行われるほか、技術者が相手の国を訪れる場合もあるだろう。そのような場合には人員の派遣にかかわるもろもろのことを契約書に書く必要がある。移動方法、移動の費用、生活の環境条件、医療サービスの有無、そしてそれらの費用負担などについて細かく書かれる。また人材を派遣するのであるから、派遣された人材の居住条件や労働環境に関する取決め、通訳などに関する取決めも出てくる。

　役務契約はある期間にわたって行われることが多いので、期間に関する定めや契約の途中解除に関する定めは技術援助契約や製造委託契約と同様に必要である。

V　代理店契約

　代理店契約書もしばしばみられるタイプの契約書である。代理店契約書は特殊な契約書のように思われることが少なくないが、実は基本的には「代理店を任命する」ということと、「任命された代理店にどのように商品を売るか」という二つのことが書いてあるものだ、ということを理解すればそれほど複雑な契約ではない。売買については普通の売買契約とほとんど同じと考えてもよい。

　異なる部分は代理店契約では売買が繰返し行われることであろう。しかしこれも継続的な売買の基本契約と同じともいえる。そのことは契約期間や個別契約の締結の手続などに表われるが、そのほかに特に代理店契約固有の条項というのは見当たらない。では代理店の任命部分はどうなっているのだろうか。ここまでのウィーン売買条約に基づく分析はここでは必ずしもぴったりとあてはまらないので、ウィーン売買条約を離れて考えてみよう。

> **!**
>
> 代理店契約は
> 「代理店任命」＋「継続的売買」
> と考えればよくわかります

1　任　命

　まず何といっても、代理店を任命する側が外国に代理店を任命する、そして相手方が指名に合意する条項が必要である。任命者が代理店をもっぱらその国における唯一の代理店に任命する場合、つまり普通「総代理店契約」と

日本語でいわれるものと、その相手のほかにも代理店を任命する可能性を残す場合、つまり単なる「代理店契約」がある。

たいていの契約形態には、日本語に相当する法律英語があるのだが、代理店契約にはこれに相当する法律英語がない[8]。世間では総代理店契約を Exclusive Distributorship Agreement、それ以外の場合を単に Distributorship Agreement ということが多いが、これらは法的に定まった定義をもつ語ではない。

ところでこれは中身そのものの問題というより、政策的な問題であるが、代理店契約を締結するときには、代理店の実力をしっかり評価することが大切である。相手に販売力があるかどうかわからないなら総代理店権を最初から付与するのはすすめられない。試用期間を設けるなり、最低販売義務を課して、それを達成したら総代理店に格上げすると規定するなりして、実力を見定める工夫をすべきである。最低販売義務を達成できなかったら、総代理店の地位を剥奪するという方法もある。

一方、自分が代理店になる場合はどうだろうか。最初から総代理権をとる実力があり、体制も整っているならそうすべきである。しかし不用意に広範囲、大量の販売義務を負うとかえって体制が整う前に契約不履行になるおそれもある。その場合にはたとえば1年くらいは普通の代理店にしておいて、もし相手方がほかの代理店を日本に任命しようと思うなら、その時に手をあげて総代理店にしてもらえるオプションをつけておくとかして、慎重を期することも考慮すべきであろう。それは現実的ではないと思えば、逆に最初は総代理店権を取得しておいて、成績次第で相手方からの通知によりただの代理店に格下げにできるような規定も考えられる。そうすれば、成績不振で契約を解除されるという事態は避けられる。

---

[8] もっとも日本語ですら「代理店契約」という語にに確立した法的定義があるわけではない。

> 相手方の販売力を十分知らないときは
> 総代理店権を付与しないでください
>
> 代理店権をもらうときは
> できるだけ総代理店をめざしてください

2 代理店の義務

　代理店の義務は決められた商品の販売促進に努力し、実際に商品を仕入れて販売することである。商品が何であるかは売買契約と同じように目的物の定義のところで決まるが、代理店契約の場合は契約期間中にその商品が変更、あるいは追加されることがあるのが特徴である。

　代理店が一定の販売数量を義務づけられることも多いが、これも代理店契約の特徴といってよい。特に総代理店の権利を取得した代理店は、それと引換えに一定の売上金額、または売上数量を約束させられることが多い。

　任命した側は代理店が販売の促進をできるように商品に関する知識を供給したり、時によっては販売支援の義務を負うこともある。その費用を誰が負担するかは取決めごとである。代理店が一定の広告宣伝費を使うことを義務づけられる場合もある。法的義務であるかどうかは別として、数多く売ることが何といっても代理店の最大の義務であろう。

　どのような場合でも販売状況を報告することが代理店の義務として規定される。たいていは一定期間ごとに販売数量を表にして任命者に連絡するといったことが行われるようである。商品を仕入れた数と商品を販売した数とはおのずと異なるわけであるから、商品を仕入れたからといって販売義務を達成したことにはならない。単なる継続的売買契約なら買えばそれでよいのだが、代理店契約では売らなければ意味がないところが少し違う。

　なお数量を達成できない場合には、契約を解除する権利が任命者に与えら

れることも少なくない。代理店は金銭（ペナルティー）の支払いによって解除を逃れることができるとすることもある。このような条項は販売代理店契約の特徴といってよいだろう。

3 守秘義務

販売代理店は商品に関する特殊な知識を任命者から入手するわけであるから、情報の守秘義務を負うことが要求される。任命者がどのように世界市場でマーケティングを行っているか、といった情報は商業的に非常に価値のある情報である。

4 知的財産権

代理店の仕事にあたって、任命者の商品の商標やそのほか知的財産権を現地で登録したりすることがある。また登録をしなくても、代理店は当然宣伝のために任命者に知的財産権のある情報を使うことになる。契約が終わった場合を含めて、代理店はそのような知的財産権に対して何の権利も持たない、といったようなことが念のために書かれることが少なくない。

5 その他

上にあげたものはいずれも販売代理店契約に独特の条項である。それ以外は商品の売買に関する条項を入れればよい。また両当事者について違反した場合の取扱いや、法律的事項はほかの契約と特別に変わるところはない。

付属書類

Ⅰ　参考文献

Ⅱ　ウィーン売買条約（英文・日本文）

Ⅲ　インコタームズ®2010（日本語版）

Ⅰ　参考文献

【基礎コース】

山本孝夫『英文契約書の書き方』（日本経済新聞社、1993年）

宮野準治・飯泉恵美子『英文契約書の基礎知識』（ジャパン・タイムズ、1997年）

山田勝重『基本　英文契約書の正しい作り方・読み方』（中経出版、1998年）

小中伸幸・仲谷栄一郎『契約の英語１－国際契約の考え方』、『同２－売買・代理店・ライセンス・合弁』（日興企画、2000年／2001年）

宮野準治・飯泉恵美子『英文契約書ドラフティングハンドブック』（ジャパン・タイムズ、2001年）

羽田野宣彦『英文契約書の書き方と実例』（ナツメ社、2002年）

大塚一郎『よくわかる英文契約書　読み方、書き方、チェックの仕方』（日本能率マネジメントセンター、2003年）

佐藤孝幸『取引・交渉の現場で役に立つ英文契約書の読み方』（かんき出版、2003年）

牧野和夫『やさしくわかる英文契約書』（日本実業出版、2009年）

中村達也『国際取引紛争　仲裁・調停・交渉』（三省堂、2012年）

【発展コース】

田中信幸・中川英彦ほか編『国際売買契約ハンドブック』（有斐閣、改訂版、1994年）

岩崎一生『英文契約書―作成実務と法理―』（同文舘、1998年）

日商岩井法務・リスクマネジメント部編『国際取引契約実務マニュアル』（中央経済社、2005年）

早川武夫・椙山敬士『法律英語の基礎知識』（商事法務、増補版、2005年）

浜辺陽一郎『ロースクール実務家教授による英文国際取引契約書の書き方－世界に通用する契約書の分析と検討－第１巻』（ILS出版、改訂版、

2007年)

小高壽一『英文ライセンス契約実務マニュアル』(民事法研究会、第2版、2007年)

大貫雅晴『国際技術ライセンス契約-交渉から契約書作成まで-』(同文舘、新版、2008年)

中村秀雄『英文契約書修正のキーポイント』(商事法務、2009年)

大貫雅晴『英文販売代理店契約―その理論と実際』(同文舘、2010年)

Ⅱ　ウィーン売買条約

国際物品売買契約に関する国際連合条約

この条約の締約国は、

国際連合総会第六回特別会期において採択された新たな国際経済秩序の確立に関する決議の広範な目的に留意し、

平等及び相互の利益を基礎とした国際取引の発展が諸国間の友好関係を促進する上での重要な要素であることを考慮し、

異なる社会的、経済的及び法的な制度を考慮した国際物品売買契約を規律する統一的準則を採択することが、国際取引における法的障害の除去に貢献し、及び国際取引の発展を促進することを認めて、

次のとおり協定した。

第1部　適用範囲及び総則

第1章　適用範囲
第1条
(1) この条約は、営業所が異なる国に所在する当事者間の物品売買契約について、次のいずれかの場合に適用する。
　(a) これらの国がいずれも締約国である場合
　(b) 国際私法の準則によれば締約国の法の適用が導かれる場合
(2) 当事者の営業所が異なる国に所在するという事実は、その事実が、契約から認められない場合又は契約の締結時以前における当事者間のあらゆる取引関係から若しくは契約の締結時以前に当事者によっ

United Nations Convention on Contracts for the International Sale of Goods

PREAMBLE

The States Parties to this Convention,

Bearing in mind the broad objectives in the resolutions adopted by the sixth special session of the General Assembly of the United Nations on the establishment of a New International Economic Order,

Considering that the development of international trade on the basis of equality and mutual benefit is an important element in promoting friendly relations among States,

Being of the opinion that the adoption of uniform rules which govern contracts for the international sale of goods and take into account the different social, economic and legal systems would contribute to the emoval of legal barriers in international trade and promote the development of nternational trade,

Have agreed as follows:

Part I.　Sphere of application and general provisions

CHAPTER I. SPHERE OF APPLICATION

Article 1

(1) This Convention applies to contracts of sale of goods between parties whose places of business are in different States:

(a) when the States are Contracting States; or

(b) when the rules of private international law lead to the application of the law of a Contracting State.

(2) The fact that the parties have their places of business in different States is to be disregarded whenever this fact does not appear either from the contract or from any dealings between, or from information dis-

て明らかにされた情報から認められない場合には、考慮しない。
(3) 当事者の国籍及び当事者又は契約の民事的又は商事的な性質は、この条約の適用を決定するに当たって考慮しない。

第2条
この条約は、次の売買については、適用しない。
(a) 個人用、家族用又は家庭用に購入された物品の売買。ただし、売主が契約の締結時以前に当該物品がそのような使用のために購入されたことを知らず、かつ、知っているべきでもなかった場合は、この限りでない。
(b) 競り売買
(c) 強制執行その他法令に基づく売買
(d) 有価証券、商業証券又は通貨の売買
(e) 船、船舶、エアクッション船又は航空機の売買
(f) 電気の売買

第3条
(1) 物品を製造し、又は生産して供給する契約は、売買とする。ただし、物品を注文した当事者がそのような製造又は生産に必要な材料の実質的な部分を供給することを引き受ける場合は、この限りでない。
(2) この条約は、物品を供給する当事者の義務の主要な部分が労働その他の役務の提供から成る契約については、適用しない。

第4条
この条約は、売買契約の成立並びに売買契約から生ずる売主及び買主の権利及び義務についてのみ規律する。この条約は、この条約に別段の明文の規定がある場合を除くほか、特に次の事項については、規律しない。
(a) 契約若しくはその条項又は慣習の有効性
(b) 売却された物品の所有権について契

closed by, the parties at any time before or at the conclusion of the contract.
(3) Neither the nationality of the parties nor the civil or commercial character of the parties or of the contract is to be taken into consideration in determining the application of this Convention.

Article 2
This Convention does not apply to sales:
(a) of goods bought for personal, family or household use, unless the seller, at any time before or at the conclusion of the contract, neither knew nor ought to have known that the goods were bought for any such use; (b) by auction;
(c) on execution or otherwise by authority of law;
(d) of stocks, shares, investment securities, negotiable instruments or money;
(e) of ships, vessels, hovercraft or aircraft;
(f) of electricity.

Article 3
(1) Contracts for the supply of goods to be manufactured or produced are to be considered sales unless the party who orders the goods undertakes to supply a substantial part of the materials necessary for such manufacture or production.
(2) This Convention does not apply to contracts in which the
    part of the obligations of the party who furnishes the goods consists in the supply of labour or other services.

Article 4
This Convention governs only the formation of the contract of sale and the rights and obligations of the seller and the buyer arising from such a ontract. In particular, except as otherwise expressly provided in this onvention, it is not concerned with:
(a) the validity of the contract or of any of its provisions or of any usage;
(b) the effect which the contract may have on the property in the goods sold.

201

約が有し得る効果

第5条

この条約は、物品によって生じたあらゆる人の死亡又は身体の傷害に関する売主の責任については、適用しない。

第6条

当事者は、この条約の適用を排除することができるものとし、第12条の規定に従うことを条件として、この条約のいかなる規定も、その適用を制限し、又はその効力を変更することができる。

第2章 総則

第7条

(1) この条約の解釈に当たっては、その国際的な性質並びにその適用における統一及び国際取引における信義の遵守を促進する必要性を考慮する。

(2) この条約が規律する事項に関する問題であって、この条約において明示的に解決されていないものについては、この条約の基礎を成す一般原則に従い、又はこのような原則がない場合には国際私法の準則により適用される法に従って解決する。

第8条

(1) この条約の適用上、当事者の一方が行った言明その他の行為は、相手方が当該当事者の一方の意図を知り、又は知らないことはあり得なかった場合には、その意図に従って解釈する。

(2) (1)の規定を適用することができない場合には、当事者の一方が行った言明その他の行為は、相手方と同種の合理的な者が同様の状況の下で有したであろう理解に従って解釈する。

(3) 当事者の意図又は合理的な者が有したであろう理解を決定するに当たっては、関連するすべての状況(交渉、当事者間で確立した慣行、慣習及び当事者の事後の行為を含む。)に妥当な考慮を払う。

Article 5

This Convention does not apply to the liability of the seller for death or personal injury caused by the goods to any person.

Article 6

The parties may exclude the application of this Convention or, subject to article 12, derogate from or vary the effect of any of its provisions.

CHAPTER II. GENERAL PROVISIONS

Article 7

(1) In the interpretation of this Convention, regard is to be had to its international character and to the need to promote uniformity in its application and the observance of good faith in international trade.

(2) Questions concerning matters governed by this Convention which are not expressly settled in it are to be settled in conformity with the general principles on which it is based or, in the absence of such principles, in onformity with the law applicable by virtue of the rules of private nternational law.

Article 8

(1) For the purposes of this Convention statements made by and other conduct of a party are to be interpreted according to his intent where the other party knew or could not have been unaware what that intent was.

(2) If the preceding paragraph is not applicable, statements made by and other conduct of a party are to be interpreted according to the nderstanding that a reasonable person of the same kind as the other party would have had in the same circumstances.

(3) In determining the intent of a party or the understanding a
　　person would have had, due consideration is to be given to all relevant circumstances of the case including the negotiations, any practices which the parties have established between themselves, usages and any conduct of the parties.

第9条
(1) 当事者は、合意した慣習及び当事者間で確立した慣行に拘束される。
(2) 当事者は、別段の合意がない限り、当事者双方が知り、又は知っているべきであった慣習であって、国際取引において、関係する特定の取引分野において同種の契約をする者に広く知られ、かつ、それらの者により通常遵守されているものが、黙示的に当事者間の契約又はその成立に適用されることとしたものとする。

第10条
この条約の適用上、
 (a) 営業所とは、当事者が2以上の営業所を有する場合には、契約の締結時以前に当事者双方が知り、又は想定していた事情を考慮して、契約及びその履行に最も密接な関係を有する営業所をいう。
 (b) 当事者が営業所を有しない場合には、その常居所を基準とする。

第11条
売買契約は、書面によって締結し、又は証明することを要しないものとし、方式についても他のいかなる要件にも服さない。売買契約は、あらゆる方法（証人を含む。）によって証明することができる。

第12条
売買契約、合意によるその変更若しくは終了又は申込み、承諾その他の意思表示を書面による方法以外の方法で行うことを認める前条、第29条又は第2部のいかなる規定も、当事者のいずれかが第96条の規定に基づく宣言を行った締約国に営業所を有する場合には、適用しない。当事者は、この条の規定の適用を制限し、又はその効力を変更することができない。

第13条
この条約の適用上、「書面」には、電報及びテレックスを含む。

Article 9
(1) The parties are bound by any usage to which they have agreed and by any practices which they have established between themselves.
(2) The parties are considered, unless otherwise agreed, to have
 made applicable to their contract or its formation a usage of which the parties knew or ought to have known and which in international trade is widely known to, and regularly observed by, parties to contracts of the type involved in the particular trade concerned.

Article 10
For the purposes of this Convention:
(a) if a party has more than one place of business, the place of usiness is that which has the closest relationship to the contract and its performance, having regard to the circumstances known to or contemplated by the parties at any time before or at the conclusion of the contract;
(b) if a party does not have a place of business, reference is to be made to his habitual residence.

Article 11
A contract of sale need not be concluded in or evidenced by writing and is not subject to any other requirement as to form. It may be proved by any means, including witnesses.

Article 12
Any provision of article 11, article 29 or Part II of this Convention that allows a contract of sale or its modification or termination by agreement or any offer, acceptance or other indication of intention to be made in any form other than in writing does not apply where any party has his place of usiness in a Contracting State which has made a declaration under article 96 of this Convention. The parties may not derogate from or vary the effect of this article.

Article 13
For the purposes of this Convention "writing" includes telegram and telex.

第2部　契約の成立
第14条
(1) 一人又は二人以上の特定の者に対してした契約を締結するための申入れは、それが十分に確定し、かつ、承諾があるときは拘束されるとの申入れをした者の意思が示されている場合には、申込みとなる。申入れは、物品を示し、並びに明示的又は黙示的に、その数量及び代金を定め、又はそれらの決定方法について規定している場合には、十分に確定しているものとする。

(2) 一人又は二人以上の特定の者に対してした申入れ以外の申入れは、申入れをした者が反対の意思を明確に示す場合を除くほか、単に申込みの誘引とする。

第15条
(1) 申込みは、相手方に到達した時にその効力を生ずる。

(2) 申込みは、撤回することができない場合であっても、その取りやめの通知が申込みの到達時以前に相手方に到達するときは、取りやめることができる。

第16条
(1) 申込みは、契約が締結されるまでの間、相手方が承諾の通知を発する前に撤回の通知が当該相手方に到達する場合には、撤回することができる。

(2) 申込みは、次の場合には、撤回することができない。
  (a) 申込みが、一定の承諾の期間を定めることによるか他の方法によるかを問わず、撤回することができないものであることを示している場合
  (b) 相手方が申込みを撤回することができないものであると信頼したことが合理的であり、かつ、当該相手方が当該申込みを信頼して行動した場合

第17条
申込みは、撤回することができない場合であっても、拒絶の通知が申込者に到達し

Part II. Formation of the contract
Article 14
(1) A proposal for concluding a contract addressed to one or more specific persons constitutes an offer if it is sufficiently definite and indicates the intention of the offeror to be bound in case of acceptance. A proposal is sufficiently definite if it indicates the goods and expressly or implicitly fixes or makes provision for determining the quantity and the price.

(2) A proposal other than one addressed to one or more specific is to be considered merely as an invitation to make offers, unless the contrary is clearly indicated by the person making the proposal.

Article 15
(1) An offer becomes effective when it reaches the offeree.

(2) An offer, even if it is irrevocable, may be withdrawn if the ithdrawal reaches the offeree before or at the same time as the offer.

Article 16
(1) Until a contract is concluded an offer may be revoked if the evocation reaches the offeree before he has dispatched an acceptance.

(2) However, an offer cannot be revoked:
(a) if it indicates, whether by stating a fixed time for acceptance or otherwise, that it is irrevocable; or
(b) if it was reasonable for the offeree to rely on the offer as being irrevocable and the offeree has acted in reliance on the offer.

Article 17
An offer, even if it is irrevocable, is terminated when a rejection reaches the offeror.

た時にその効力を失う。

第18条
(1) 申込みに対する同意を示す相手方の言明その他の行為は、承諾とする。沈黙又はいかなる行為も行わないことは、それ自体では、承諾とならない。
(2) 申込みに対する承諾は、同意の表示が申込者に到達した時にその効力を生ずる。同意の表示が、申込者の定めた期間内に、又は期間の定めがない場合には取引の状況（申込者が用いた通信手段の迅速性を含む。）について妥当な考慮を払った合理的な期間内に申込者に到達しないときは、承諾は、その効力を生じない。口頭による申込みは、別段の事情がある場合を除くほか、直ちに承諾されなければならない。
(3) 申込みに基づき、又は当事者間で確立した慣行若しくは慣習により、相手方が申込者に通知することなく、物品の発送又は代金の支払等の行為を行うことにより同意を示すことができる場合には、承諾は、当該行為が行われた時にその効力を生ずる。ただし、当該行為がに規定する期間内に行われた場合に限る。

第19条
(1) 申込みに対する承諾を意図する応答であって、追加、制限その他の変更を含むものは、当該申込みの拒絶であるとともに、反対申込みとなる。
(2) 申込みに対する承諾を意図する応答は、追加的な又は異なる条件を含む場合であっても、当該条件が申込みの内容を実質的に変更しないときは、申込者が不当に遅滞することなくその相違について口頭で異議を述べ、又はその旨の通知を発した場合を除くほか、承諾となる。申込者がそのような異議を述べない場合には、契約の内容は、申込みの内容に承諾に含まれた変更を加えたものとする。
(3) 追加的な又は異なる条件であって、特

Article 18
(1) A statement made by or other conduct of the offeree indicating ssent to an offer is an acceptance. Silence or inactivity does not in itself amount to acceptance.

(2) An acceptance of an offer becomes effective at the moment the indication of assent reaches the offeror. An acceptance is not effective if the indication of assent does not reach the offeror within the time he has fixed or, if no time is fixed, within a reasonable time, due account being taken of the circumstances of the transaction, including the rapidity of the means of communication employed by the offeror. An oral offer must be accepted immediately unless the circumstances indicate otherwise.

(3) However, if, by virtue of the offer or as a result of practices which the parties have established between themselves or of usage, the offeree may indicate assent by performing an act, such as one relating to the dispatch of the goods or payment of the price, without notice to the offeror, the cceptance is effective at the moment the act is performed, provided that the act is performed within the period of time laid down in the preceding paragraph.

Article 19
(1) A reply to an offer which purports to be an acceptance but contains additions, limitations or other modifications is a rejection of the offer and constitutes a counter-offer.

(2) However, a reply to an offer which purports to be an acceptance but contains additional or different terms which do not materially alter the terms of the offer constitutes an acceptance, unless the offeror, without undue delay, objects orally to the discrepancy or dispatches a notice to that effect. If he does not so object, the terms of the contract are the terms of the offer with the modifications contained in the acceptance.

(3) Additional or different terms relating, among other things, to the price, payment, quality and quantity of the goods, place and time of delivery, extent of one party's liability

に、代金、支払、物品の品質若しくは数量、引渡しの場所若しくは時期、当事者の一方の相手方に対する責任の限度又は紛争解決に関するものは、申込みの内容を実質的に変更するものとする。

第20条
(1) 申込者が電報又は書簡に定める承諾の期間は、電報が発信のために提出された時から又は書簡に示された日付若しくはこのような日付が示されていない場合には封筒に示された日付から起算する。申込者が電話、テレックスその他の即時の通信の手段によって定める承諾の期間は、申込みが相手方に到達した時から起算する。

(2) 承諾の期間中の公の休日又は非取引日は、当該期間に算入する。承諾の期間の末日が申込者の営業所の所在地の公の休日又は非取引日に当たるために承諾の通知が当該末日に申込者の住所に届かない場合には、当該期間は、当該末日に続く最初の取引日まで延長する。

第21条
(1) 遅延した承諾であっても、それが承諾としての効力を有することを申込者が遅滞なく相手方に対して口頭で知らせ、又はその旨の通知を発した場合には、承諾としての効力を有する。

(2) 遅延した承諾が記載された書簡その他の書面が、通信状態が通常であったとしたならば期限までに申込者に到達したであろう状況の下で発送されたことを示している場合には、当該承諾は、承諾としての効力を有する。ただし、当該申込者が自己の申込みを失効していたものとすることを遅滞なく相手方に対して口頭で知らせ、又はその旨の通知を発した場合は、この限りでない。

第22条
承諾は、その取りやめの通知が当該承諾

to the other or the settlement of disputes are considered to alter the terms of the offer materially.

Article 20

(1) A period of time for acceptance fixed by the offeror in a telegram or a letter begins to run from the moment the telegram is handed in for ispatch or from the date shown on the letter or, if no such date is shown, from the date shown on the envelope. A period of time for acceptance fixed by the offeror by telephone, telex or other means of instantaneous ommunication, begins to run from the moment that the offer reaches the offeree.

(2) Official holidays or non-business days occurring during the eriod for acceptance are included in calculating the period. However, if a notice of acceptance cannot be delivered at the address of the offeror on the last day of the period because that day falls on an official holiday or a on-business day at the place of business of the offeror, the period is tended until the first business day which follows.

Article 21

(1) A late acceptance is nevertheless effective as an acceptance if delay the offeror orally so informs the offeree or dispatches a notice to that effect.

(2) If a letter or other writing containing a late acceptance shows that it has been sent in such circumstances that if its transmission had been normal it would have reached the offeror in due time, the late acceptance is effective as an acceptance unless, without delay, the offeror orally informs the offeree that he considers his offer as having lapsed or dispatches a notice to that effect.

Article 22

An acceptance may be withdrawn if the

の効力の生ずる時以前に申込者に到達する場合には、取りやめることができる。

第23条
契約は、申込みに対する承諾がこの条約に基づいて効力を生ずる時に成立する。

第24条
この部の規定の適用上、申込み、承諾の意思表示その他の意思表示が相手方に「到達した」時とは、申込み、承諾の意思表示その他の意思表示が、相手方に対して口頭で行われた時又は他の方法により相手方個人に対し、相手方の営業所若しくは郵便送付先に対し、若しくは相手方が営業所及び郵便送付先を有しない場合には相手方の常居所に対して届けられた時とする。

第3部 物品の売買
第1章 総則

第25条
当事者の一方が行った契約違反は、相手方がその契約に基づいて期待することができたものを実質的に奪うような不利益を当該相手方に生じさせる場合には、重大なものとする。ただし、契約違反を行った当事者がそのような結果を予見せず、かつ、同様の状況の下において当該当事者と同種の合理的な者がそのような結果を予見しなかったであろう場合は、この限りでない。

第26条
契約の解除の意思表示は、相手方に対する通知によって行われた場合に限り、その効力を有する。

第27条
この部に別段の明文の規定がある場合を除くほか、当事者がこの部の規定に従い、かつ、状況に応じて適切な方法により、通知、要求その他の通信を行った場合には、当該通信の伝達において遅延若しくは誤りが生じ、又は当該通信が到達しなかったときは、

withdrawal reaches the fferor before or at the same time as the acceptance would have become effective.

Article 23

A contract is concluded at the moment when an acceptance of an offer becomes effective in accordance with the provisions of this Convention.

Article 24

For the purposes of this Part of the Convention, an offer, declaration of acceptance or any other indication of intention "reaches" the addressee when it is made orally to him or delivered by any other means to him

, to his place of business or mailing address or, if he does not have a place of business or mailing address, to his habitual residence.

Part III. Sale of goods
CHAPTER I. GENERAL PROVISIONS

Article 25

A breach of contract committed by one of the parties is fundamental if it results in such detriment to the other party as substantially to deprive him of what he is entitled to expect under the contract, unless the party in breach did not foresee and a reasonable person of the same kind in the same circumstances would not have foreseen such a result.

Article 26

A declaration of avoidance of the contract is effective only if made by notice to the other party.

Article 27

Unless otherwise expressly provided in this Part of the Convention, if any notice, request or other communication is given or made by a party in accordance with this Part and by means appropriate in the circumstances, a delay or error in the transmission of the communication or its failure to arrive does not deprive that party of the right to rely on the

も、当該当事者は、当該通信を行ったことを援用する権利を奪われない。

第28条

当事者の一方がこの条約に基づいて相手方の義務の履行を請求することができる場合であっても、裁判所は、この条約が規律しない類似の売買契約について自国の法に基づいて同様の裁判をするであろうときを除くほか、現実の履行を命ずる裁判をする義務を負わない。

第29条

(1) 契約は、当事者の合意のみによって変更し、又は終了させることができる。

(2) 合意による変更又は終了を書面によって行うことを必要とする旨の条項を定めた書面による契約は、その他の方法による合意によって変更し、又は終了させることができない。ただし、当事者の一方は、相手方が自己の行動を信頼した限度において、その条項を主張することができない。

第2章 売主の義務

第30条

売主は、契約及びこの条約に従い、物品を引き渡し、物品に関する書類を交付し、及び物品の所有権を移転しなければならない。

第1節 物品の引渡し及び書類の交付

第31条

売主が次の(a)から(c)までに規定する場所以外の特定の場所において物品を引き渡す義務を負わない場合には、売主の引渡しの義務は、次のことから成る。

 (a) 売買契約が物品の運送を伴う場合には、買主に送付するために物品を最初の運送人に交付すること。
 (b) (a)に規定する場合以外の場合において、契約が特定物、特定の在庫から取り出される不特定物又は製造若しくは生産が行われる不特定物に関するもので

communication.

Article 28

If, in accordance with the provisions of this Convention, one party is entitled to require performance of any obligation by the other party, a court is not bound to enter a judgement for specific performance unless the court would do so under its own law in respect of similar contracts of sale not governed by this Convention.

Article 29

(1) A contract may be modified or terminated by the mere agreement of the parties.

(2) A contract in writing which contains a provision requiring any modification or termination by agreement to be in writing may not be modified or terminated by agreement. However, a party may be precluded by his conduct from asserting such a provision to the extent that the other party has relied on that conduct.

CHAPTER II. OBLIGATIONS OF THE SELLER

Article 30

The seller must deliver the goods, hand over any documents relating to them and transfer the property in the goods, as required by the contract and this Convention.

Section I. Delivery of the goods and handing over of documents

Article 31

If the seller is not bound to deliver the goods at any other particular place, his obligation to deliver consists:

(a) if the contract of sale involves carriage of the goods in handing the goods over to the first carrier for transmission to the buyer; (b) if, in cases not within the preceding subparagraph, the contract relates to specific goods, or unidentified goods to be drawn from a specific stock or to be manufactured or produced, and at the time of the conclusion of the contract the parties knew that the goods were at, or were to be anufactured or pro-

あり、かつ、物品が特定の場所に存在し、又は特定の場所で製造若しくは生産が行われることを当事者双方が契約の締結時に知っていたときは、その場所において物品を買主の処分にゆだねること。
(c) その他の場合には、売主が契約の締結時に営業所を有していた場所において物品を買主の処分にゆだねること。

第32条
(1) 売主は、契約又はこの条約に従い物品を運送人に交付した場合において、当該物品が荷印、船積書類その他の方法により契約上の物品として明確に特定されないときは、買主に対して物品を特定した発送の通知を行わなければならない。
(2) 売主は、物品の運送を手配する義務を負う場合には、状況に応じて適切な運送手段により、かつ、このような運送のための通常の条件により、定められた場所までの運送に必要となる契約を締結しなければならない。
(3) 売主は、物品の運送について保険を掛ける義務を負わない場合であっても、買主の要求があるときは、買主が物品の運送について保険を掛けるために必要な情報であって自己が提供することのできるすべてのものを、買主に対して提供しなければならない。

第33条
売主は、次のいずれかの時期に物品を引き渡さなければならない。
(a) 期日が契約によって定められ、又は期日を契約から決定することができる場合には、その期日
(b) 期間が契約によって定められ、又は期間を契約から決定することができる場合には、買主が引渡しの日を選択すべきことを状況が示していない限り、その期間内のいずれかの時
(c) その他の場合には、契約の締結後の

duced at, a particular place in placing the goods at the buyer's disposal at that place;
(c) in other cases in placing the goods at the buyer's disposal at the place where the seller had his place of business at the time of the conclusion of the contract.

Article 32
(1) If the seller, in accordance with the contract or this Convention, hands the goods over to a carrier and if the goods are not clearly identified to the contract by markings on the goods, by shipping documents or the seller must give the buyer notice of the consignment s pecifying the goods.
(2) If the seller is bound to arrange for carriage of the goods, he must make such contracts as are necessary for carriage to the place fixed by means of transportation appropriate in the circumstances and according to the usual terms for such transportation.
(3) If the seller is not bound to effect insurance in respect of the arriage of the goods, he must, at the buyer's request, provide him with all available information necessary to enable him to effect such insurance.

Article 33
The seller must deliver the goods:
(a) if a date is fixed by or determinable from the contract, on that date;
(b) if a period of time is fixed by or determinable from the contract, at any time within that period unless circumstances indicate that the buyer is to choose a date; or
(c) in any other case, within a reasonable time after the conclusion of the contract.

合理的な期間内
第34条
売主は、物品に関する書類を交付する義務を負う場合には、契約に定める時期及び場所において、かつ、契約に定める方式により、当該書類を交付しなければならない。売主は、その時期より前に当該書類を交付した場合において、買主に不合理な不便又は不合理な費用を生じさせないときは、その時期まで、当該書類の不適合を追完することができる。ただし、買主は、この条約に規定する損害賠償の請求をする権利を保持する。

第2節　物品の適合性及び第三者の権利又は請求

第35条
(1) 売主は、契約に定める数量、品質及び種類に適合し、かつ、契約に定める方法で収納され、又は包装された物品を引き渡さなければならない。
(2) 当事者が別段の合意をした場合を除くほか、物品は、次の要件を満たさない限り、契約に適合しないものとする。
   (a) 同種の物品が通常使用されるであろう目的に適したものであること。
   (b) 契約の締結時に売主に対して明示的又は黙示的に知らされていた特定の目的に適したものであること。ただし、状況からみて、買主が売主の技能及び判断に依存せず、又は依存することが不合理であった場合は、この限りでない。
   (c) 売主が買主に対して見本又はひな形として示した物品と同じ品質を有するものであること。
   (d) 同種の物品にとって通常の方法により、又はこのような方法がない場合にはその物品の保存及び保護に適した方法により、収納され、又は包装されていること。
(3) 買主が契約の締結時に物品の不適合を

Article 34
If the seller is bound to hand over documents relating to the goods, he must hand them over at the time and place and in the form required by the contract. If the seller has handed over documents before that time, he may, up to that time, cure any lack of conformity in the documents, if the exercise of this right does not cause the buyer unreasonable inconvenience or nreasonable expense. However, the buyer retains any right to claim amages as provided for in this Convention.

Section II. Conformity of the goods and third-party claims
Article 35
(1) The seller must deliver goods which are of the quantity, quality and description required by the contract and which are contained or packaged in the manner required by the contract.
(2) Except where the parties have agreed otherwise, the goods do not conform with the contract unless they:
   (a) are fit for the purposes for which goods of the same description would ordinarily be used;
   (b) are fit for any particular purpose expressly or impliedly made known to the seller at the time of the conclusion of the contract, except where the circumstances show that the buyer did not rely, or that it was unreasonable for him to rely, on the seller's skill and judgement;
   (c) possess the qualities of goods which the seller has held out to the buyer as a sample or model;
   (d) are contained or packaged in the manner usual for such goods or, where there is no such manner, in a manner adequate to preserve and protect the goods.
(3) The seller is not liable under subparagraphs *(a)* to *(d)* of the paragraph for any lack of conformity of the goods if, at the time of the conclusion of the contract, the buyer knew or could not have been unaware of such

知り、又は知らないことはあり得なかった場合には、売主は、当らまでの規定に係る責任を負わない。

第36条
(1) 売主は、契約及びこの条約に従い、危険が買主に移転した時に存在していた不適合について責任を負うものとし、当該不適合が危険の移転した時の後に明らかになった場合においても責任を負う。
(2) 売主は、(1)に規定する時の後に生じた不適合であって、自己の義務違反(物品が一定の期間通常の目的若しくは特定の目的に適し、又は特定の品質若しくは特性を保持するとの保証に対する違反を含む。)によって生じたものについても責任を負う。

第37条
売主は、引渡しの期日前に物品を引き渡した場合には、買主に不合理な不便又は不合理な費用を生じさせないときに限り、その期日まで、欠けている部分を引き渡し、若しくは引き渡した物品の数量の不足分を補い、又は引き渡した不適合な物品の代替品を引き渡し、若しくは引き渡した物品の不適合を修補することができる。ただし、買主は、この条約に規定する損害賠償の請求をする権利を保持する。

第38条
(1) 買主は、状況に応じて実行可能な限り短い期間内に、物品を検査し、又は検査させなければならない。
(2) 契約が物品の運送を伴う場合には、検査は、物品が仕向地に到達した後まで延期することができる。
(3) 買主が自己による検査のための合理的な機会なしに物品の運送中に仕向地を変更し、又は物品を転送した場合において、売主が契約の締結時にそのような変更又は転送の可能性を知り、又は知っているべきであったときは、検査は、物品が新た

lack of conformity.

Article 36
(1) The seller is liable in accordance with the contract and this onvention for any lack of conformity which exists at the time when the risk passes to the buyer, even though the lack of conformity becomes pparent only after that time.
(2) The seller is also liable for any lack of conformity which occurs after the time indicated in the preceding paragraph and which is due to a breach of any of his obligations, including a breach of any guarantee that for a period of time the goods will remain fit for their ordinary purpose or for some particular purpose or will retain specified qualities or characteristics.

Article 37
If the seller has delivered goods before the date for delivery, he may, up to that date, deliver any missing part or make up any deficiency in the quantity of the goods delivered, or deliver goods in replacement of any on-conforming goods delivered or remedy any lack of conformity in the goods delivered, provided that the exercise of this right does not cause the buyer unreasonable inconvenience or unreasonable expense. However, the buyer retains any right to claim damages as provided for in this Convention.

Article 38
(1) The buyer must examine the goods, or cause them to be examined, within as short a period as is practicable in the circumstances.
(2) If the contract involves carriage of the goods, examination may be deferred until after the goods have arrived at their destination.
(3) If the goods are redirected in transit or redispatched by the buyer without a reasonable opportunity for examination by him and at the time of the conclusion of the contract the seller knew or ought to have known of the possibility of such redirection or redispatch, examination may be deferred until after the goods have arrived at the new destination.

な仕向地に到達した後まで延期することができる。

第39条

(1) 買主は、物品の不適合を発見し、又は発見すべきであった時から合理的な期間内に売主に対して不適合の性質を特定した通知を行わない場合には、物品の不適合を援用する権利を失う。

(2) 買主は、いかなる場合にも、自己に物品が現実に交付された日から2年以内に売主に対してに規定する通知を行わないときは、この期間制限と契約上の保証期間とが一致しない場合を除くほか、物品の不適合を援用する権利を失う。

第40条

物品の不適合が、売主が知り、又は知らないことはあり得なかった事実であって、売主が買主に対して明らかにしなかったものに関するものである場合には、売主は、前2条の規定に依拠することができない。

第41条

売主は、買主が第三者の権利又は請求の対象となっている物品を受領することに同意した場合を除くほか、そのような権利又は請求の対象となっていない物品を引き渡さなければならない。ただし、当該権利又は請求が工業所有権その他の知的財産権に基づくものである場合には、売主の義務は、次条の規定によって規律される。

第42条

(1) 売主は、自己が契約の締結時に知り、又は知らないことはあり得なかった工業所有権その他の知的財産権に基づく第三者の権利又は請求の対象となっていない物品を引き渡さなければならない。ただし、そのような権利又は請求が、次の国の法の下での工業所有権その他の知的財産権に基づく場合に限る。

(a) ある国において物品が転売され、又は他の方法によって使用されることを

Article 39

(1) The buyer loses the right to rely on a lack of conformity of the goods if he does not give notice to the seller specifying the nature of the lack of conformity within a reasonable time after he has discovered it or ought to have discovered it.

(2) In any event, the buyer loses the right to rely on a lack of conformity of the goods if he does not give the seller notice thereof at the latest within a period of two years from the date on which the goods were actually handed over to the buyer, unless this time limit is inconsistent with a contractual period of guarantee.

Article 40

The seller is not entitled to rely on the provisions of articles 38 and 39 if the lack of conformity relates to facts of which he knew or could not have been unaware and which he did not disclose to the buyer.

Article 41

The seller must deliver goods which are free from any right or claim of a third party, unless the buyer agreed to take the goods subject to that right or claim. However, if such right or claim is based on industrial property or other intellectual property, the seller's obligation is governed by article 42.

Article 42

(1) The seller must deliver goods which are free from any right or claim of a third party based on industrial property or other intellectual, of which at the time of the conclusion of the contract the seller knew or could not have been unaware, provided that the right or claim is based on industrial property or other intellectual property:

(a) under the law of the State where the goods will be resold or otherwise used, if it was contemplated by the parties at the time of the conclusion of the contract that the

当事者双方が契約の締結時に想定していた場合には、当該国の法
 (b) その他の場合には、買主が営業所を有する国の法
(2) 売主は、次の場合には、(1)の規定に基づく義務を負わない。
 (a) 買主が契約の締結時に(1)に規定する権利又は請求を知り、又は知らないことはあり得なかった場合
 (b) (1)に規定する権利又は請求が、買主の提供した技術的図面、設計、製法その他の指定に売主が従ったことによって生じた場合

第43条
(1) 買主は、第三者の権利又は請求を知り、又は知るべきであった時から合理的な期間内に、売主に対してそのような権利又は請求の性質を特定した通知を行わない場合には、前2条の規定に依拠する権利を失う。
(2) 売主は、第三者の権利又は請求及びその性質を知っていた場合には、(1)の規定に依拠することができない。

第44条
第39条(1)及び前条(1)の規定にかかわらず、買主は、必要とされる通知を行わなかったことについて合理的な理由を有する場合には、第50条の規定に基づき代金を減額し、又は損害賠償（得るはずであった利益の喪失の賠償を除く。）の請求をすることができる。

第3節 売主による契約違反についての救済

第45条
(1) 買主は、売主が契約又はこの条約に基づく義務を履行しない場合には、次のことを行うことができる。
 (a) 次条から第52条までに規定する権利を行使すること。
 (b) 第74条から第77条までの規定に従って損害賠償の請求をすること。
(2) 買主は、損害賠償の請求をする権利を、

goods would be resold or otherwise used in that State; or
 (b) in any other case, under the law of the State where the buyer has his place of business.
(2) The obligation of the seller under the preceding paragraph does not extend to cases where:
 (a) at the time of the conclusion of the contract the buyer knew or could not have been unaware of the right or claim; or
 (b) the right or claim results from the seller's compliance with echnical drawings, designs, formulae or other such specifications furnished by the buyer.

Article 43
(1) The buyer loses the right to rely on the provisions of article 41 or article 42 if he does not give notice to the seller specifying the nature of the right or claim of the third party within a reasonable time after he has become aware or ought to have become aware of the right or claim.
(2) The seller is not entitled to rely on the provisions of the preceding paragraph if he knew of the right or claim of the third party and the nature of it.

Article 44
Notwithstanding the provisions of paragraph (1) of article 39 and aragraph (1) of article 43, the buyer may reduce the price in accordance with article 50 or claim damages, except for loss of profit, if he has a easonable excuse for his failure to give the required notice.

Section III. Remedies for breach of contract by the seller

Article 45
(1) If the seller fails to perform any of his obligations under the
 or this Convention, the buyer may:
 (a) exercise the rights provided in articles 46 to 52; *(b)* claim damages as provided in articles 74 to 77.
(2) The buyer is not deprived of any right he may have to claim
 by exercising his right to other remedies.

213

その他の救済を求める権利の行使によって奪われない。
(3) 買主が契約違反についての救済を求める場合には、裁判所又は仲裁廷は、売主に対して猶予期間を与えることができない。

第46条
(1) 買主は、売主に対してその義務の履行を請求することができる。ただし、買主がその請求と両立しない救済を求めた場合は、この限りでない。
(2) 買主は、物品が契約に適合しない場合には、代替品の引渡しを請求することができる。ただし、その不適合が重大な契約違反となり、かつ、その請求を第39条に規定する通知の際に又はその後の合理的な期間内に行う場合に限る。
(3) 買主は、物品が契約に適合しない場合には、すべての状況に照らして不合理であるときを除くほか、売主に対し、その不適合を修補によって追完することを請求することができる。その請求は、第39条に規定する通知の際に又はその後の合理的な期間内に行わなければならない。

第47条
(1) 買主は、売主による義務の履行のために合理的な長さの付加期間を定めることができる。
(2) 買主は、(1)の規定に基づいて定めた付加期間内に履行をしない旨の通知を売主から受けた場合を除くほか、当該付加期間内は、契約違反についてのいかなる救済も求めることができない。ただし、買主は、これにより、履行の遅滞について損害賠償の請求をする権利を奪われない。

第48条
(1) 次条の規定が適用される場合を除くほか、売主は、引渡しの期日後も、不合理に遅滞せず、かつ、買主に対して不合理な不便又は買主の支出した費用につき自己から償還を受けることについての不安を生じさせない場合には、自己の費用負担に

(3) No period of grace may be granted to the seller by a court or arbitral tribunal when the buyer resorts to a remedy for breach of contract.

Article 46

(1) The buyer may require performance by the seller of his obligations unless the buyer has resorted to a remedy which is inconsistent with this requirement.

(2) If the goods do not conform with the contract, the buyer may delivery of substitute goods only if the lack of conformity constitutes a fundamental breach of contract and a request for substitute goods is made either in conjunction with notice given under article 39 or within a reasonable time thereafter.

(3) If the goods do not conform with the contract, the buyer may equire the seller to remedy the lack of conformity by repair, unless this is nreasonable having regard to all the circumstances. A request for repair must be made either in conjunction with notice given under article 39 or within a reasonable time thereafter.

Article 47

(1) The buyer may fix an additional period of time of reasonable length for performance by the seller of his obligations.

(2) Unless the buyer has received notice from the seller that he will not perform within the period so fixed, the buyer may not, during that period, resort to any remedy for breach of contract. However, the buyer is not eprived thereby of any right he may have to claim damages for delay in performance.

Article 48

(1) Subject to article 49, the seller may, even after the date for delivery, remedy at his own expense any failure to perform his obligations, if he can do so without unreasonable delay and without causing the buyer nreasonable inconvenience or uncertainty of reimbursement by the seller of expenses advanced by the buyer. However, the buyer

よりいかなる義務の不履行も追完することができる。ただし、買主は、この条約に規定する損害賠償の請求をする権利を保持する。

(2) 売主は、買主に対して履行を受け入れるか否かについて知らせることを要求した場合において、買主が合理的な期間内にその要求に応じないときは、当該要求において示した期間内に履行をすることができる。買主は、この期間中、売主による履行と両立しない救済を求めることができない。

(3) 一定の期間内に履行をする旨の売主の通知は、に規定する買主の選択を知らせることの要求を含むものと推定する。

(4) (2)又は(3)に規定する売主の要求又は通知は、買主がそれらを受けない限り、その効力を生じない。

第49条
(1) 買主は、次のいずれかの場合には、契約の解除の意思表示をすることができる。
　(a) 契約又はこの条約に基づく売主の義務の不履行が重大な契約違反となる場合
　(b) 引渡しがない場合において、買主が第47条(1)の規定に基づいて定めた付加期間内に売主が物品を引き渡さず、又は売主が当該付加期間内に引き渡さない旨の意思表示をしたとき。

(2) 買主は、売主が物品を引き渡した場合には、次の期間内に契約の解除の意思表示をしない限り、このような意思表示をする権利を失う。
　(a) 引渡しの遅滞については、買主が引渡しが行われたことを知った時から合理的な期間内
　(b) 引渡しの遅滞を除く違反については、次の時から合理的な期間内
　　(ⅰ) 買主が当該違反を知り、又は知るべきであった時
　　(ⅱ) 買主が第47条の規定に基づいて定

retains any right to claim damages as provided for in this Convention.

(2) If the seller requests the buyer to make known whether he will accept performance and the buyer does not comply with the request within a reasonable time, the seller may perform within the time indicated in his request. The buyer may not, during that period of time, resort to any remedy which is inconsistent with performance by the seller.

(3) A notice by the seller that he will perform within a specified period of time is assumed to include a request, under the preceding paragraph, that the buyer make known his decision.

(4) A request or notice by the seller under paragraph (2) or (3) of this article is not effective unless received by the buyer.

Article 49

(1) The buyer may declare the contract avoided:

(a) if the failure by the seller to perform any of his obligations under the contract or this Convention amounts to a fundamental breach of contract; or *(b)* in case of non-delivery, if the seller does not deliver the goods within the additional period of time fixed by the buyer in accordance with paragraph (1) of article 47 or declares that he will not deliver within the period so fixed.

(2) However, in cases where the seller has delivered the goods, the buyer loses the right to declare the contract avoided unless he does so: *(a)* in respect of late delivery, within a reasonable time after he has become aware that delivery has been made;

(b) in respect of any breach other than late delivery, within a easonable time:

(i) after he knew or ought to have known of the breach;

ii) after the expiration of any additional period of time fixed by the buyer in accordance with paragraph (1) of article 47, or after the seller

has declared that he will not perform his

めた付加期間を経過した時又は売主が当該付加期間内に義務を履行しない旨の意思表示をした時
(iii) 売主が前条(2)の規定に基づいて示した期間を経過した時又は買主が履行を受け入れない旨の意思表示をした時

第50条

物品が契約に適合しない場合には、代金が既に支払われたか否かを問わず、買主は、現実に引き渡された物品が引渡時において有した価値が契約に適合する物品であったとしたならば当該引渡時において有したであろう価値に対して有する割合と同じ割合により、代金を減額することができる。ただし、売主が第37条若しくは第48条の規定に基づきその義務の不履行を追完した場合又は買主がこれらの規定に基づく売主による履行を受け入れることを拒絶した場合には、買主は、代金を減額することができない。

第51条

(1) 売主が物品の一部のみを引き渡した場合又は引き渡した物品の一部のみが契約に適合する場合には、第四十六条から前条までの規定は、引渡しのない部分又は適合しない部分について適用する。
(2) 買主は、完全な引渡し又は契約に適合した引渡しが行われないことが重大な契約違反となる場合に限り、その契約の全部を解除する旨の意思表示をすることができる。

第52条

(1) 売主が定められた期日前に物品を引き渡す場合には、買主は、引渡しを受領し、又はその受領を拒絶することができる。
(2) 売主が契約に定める数量を超過する物品を引き渡す場合には、買主は、超過する部分の引渡しを受領し、又はその受領を拒絶することができる。買主は、超過する部分の全部又は一部の引渡しを受領した場合には、その部分について契約価格

bligations within such an additional period; or

iii) after the expiration of any additional period of time indicated by

the seller in accordance with paragraph (2) of article 48, or after the buyer has declared that he will not accept performance.

Article 50

If the goods do not conform with the contract and whether or not the price has already been paid, the buyer may reduce the price in the same proportion as the value that the goods actually delivered had at the time of the delivery bears to the value that conforming goods would have had at that time. However, if the seller remedies any failure to perform his ations in accordance with article 37 or article 48 or if the buyer refuses to accept performance by the seller in accordance with those articles, the buyer may not reduce the price.

Article 51

(1) If the seller delivers only a part of the goods or if only a part of the goods delivered is in conformity with the contract, articles 46 to 50 apply in respect of the part which is missing or which does not conform.

(2) The buyer may declare the contract avoided in its entirety only if the failure to make delivery completely or in conformity with the contract amounts to a fundamental breach of the contract.

Article 52

(1) If the seller delivers the goods before the date fixed, the buyer may take delivery or refuse to take delivery.

(2) If the seller delivers a quantity of goods greater than that provided for in the contract, the buyer may take delivery or refuse to take delivery of the excess quantity. If the buyer takes delivery of all or part of the excess quantity, he must pay for it at the contract rate.

に応じて代金を支払わなければならない。

第3章　買主の義務

第53条

買主は、契約及びこの条約に従い、物品の代金を支払い、及び物品の引渡しを受領しなければならない。

第1節　代金の支払

第54条

代金を支払う買主の義務には、支払を可能とするため、契約又は法令に従って必要とされる措置をとるとともに手続を遵守することを含む。

第55条

契約が有効に締結されている場合において、当該契約が明示的又は黙示的に、代金を定めず、又は代金の決定方法について規定していないときは、当事者は、反対の意思を示さない限り、関係する取引分野において同様の状況の下で売却された同種の物品について、契約の締結時に一般的に請求されていた価格を黙示的に適用したものとする。

第56条

代金が物品の重量に基づいて定められる場合において、疑義があるときは、代金は、正味重量によって決定する。

第57条

(1) 買主は、次の(a)又は(b)に規定する場所以外の特定の場所において代金を支払う義務を負わない場合には、次のいずれかの場所において売主に対して代金を支払わなければならない。

(a) 売主の営業所

(b) 物品又は書類の交付と引換えに代金を支払うべき場合には、当該交付が行われる場所

(2) 売主は、契約の締結後に営業所を変更したことによって生じた支払に付随する費用の増加額を負担する。

第58条

(1) 買主は、いずれか特定の期日に代金を

CHAPTER III. OBLIGATIONS OF THE BUYER

Article 53

The buyer must pay the price for the goods and take delivery of them as required by the contract and this Convention.

Section I. Payment of the price

Article 54

The buyer's obligation to pay the price includes taking such steps and complying with such formalities as may be required under the contract or any laws and regulations to enable payment to be made.

Article 55

Where a contract has been validly concluded but does not expressly or implicitly fix or make provision for determining the price, the parties are considered, in the absence of any indication to the contrary, to have impliedly made reference to the price generally charged at the time of the conclusion of the contract for such goods sold under comparable circumstances in the trade concerned.

Article 56

If the price is fixed according to the weight of the goods, in case of doubt it is to be determined by the net weight.

Article 57

(1) If the buyer is not bound to pay the price at any other particular place, he must pay it to the seller:

(a) at the seller's place of business; or

(b) if the payment is to be made against the handing over of the goods or of documents, at the place where the handing over takes place.

(2) The seller must bear any increase in the expenses incidental to payment which is caused by a change in his place of business subsequent to the conclusion of the contract.

Article 58

(1) If the buyer is not bound to pay the price at any other specific time, he must pay

払う義務を負わない場合には、売主が契約及びこの条約に従い物品又はその処分を支配する書類を買主の処分にゆだねた時に代金を支払わなければならない。売主は、その支払を物品又は書類の交付の条件とすることができる。

(2) 売主は、契約が物品の運送を伴う場合には、代金の支払と引換えでなければ物品又はその処分を支配する書類を買主に交付しない旨の条件を付して、物品を発送することができる。

(3) 買主は、物品を検査する機会を有する時まで代金を支払う義務を負わない。ただし、当事者の合意した引渡し又は支払の手続が、買主がそのような機会を有することと両立しない場合は、この限りでない。

第59条

売主によるいかなる要求又はいかなる手続の遵守も要することなく、買主は、契約若しくはこの条約によって定められた期日又はこれらから決定することができる期日に代金を支払わなければならない。

第2節 引渡しの受領

第60条

引渡しを受領する買主の義務は、次のことから成る。

(a) 売主による引渡しを可能とするために買主に合理的に期待することのできるすべての行為を行うこと。

(b) 物品をを受け取ること。

第3節 買主による契約違反についての救済

第61条

(1) 売主は、買主が契約又はこの条約に基づく義務を履行しない場合には、次のことを行うことができる。

(a) 次条から第65条までに規定する権利を行使すること。

(b) 第74条から第77条までの規定に従って損害賠償の請求をすること。

---

it when the seller places either the goods or documents controlling their disposition at the buyer's disposal in accordance with the contract and this Convention. The seller may make such payment a condition for handing over the goods or documents.

(2) If the contract involves carriage of the goods, the seller may dispatch the goods on terms whereby the goods, or documents controlling their disposition, will not be handed over to the buyer except against payment of the price.

(3) The buyer is not bound to pay the price until he has had an opportunity to examine the goods, unless the procedures for delivery or payment agreed upon by the parties are inconsistent with his having such an opportunity.

Article 59

The buyer must pay the price on the date fixed by or determinable from the contract and this Convention without the need for any request or ompliance with any formality on the part of the seller.

Section II. Taking delivery

Article 60

The buyer's obligation to take delivery consists:

(a) in doing all the acts which could reasonably be expected of him in order to enable the seller to make delivery; and

(b) in taking over the goods.

Section III. Remedies for breach of contract by the buyer

Article 61

(1) If the buyer fails to perform any of his obligations under the ontract or this Convention, the seller may:

(a) exercise the rights provided in articles 62 to 65; (b) claim damages as provided in articles 74 to 77.

(2) The seller is not deprived of any right he may have to claim amages by exercising his right to other remedies.

(2) 売主は、損害賠償の請求をする権利を、その他の救済を求める権利の行使によって奪われない。
(3) 売主が契約違反についての救済を求める場合には、裁判所又は仲裁廷は、買主に対して猶予期間を与えることができない。

第62条
売主は、買主に対して代金の支払、引渡しの受領その他の買主の義務の履行を請求することができる。ただし、売主がその請求と両立しない救済を求めた場合は、この限りでない。

第63条
(1) 売主は、買主による義務の履行のために合理的な長さの付加期間を定めることができる。
(2) 売主は、(1)の規定に基づいて定めた付加期間内に履行をしない旨の通知を買主から受けた場合を除くほか、当該付加期間内は、契約違反についてのいかなる救済も求めることができない。ただし、売主は、これにより、履行の遅滞について損害賠償の請求をする権利を奪われない。

第64条
(1) 売主は、次のいずれかの場合には、契約の解除の意思表示をすることができる。
　(a) 契約又はこの条約に基づく買主の義務の不履行が重大な契約違反となる場合
　(b) 売主が前条(1)の規定に基づいて定めた付加期間内に買主が代金の支払義務若しくは物品の引渡しの受領義務を履行しない場合又は買主が当該付加期間内にそれらの義務を履行しない旨の意思表示をした場合
(2) 売主は、買主が代金を代金を支払った場合には、次の時期に契約の解除の意思表示をしない限り、このような意思表示をする権利を失う。
　(a) 買主による履行の遅滞については、売主が履行のあったことを知る前

(3) No period of grace may be granted to the buyer by a court or rbitral tribunal when the seller resorts to a remedy for breach of contract.

Article 62

The seller may require the buyer to pay the price, take delivery or perform his other obligations, unless the seller has resorted to a remedy which is inconsistent with this requirement.

Article 63

(1) The seller may fix an additional period of time of reasonable length for performance by the buyer of his obligations.
(2) Unless the seller has received notice from the buyer that he will not perform within the period so fixed, the seller may not, during that period, resort to any remedy for breach of contract. However, the seller is not ved thereby of any right he may have to claim damages for delay in performance.

Article 64

(1) The seller may declare the contract avoided:
(a) if the failure by the buyer to perform any of his obligations under the contract or this Convention amounts to a fundamental breach of contract; or
(b) if the buyer does not, within the additional period of time fixed by the seller in accordance with paragraph (1) of article 63, perform his ation to pay the price or take delivery of the goods, or if he declares that he will not do so within the period so fixed.
(2) However, in cases where the buyer has paid the price, the seller loses the right to declare the contract avoided unless he does so:
(a) in respect of late performance by the buyer, before the seller has become aware that performance has been rendered; or
(b) in respect of any breach other than late performance by the buyer, within a rea-

(b) 履行の遅滞を除く買主による違反については、次の時から合理的な期間内
    (i) 売主が当該違反を知り、又は知るべきであった時
    (ii) 売主が前条(1)の規定に基づいて定めた付加期間を経過した時又は買主が当該付加期間内に義務を履行しない旨の意思表示をした時

第65条
(1) 買主が契約に従い物品の形状、寸法その他の特徴を指定すべき場合において、合意した期日に又は売主から要求を受けた時から合理的な期間内に買主がその指定を行わないときは、売主は、自己が有する他の権利の行使を妨げられることなく、自己の知ることができた買主の必要に応じて、自らその指定を行うことができる。
(2) 売主は、自ら(1)に規定する指定を行う場合には、買主に対してその詳細を知らせ、かつ、買主がそれと異なる指定を行うことができる合理的な期間を定めなければならない。買主がその通信を受けた後、その定められた期間内に異なる指定を行わない場合には、売主の行った指定は、拘束力を有する。

第4章 危険の移転

第66条
買主は、危険が自己に移転した後に生じた物品の滅失又は損傷により、代金を支払う義務を免れない。ただし、その滅失又は損傷が売主の作為又は不作為による場合は、この限りでない。

第67条
(1) 売買契約が物品の運送を伴う場合において、売主が特定の場所において物品を交付する義務を負わないときは、危険は、売買契約に従って買主に送付するために物品を最初の運送人に交付した時に買主に移転する。売主が特定の場所において物品を運送人に交付する義務を負うときは、危険は、物品をその場所において運送

sonable time:
(i) after the seller knew or ought to have known of the breach; or
(ii) after the expiration of any additional period of time fixed by the seller in accordance with paragraph (1) of article 63, or after the buyer has declared
that he will not perform his obligations within such an additional period.

Article 65

(1) If under the contract the buyer is to specify the form, measurement or other features of the goods and he fails to make such specification either on the date agreed upon or within a reasonable time after receipt of a request from the seller, the seller may, without prejudice to any other rights he may have, make the specification himself in accordance with the requirements of the buyer that may be known to him.

(2) If the seller makes the specification himself, he must inform the buyer of the details thereof and must fix a reasonable time within which the buyer may make a different specification. If, after receipt of such a ommunication, the buyer fails to do so within the time so fixed, the pecification made by the seller is binding.

CHAPTER IV. PASSING OF RISK

Article 66

Loss of or damage to the goods after the risk has passed to the buyer does not discharge him from his obligation to pay the price, unless the loss or damage is due to an act or omission of the seller.

Article 67

(1) If the contract of sale involves carriage of the goods and the seller is not bound to hand them over at a particular place, the risk passes to the buyer when the goods are handed over to the first carrier for transmission to the buyer in accordance with the contract of sale. If the seller is bound to hand the goods over to a carrier at a particular place, the risk does not pass to the buyer until the goods are handed over to the carrier at

人に交付する時まで買主に移転しない。売主が物品の処分を支配する書類を保持することが認められている事実は、危険の移転に影響を及ぼさない。

(2) (1)の規定にかかわらず、危険は、荷印、船積書類、買主に対する通知又は他の方法のいずれによるかを問わず、物品が契約上の物品として明確に特定される時まで買主に移転しない。

第68条

運送中に売却された物品に関し、危険は、契約の締結時から買主に移転する。ただし、運送契約を証する書類を発行した運送人に対して物品が交付された時から買主が危険を引き受けることを状況が示している場合には、買主は、その時から危険を引き受ける。もっとも、売主が売買契約の締結時に、物品が滅失し、又は損傷していたことを知り、又は知っているべきであった場合において、そのことを買主に対して明らかにしなかったときは、その滅失又は損傷は、売主の負担とする。

第69条

(1) 前2条に規定する場合以外の場合には、危険は、買主が物品を受け取った時に、又は買主が期限までに物品を受け取らないときは、物品が買主の処分にゆだねられ、かつ、引渡しを受領しないことによって買主が契約違反を行った時から買主に移転する。

(2) もっとも、買主が売主の営業所以外の場所において物品を受け取る義務を負うときは、危険は、引渡しの期限が到来し、かつ、物品がその場所において買主の処分にゆだねられたことを買主が知った時に移転する。

(3) 契約が特定されていない物品に関するものである場合には、物品は、契約上の物品として明確に特定される時まで買主の処分にゆだねられていないものとする。

第70条

that place. The fact that the seller is authorized to retain documents controlling the disposition of the goods does not affect the passage of the risk.

(2) Nevertheless, the risk does not pass to the buyer until the goods are clearly identified to the contract, whether by markings on the goods, by shipping documents, by notice given to the buyer or otherwise.

Article 68

The risk in respect of goods sold in transit passes to the buyer from the time of the conclusion of the contract. However, if the circumstances so indicate, the risk is assumed by the buyer from the time the goods were handed over to the carrier who issued the documents embodying the contract of carriage. evertheless, if at the time of the conclusion of the contract of sale the seller knew or ought to have known that the goods had been lost or damaged and did not disclose this to the buyer, the loss or damage is at the risk of the seller.

Article 69

(1) In cases not within articles 67 and 68, the risk passes to the buyer when he takes over the goods or, if he does not do so in due time, from the time when the goods are placed at his disposal and he commits a breach of contract by failing to take delivery.

(2) However, if the buyer is bound to take over the goods at a place other than a place of business of the seller, the risk passes when delivery is due and the buyer is aware of the fact that the goods are placed at his

at that place.

(3) If the contract relates to goods not then identified, the goods are considered not to be placed at the disposal of the buyer until they are clearly identified to the contract.

Article 70

If the seller has committed a fundamental

売主が重大な契約違反を行った場合には、前3条の規定は、買主が当該契約違反を理由として求めることができる救済を妨げるものではない。

第5章 売主及び買主の義務に共通する規定

第1節 履行期前の違反及び分割履行契約

第71条

(1) 当事者の一方は、次のいずれかの理由によって相手方がその義務の実質的な部分を履行しないであろうという事情が契約の締結後に明らかになった場合には、自己の義務の履行を停止することができる。

(a) 相手方の履行をする能力又は相手方の信用力の著しい不足

(b) 契約の履行の準備又は契約の履行における相手方の行動

(2) 売主が(1)に規定する事情が明らかになる前に物品を既に発送している場合には、物品を取得する権限を与える書類を買主が有しているときであっても、売主は、買主への物品の交付を妨げることができる。この(2)の規定は、物品に関する売主と買主との間の権利についてのみ規定する。

(3) 履行を停止した当事者は、物品の発送の前後を問わず、相手方に対して履行を停止した旨を直ちに通知しなければならず、また、相手方がその履行について適切な保証を提供した場合には、自己の履行を再開しなければならない。

第72条

(1) 当事者の一方は、相手方が重大な契約違反を行うであろうことが契約の履行期日前に明白である場合には、契約の解除の意思表示をすることができる。

(2) 時間が許す場合には、契約の解除の意思表示をする意図を有する当事者は、相手方がその履行について適切な保証を提供することを可能とするため、当該相手

breach of contract, articles 67, 68 and 69 do not impair the remedies available to the buyer on account of the breach.

CHAPTER V. PROVISIONS COMMON TO THE OBLIGATIONS OF THE SELLER AND OF THE BUYER

Section I. Anticipatory breach and instalment contracts

Article 71

(1) A party may suspend the performance of his obligations if, after the conclusion of the contract, it becomes apparent that the other party will not perform a substantial part of his obligations as a result of:

(a) a serious deficiency in his ability to perform or in his creditworthiness; or

(b) his conduct in preparing to perform or in performing the contract.

(2) If the seller has already dispatched the goods before the grounds described in the preceding paragraph become evident, he may prevent the handing over of the goods to the buyer even though the buyer holds a document which entitles him to obtain them. The present paragraph relates only to the rights in the goods as between the buyer and the seller.

(3) A party suspending performance, whether before or after dispatch of the goods, must immediately give notice of the suspension to the other party and must continue with performance if the other party provides dequate assurance of his performance.

Article 72

(1) If prior to the date for performance of the contract it is clear that one of the parties will commit a fundamental breach of contract, the other party may declare the contract avoided.

(2) If time allows, the party intending to declare the contract avoided must give reasonable notice to the other party in order to permit him to provide adequate assurance of his

方に対して合理的な通知を行わなければならない。

(3) (2)の規定は、相手方がその義務を履行しない旨の意思表示をした場合には、適用しない。

第73条

(1) 物品を複数回に分けて引き渡す契約において、いずれかの引渡部分についての当事者の一方による義務の不履行が当該引渡部分についての重大な契約違反となる場合には、相手方は、当該引渡部分について契約の解除の意思表示をすることができる。

(2) いずれかの引渡部分についての当事者の一方による義務の不履行が将来の引渡部分について重大な契約違反が生ずると判断する十分な根拠を相手方に与える場合には、当該相手方は、将来の引渡部分について契約の解除の意思表示をすることができる。ただし、この意思表示を合理的な期間内に行う場合に限る。

(3) いずれかの引渡部分について契約の解除の意思表示をする買主は、当該引渡部分が既に引き渡された部分又は将来の引渡部分と相互依存関係にあることにより、契約の締結時に当事者双方が想定していた目的のために既に引き渡された部分又は将来の引渡部分を使用することができなくなった場合には、それらの引渡部分についても同時に契約の解除の意思表示をすることができる。

第2節 損害賠償

第74条

当事者の一方による契約違反についての損害賠償の額は、当該契約違反により相手方が被った損失(得るはずであった利益の喪失を含む。)に等しい額とする。そのような損害賠償の額は、契約違反を行った当事者が契約の締結時に知り、又は知っているべきであった事実及び事情に照らし、当該当事者が契約違反から生じ得る結果として契

performance.

(3) The requirements of the preceding paragraph do not apply if the other party has declared that he will not perform his obligations.

Article 73

(1) In the case of a contract for delivery of goods by instalments, if the failure of one party to perform any of his obligations in respect of any instalment constitutes a fundamental breach of contract with respect to that instalment, the other party may declare the contract avoided with respect to that instalment.

(2) If one party's failure to perform any of his obligations in respect of any instalment gives the other party good grounds to conclude that a fundamental breach of contract will occur with respect to future instalments, he may declare the contract avoided for the future, provided that he does so within a reasonable time.

(3) A buyer who declares the contract avoided in respect of any elivery may, at the same time, declare it avoided in respect of deliveries already made or of future deliveries if, by reason of their interdependence, those deliveries could not be used for the purpose contemplated by the arties at the time of the conclusion of the contract.

Section II. Damages

Article 74

Damages for breach of contract by one party consist of a sum equal to the loss, including loss of profit, suffered by the other party as a consequence of the breach. Such damages may not exceed the loss which the party in breach foresaw or ought to have foreseen at the time of the conclusion of the contract, in the light of the facts and matters of which he then knew or ought to have known, as a possible consequence of the breach of

約の締結時に予見し、又は予見すべきであった損失の額を超えることができない。

第75条

契約が解除された場合において、合理的な方法で、かつ、解除後の合理的な期間内に、買主が代替品を購入し、又は売主が物品を再売却したときは、損害賠償の請求をする当事者は、契約価格とこのような代替取引における価格との差額及び前条の規定に従って求めることができるその他の損害賠償を請求することができる。

第76条

(1) 契約が解除され、かつ、物品に時価がある場合において、損害賠償の請求をする当事者が前条の規定に基づく購入又は再売却を行っていないときは、当該当事者は、契約に定める価格と解除時における時価との差額及び第74条の規定に従って求めることができるその他の損害賠償を請求することができる。ただし、当該当事者が物品を受け取った後に契約を解除した場合には、解除時における時価に代えて物品を受け取った時における時価を適用する。

(2) (1)の規定の適用上、時価は、物品の引渡しが行われるべきであった場所における実勢価格とし、又は当該場所に時価がない場合には、合理的な代替地となるような他の場所における価格に物品の運送費用の差額を適切に考慮に入れたものとする。

第77条

契約違反を援用する当事者は、当該契約違反から生ずる損失(得るはずであった利益の喪失を含む。)を軽減するため、状況に応じて合理的な措置をとらなければならない。当該当事者がそのような措置をとらなかった場合には、契約違反を行った当事者は、軽減されるべきであった損失額を損害賠償の額から減額することを請求することができる。

contract.

Article 75

If the contract is avoided and if, in a reasonable manner and within a reasonable time after avoidance, the buyer has bought goods in replacement or the seller has resold the goods, the party claiming damages may recover the difference between the contract price and the price in the substitute transaction as well as any further damages recoverable under article 74.

Article 76

(1) If the contract is avoided and there is a current price for the goods, the party claiming damages may, if he has not made a purchase or resale under article 75, recover the difference between the price fixed by the ontract and the current price at the time of avoidance as well as any further damages recoverable under article 74. If, however, the party claiming amages has avoided the contract after taking over the goods, the current price at the time of such taking over shall be applied instead of the current price at the time of avoidance.

(2) For the purposes of the preceding paragraph, the current price is the price prevailing at the place where delivery of the goods should have been made or, if there is no current price at that place, the price at such other place as serves as a reasonable substitute, making due allowance for ifferences in the cost of transporting the goods.

Article 77

A party who relies on a breach of contract must take such measures as are reasonable in the circumstances to mitigate the loss, including loss of profit, resulting from the breach. If he fails to take such measures, the party in breach may claim a reduction in the damages in the amount by which the loss should have been mitigated.

第3節　利息

第78条

当事者の一方が代金その他の金銭を期限を過ぎて支払わない場合には、相手方は、第74条の規定に従って求めることができる損害賠償の請求を妨げられることなく、その金銭の利息を請求することができる。

第4節　免責

第79条

(1) 当事者は、自己の義務の不履行が自己の支配を超える障害によって生じたこと及び契約の締結時に当該障害を考慮することも、当該障害又はその結果を回避し、又は克服することも自己に合理的に期待することができなかったことを証明する場合には、その不履行について責任を負わない。

(2) 当事者は、契約の全部又は一部を履行するために自己の使用した第三者による不履行により自己の不履行が生じた場合には、次の及びの要件が満たされるときに限り、責任を免れる。

  (a) 当該当事者が(1)の規定により責任を免れること。
  (b) 当該当事者の使用した第三者に(1)の規定を適用するとしたならば、当該第三者が責任を免れるであろうこと。

(3) この条に規定する免責は、(1)に規定する障害が存在する間、その効力を有する。

(4) 履行をすることができない当事者は、相手方に対し、に規定する障害及びそれが自己の履行をする能力に及ぼす影響について通知しなければならない。当該当事者は、自己がその障害を知り、又は知るべきであった時から合理的な期間内に相手方がその通知を受けなかった場合には、それを受けなかったことによって生じた損害を賠償する責任を負う。

(5) この条の規定は、当事者が損害賠償の請求をする権利以外のこの条約に基づく権利を行使することを妨げない。

Section III. Interest

Article 78

If a party fails to pay the price or any other sum that is in arrears, the other party is entitled to interest on it, without prejudice to any claim for damages recoverable under article 74.

Section IV. Exemptions

Article 79

(1) A party is not liable for a failure to perform any of his obligations if he proves that the failure was due to an impediment beyond his control and that he could not reasonably be expected to have taken the impediment into account at the time of the conclusion of the contract or to have avoided or overcome it, or its consequences.

(2) If the party's failure is due to the failure by a third person whom he has engaged to perform the whole or a part of the contract, that party is exempt from liability only if:

  (a) he is exempt under the preceding paragraph; and
  (b) the person whom he has so engaged would be so exempt if the provisions of that paragraph were applied to him.

(3) The exemption provided by this article has effect for the period during which the impediment exists.

(4) The party who fails to perform must give notice to the other party of the impediment and its effect on his ability to perform. If the notice is not received by the other party within a reasonable time after the party who fails to perform knew or ought to have known of the impediment, he is for damages resulting from such non-receipt.

(5) Nothing in this article prevents either party from exercising any right other than to claim damages under this Convention.

第80条
　当事者の一方は、相手方の不履行が自己の作為又は不作為によって生じた限度において、相手方の不履行を援用することができない。

　　第5節　解除の効果
第81条
(1)　当事者双方は、契約の解除により、損害を賠償する義務を除くほか、契約に基づく義務を免れる。契約の解除は、紛争解決のための契約条項又は契約の解除の結果生ずる当事者の権利及び義務を規律する他の契約条項に影響を及ぼさない。
(2)　契約の全部又は一部を履行した当事者は、相手方に対し、自己がその契約に従って供給し、又は支払ったものの返還を請求することができる。当事者双方が返還する義務を負う場合には、当事者双方は、それらの返還を同時に行わなければならない。

第82条
(1)　買主は、受け取った時と実質的に同じ状態で物品を返還することができない場合には、契約の解除の意思表示をする権利及び売主に代替品の引渡しを請求する権利を失う。
(2)　(1)の規定は、次の場合には、適用しない。
　(a)　物品を返還することができないこと又は受け取った時と実質的に同じ状態で物品を返還することができないことが買主の作為又は不作為によるものでない場合
　(b)　物品の全部又は一部が第38条に規定する検査によって滅失し、又は劣化した場合
　(c)　買主が不適合を発見し、又は発見すべきであった時より前に物品の全部又は一部を通常の営業の過程において売却し、又は通常の使用の過程において消費し、若しくは改変した場合

第83条

Article 80
　A party may not rely on a failure of the other party to perform, to the extent that such failure was caused by the first party's act or omission.

Section V. Effects of avoidance
Article 81
　(1) Avoidance of the contract releases both parties from their bligations under it, subject to any damages which may be due. Avoidance does not affect any provision of the contract for the settlement of disputes or any other provision of the contract governing the rights and obligations of the parties consequent upon the avoidance of the contract.
　(2) A party who has performed the contract either wholly or in part may claim restitution from the other party of whatever the first party has supplied or paid under the contract. If both parties are bound to make estitution, they must do so concurrently.

Article 82
　(1) The buyer loses the right to declare the contract avoided or to require the seller to deliver substitute goods if it is impossible for him to make restitution of the goods substantially in the condition in which he received them.
　(2) The preceding paragraph does not apply:
　(a) if the impossibility of making restitution of the goods or of making restitution of the goods substantially in the condition in which the buyer received them is not due to his act or omission;
　(b) if the goods or part of the goods have perished or deteriorated as a result of the examination provided for in article 38; or
　(c) if the goods or part of the goods have been sold in the normal course of business or have been consumed or transformed by the buyer in the course of normal use before he discovered or ought to have discovered the lack of conformity.

Article 83
　A buyer who has lost the right to declare

前条の規定に従い契約の解除の意思表示をする権利又は売主に代替品の引渡しを請求する権利を失った買主であっても、契約又はこの条約に基づく他の救済を求める権利を保持する。

第84条
(1) 売主は、代金を返還する義務を負う場合には、代金が支払われた日からの当該代金の利息も支払わなければならない。
(2) 買主は、次の場合には、物品の全部又は一部から得たすべての利益を売主に対して返還しなければならない。
  (a) 買主がが物品の全部又は一部を返還しなければならない場合
  (b) 買主が物品の全部若しくは一部を返還することができない場合又は受け取った時と実質的に同じ状態で物品の全部若しくは一部を返還することができない場合において、契約の解除の意思表示をし、又は売主に代替品の引渡しを請求したとき。

第6節 物品の保存
第85条
買主が物品の引渡しの受領を遅滞した場合又は代金の支払と物品の引渡しとが同時に行われなければならず、かつ、買主がその代金を支払っていない場合において、売主がその物品を占有しているとき又は他の方法によりその処分を支配することができるときは、売主は、当該物品を保存するため、状況に応じて合理的な措置をとらなければならない。売主は、自己の支出した合理的な費用について買主から償還を受けるまで、当該物品を保持することができる。

第86条
(1) 買主は、物品を受け取った場合において、当該物品を拒絶するために契約又はこの条約に基づく権利を行使する意図を有するときは、当該物品を保存するため、状況に応じて合理的な措置をとらなければならない。買主は、自己の支出した合

the contract avoided or to require the seller to deliver substitute goods in accordance with article 82 retains all other remedies under the contract and this Convention.

Article 84

(1) If the seller is bound to refund the price, he must also pay interest on it, from the date on which the price was paid.
(2) The buyer must account to the seller for all benefits which he has derived from the goods or part of them:
(a) if he must make restitution of the goods or part of them; or
(b) if it is impossible for him to make restitution of all or part of the goods or to make restitution of all or part of the goods substantially in the condition in which he received them, but he has nevertheless eclared the contract avoided or required the seller to deliver substitute goods.

Section VI. Preservation of the goods
Article 85

If the buyer is in delay in taking delivery of the goods or, where ayment of the price and delivery of the goods are to be made concurrently, if he fails to pay the price, and the seller is either in possession of the goods or otherwise able to control their disposition, the seller must take such steps as are reasonable in the circumstances to preserve them. He is entitled to retain them until he has been reimbursed his reasonable expenses by the buyer.

Article 86

(1) If the buyer has received the goods and intends to exercise any right under the contract or this Convention to reject them, he must take such steps to preserve them as are reasonable in the circumstances. He is entitled to retain them until he has been reimbursed his reasonable expenses by the seller.

理的な費用について売主から償還を受けるまで、当該物品を保持することができる。
(2) 買主に対して送付された物品が仕向地で買主の処分にゆだねられた場合において、買主が当該物品を拒絶する権利を行使するときは、買主は、売主のために当該物品の占有を取得しなければならない。ただし、代金を支払うことなく、かつ、不合理な不便又は不合理な費用を伴うことなしに占有を取得することができる場合に限る。この規定は、売主又は売主のために物品を管理する権限を有する者が仕向地に存在する場合には、適用しない。買主がこのの規定に従い物品の占有を取得する場合には、買主の権利及び義務は、の規定によって規律される。

第87条
物品を保存するための措置をとる義務を負う当事者は、相手方の費用負担により物品を第三者の倉庫に寄託することができる。ただし、それに関して生ずる費用が不合理でない場合に限る。

第88条
(1) 第85条又は第86条の規定に従い物品を保存する義務を負う当事者は、物品の占有の取得若しくは取戻し又は代金若しくは保存のための費用の支払を相手方が不合理に遅滞する場合には、適切な方法により当該物品を売却することができる。ただし、相手方に対し、売却する意図について合理的な通知を行った場合に限る。
(2) 物品が急速に劣化しやすい場合又はその保存に不合理な費用を伴う場合には、第85条又は第86条の規定に従い物品を保存する義務を負う当事者は、物品を売却するための合理的な措置をとらなければならない。当該当事者は、可能な限り、相手方に対し、売却する意図を通知しなければならない。
物品を売却した当事者は、物品の保存及び

(2) If goods dispatched to the buyer have been placed at his disposal at their destination and he exercises the right to reject them, he must take possession of them on behalf of the seller, provided that this can be done without payment of the price and without unreasonable nconvenience or unreasonable expense. This provision does not apply if the seller or a person authorized to take charge of the goods on his behalf is present at the estination. If the buyer takes possession of the goods under this aragraph, his rights and obligations are governed by the receding paragraph.

Article 87
A party who is bound to take steps to preserve the goods may deposit them in a warehouse of a third person at the expense of the other party provided that the expense incurred is not unreasonable.

Article 88
(1) A party who is bound to preserve the goods in accordance with article 85 or 86 may sell them by any appropriate means if there has been an nreasonable delay by the other party in taking possession of the goods or in taking them back or in paying the price or the cost of preservation, provided that reasonable notice of the intention to sell has been given to the other party.

(2) If the goods are subject to rapid deterioration or their preservation would involve unreasonable expense, a party who is bound to preserve the goods in accordance with article 85 or 86 must take reasonable measures to sell them. To the extent possible he must give notice to the other party of his intention to sell.

(3) A party selling the goods has the right to retain out of the proceeds of sale an amount equal to the reasonable expenses of preserving the goods and of selling them. He

売却に要した合理的な費用に等しい額を売却代金から控除して保持する権利を有する。当該当事者は、その残額を相手方に対して返還しなければならない。

第4部　最終規定
第89条
国際連合事務総長は、ここに、この条約の寄託者として指名される。

第90条
この条約は、既に発効し、又は今後発効する国際取極であって、この条約によって規律される事項に関する規定を含むものに優先しない。ただし、当事者双方が当該国際取極の締約国に営業所を有する場合に限る。

第91条
(1)　この条約は、国際物品売買契約に関する国際連合会議の最終日に署名のために開放し、1981年9月30日まで、ニューヨークにある国際連合本部において、すべての国による署名のために開放しておく。
(2)　条約は、署名国によって批准され、受諾され、又は承認されなければならない。
(3)　この条約は、署名のために開放した日から、署名国でないすべての国による加入のために開放しておく。
(4)　批准書、受諾書、承認書及び加入書は、国際連合事務総長に寄託する。

第92条
(1)　締約国は、署名、批准、受諾、承認又は加入の時に、自国が第2部の規定に拘束されないこと又は第3部の規定に拘束されないことを宣言することができる。
(2)　第2部又は第3部の規定に関して(1)の規定に基づいて宣言を行った締約国は、当該宣言が適用される部によって規律される事項については、第1条(1)に規定する締約国とみなされない。

must account to the other party for the balance.

PART IV. FINAL PROVISIONS
Article 89
The Secretary-General of the United Nations is hereby designated as the depositary for this Convention.

Article 90
This Convention does not prevail over any international agreement which has already been or may be entered into and which contains rovisions concerning the matters governed by this Convention, provided that the parties have their places of business in States parties to such agreement.

Article 91
(1) This Convention is open for signature at the concluding meeting of the United Nations Conference on Contracts for the International Sale of Goods and will remain open for signature by all States at the Headquarters of the United Nations, New York until 30 September 1981.
(2) This Convention is subject to ratification, acceptance or approval by the signatory States.
(3) This Convention is open for accession by all States which are not signatory States as from the date it is open for signature. (4) Instruments of ratification, acceptance, approval and accession are to be deposited with the Secretary-General of the United Nations.

Article 92
(1) A Contracting State may declare at the time of signature, atification, acceptance, approval or accession that it will not be bound by Part II of this Convention or that it will not be bound by Part III of this Convention.
(2) A Contracting State which makes a declaration in accordance with the preceding paragraph in respect of Part II or Part III of this Convention is not to be considered a Con-

第93条
(1) 締約国は、自国の憲法に従いこの条約が対象とする事項に関してそれぞれ異なる法制が適用される2以上の地域をその領域内に有する場合には、署名、批准、受諾、承認又は加入の時に、この条約を自国の領域内のすべての地域について適用するか又は1若しくは2以上の地域についてのみ適用するかを宣言することができるものとし、いつでも別の宣言を行うことにより、その宣言を修正することができる。
(2) (1)に規定する宣言は、寄託者に通報するものとし、この条約が適用される地域を明示する。
(3) 条約がこの条の規定に基づく宣言により締約国の1又は2以上の地域に適用されるが、そのすべての地域には及んでおらず、かつ、当事者の営業所が当該締約国に所在する場合には、当該営業所がこの条約の適用される地域に所在するときを除くほか、この条約の適用上、当該営業所は、締約国に所在しないものとみなす。
(4) 締約国がに規定する宣言を行わない場合には、この条約は、当該締約国のすべての地域について適用する。

第94条
(1) この条約が規律する事項に関して同一の又は密接に関連する法規を有する2以上の締約国は、売買契約の当事者双方がこれらの国に営業所を有する場合には、この条約を当該売買契約又はその成立について適用しないことをいつでも宣言することができる。その宣言は、共同で又は相互の一方的な宣言によって行うことができる。
(2) この条約が規律する事項に関して1又は2以上の非締約国と同一の又は密接に

tracting State within paragraph (1) of article 1 of this Convention in respect of matters governed by the Part to which the declaration applies.

Article 93

(1) If a Contracting State has two or more territorial units in which, according to its constitution, different systems of law are applicable in elation to the matters dealt with in this Convention, it may, at the time of signature, ratification, acceptance, approval or accession, declare that this Convention is to extend to all its territorial units or only to one or more of them, and may amend its declaration by submitting another declaration at any time.

(2) These declarations are to be notified to the depositary and are to state expressly the territorial units to which the Convention extends. (3) If, by virtue of a declaration under this article, this Convention extends to one or more but not all of the territorial units of a Contracting State, and if the place of business of a party is located in that State, this place of business, for the purposes of this Convention, is considered not to be in a Contracting State, unless it is in a territorial unit to which the vention extends.

(4) If a Contracting State makes no declaration under paragraph (1)

of this article, the Convention is to extend to all territorial units of that State.

Article 94

(1) Two or more Contracting States which have the same or closely related legal rules on matters governed by this Convention may at any time declare that the Convention is not to apply to contracts of sale or to their formation where the parties have their places of business in those States. Such declarations may be made jointly or by reciprocal unilateral declarations.

(2) A Contracting State which has the same or closely related legal rules on matters governed by this Convention as one or more non-Contracting States may at any time de-

関連する法規を有する締約国は、売買契約の当事者双方がこれらの国に営業所を有する場合には、この条約を当該売買契約又はその成立について適用しないことをいつでも宣言することができる。
(3) (2)の規定に基づく宣言の対象である国がその後に締約国となった場合には、当該宣言は、この条約が当該締約国について効力を生じた日から、の規定に基づく宣言としての効力を有する。ただし、当該締約国が当該宣言に加わり、又は相互の一方的な宣言を行った場合に限る。

第95条
いずれの国も、批准書、受諾書、承認書又は加入書の寄託の時に、第1条を宣言することができる。

第96条
売買契約が書面によって締結され、又は証明されるべきことを自国の法令に定めている締約国は、売買契約、合意によるその変更若しくは終了又は申込み、承諾その他の意思表示を書面による方法以外の方法で行うことを認める第11条、第29条又は第2部のいかなる規定も、当事者のいずれかが当該締約国に営業所を有する場合には第12条の規定に従って適用しないことを、いつでも宣言することができる。

第97条
(1) 署名の時にこの条約に基づいて行われた宣言は、批准、受諾又は承認の時に確認されなければならない。
(2) 宣言及びその確認は、書面によるものとし、正式に寄託者に通報する。
(3) 宣言は、それを行った国について、この条約の効力発生と同時にその効力を生ずる。ただし、寄託者がこの条約の効力発生後に正式の通報を受領した宣言は、寄託者がそれを受領した日の後6箇月の期間が満了する日の属する月の翌月の初日

clare that the Convention is not to apply to contracts of sale or to their formation where the parties have their places of business in those States.

(3) If a State which is the object of a declaration under the preceding paragraph subsequently becomes a Contracting State, the declaration made will, as from the date on which the Convention enters into force in respect of the new Contracting State, have the effect of a declaration made under paragraph (1), provided that the new Contracting State joins in such eclaration or makes a reciprocal unilateral declaration.

Article 95

Any State may declare at the time of the deposit of its instrument of ratification, acceptance, approval or accession that it will not be bound by subparagraph (1)(b) of article 1 of this Convention.

Article 96

A Contracting State whose legislation requires contracts of sale to be concluded in or evidenced by writing may at any time make a declaration in accordance with article 12 that any provision of article 11, article 29, or Part II of this Convention, that allows a contract of sale or its modification or termination by agreement or any offer, acceptance, or other indication of intention to be made in any form other than in writing, does not apply where any party has his place of business in that State.

Article 97

(1) Declarations made under this Convention at the time of signature are subject to confirmation upon ratification, acceptance or approval.

(2) Declarations and confirmations of declarations are to be in writing and be formally notified to the depositary.

(3) A declaration takes effect simultaneously with the entry into force of this Convention in respect of the State concerned. However, a declaration of which the depositary receives formal notification after such entry into force takes effect on the first day of

に効力を生ずる。第94条の規定に基づく相互の一方的な宣言は、寄託者が最も遅い宣言を受領した日の後6箇月の期間が満了する日の属する月の翌月の初日に効力を生ずる。

(4) この条約に基づく宣言を行った国は、寄託者にあてる書面による正式の通告により、当該宣言をいつでも撤回することができる。その撤回は、寄託者が当該通告を受領した日の後6箇月の期間が満了する日の属する月の翌月の初日に効力を生ずる。

(5) 第94条の規定に基づいて行われた宣言の撤回は、その撤回が効力を生ずる日から、同条の規定に基づいて行われた他の国による相互の宣言の効力を失わせる。

第98条

この条約において明示的に認められた留保を除くほか、いかなる留保も認められない。

第99条

(1) この条約は、(6)の規定に従うことを条件として、第10番目の批准書、受諾書、承認書又は加入書(第92条の規定に基づく宣言を伴うものを含む。)が寄託された日の後12箇月の期間が満了する日の属する月の翌月の初日に効力を生ずる。

(2) いずれかの国が、第10番目の批准書、受諾書、承認書又は加入書の寄託の後に、この条約を批准し、受諾し、承認し、又はこれに加入する場合には、この条約(適用が排除される部を除く。)は、の規定に従うことを条件として、当該国の批准書、受諾書、承認書又は加入書が寄託された日の後12箇月の期間が満了する日の属する月の翌月の初日に当該国について効力を生ずる。

(3) 164年7月1日にハーグで作成された国際物品売買契約の成立についての統一法に関する条約(1964年ハーグ成立条約)及

the month following the expiration of six months after the date of its receipt by the depositary. Reciprocal unilateral declarations under article 94 take effect on the first day of the month ollowing the piration of six months after the receipt of the latest eclaration by the depositary.

(4) Any State which makes a declaration under this Convention may withdraw it at any time by a formal notification in writing addressed to the depositary. Such withdrawal is to take effect on the first day of the month following the expiration of six months after the date of the receipt of the notification by the depositary.

(5) A withdrawal of a declaration made under article 94 renders noperative, as from the date on which the withdrawal takes effect, any eciprocal declaration made by another State under that article.

Article 98

No reservations are permitted except those expressly authorized in this Convention.

Article 99

(1) This Convention enters into force, subject to the provisions of aragraph (6) of this article, on the first day of the month following the xpiration of twelve months after the date of deposit of the tenth instrument of ratification, acceptance, approval or accession, including an instrument which contains a declaration made under article 92.

(2) When a State ratifies, accepts, approves or accedes to this vention after the deposit of the tenth instrument of ratification, acceptance, approval or accession, this Convention, with the exception of the Part xcluded, enters into force in respect of that State, subject to the provisions of paragraph (6) of this article, on the first day of the month following the expiration of twelve months after the date of the deposit of its instrument of ratification, acceptance, approval or accession.

(3) A State which ratifies, accepts, approves or accedes to this onvention and is a

び1964年7月1日にハーグで作成された国際物品売買についての統一法に関する条約（1964年ハーグ売買条約）のいずれか一方又は双方の締約国であって、この条約を批准し、受諾し、承認し、又はこれに加入するものは、その批准、受諾、承認又は加入の時に、オランダ政府に通告することにより、場合に応じて1964年ハーグ成立条約及び1964年ハーグ売買条約のいずれか一方又は双方を廃棄する。

(4) 1964年ハーグ売買条約の締約国であって、この条約を批准し、受諾し、承認し、又はこれに加入し、及び第92条の規定に基づき第2部の規定に拘束されないことを宣言する、又は宣言したものは、その批准、受諾、承認又は加入の時に、オランダ政府に通告することにより、1964年ハーグ売買条約を廃棄する。

(5) 1964年ハーグ成立条約の締約国であって、この条約を批准し、受諾し、承認し、又はこれに加入し、及び第92条の規定に基づき第3部の規定に拘束されないことを宣言する、又は宣言したものは、その批准、受諾、承認又は加入の時に、オランダ政府に通告することにより、1964年ハーグ成立条約を廃棄する。

(6) この条の規定の適用上、1964年ハーグ成立条約又は1964年ハーグ売買条約の締約国によるこの条約の批准、受諾、承認又はこれへの加入は、これらの2条約について当該締約国に求められる廃棄の通告が効力を生ずる時まで、その効力を生じない。この条約の寄託者は、この点に関して必要な調整を確保するため、当該2条約の寄託者であるオランダ政府と協議する。

第100条

party to either or both the Convention relating to a Uniform Law on the Formation of Contracts for the International Sale of Goods done at The Hague on 1 July 1964 (1964 Hague Formation onvention) and the Convention relating to a Uniform Law on the nternational Sale of Goods done at The Hague on 1 July 1964 (1964 Hague Sales Convention) shall at the same time denounce, as the case may be, either or both the 1964 Hague Sales Convention and the 1964 Hague ormation Convention by otifying the Government of the Netherlands to that effect.

(4) A State party to the 1964 Hague Sales Convention which ratifies, accepts, approves or accedes to the present Convention and declares or has declared under article 92 that it will not be bound by Part II of this onvention shall at the time of ratification, acceptance, approval or accession denounce the 1964 Hague Sales Convention by notifying the Government of the etherlands to that effect.

(5) A State party to the 1964 Hague Formation Convention which ratifies, accepts, approves or accedes to the present Convention and declares or has declared under article 92 that it will not be bound by Part III of this Convention shall at the time of ratification, acceptance, approval or accession denounce the 1964 Hague Formation Convention by notifying the overnment of the Netherlands to that effect.

(6) For the purpose of this article, ratifications, acceptances, pprovals and accessions in respect of this Convention by States parties to the 1964 Hague Formation Convention or to the 1964 Hague Sales Convention shall not be effective until such denunciations as may be required on the part of those States in respect of the latter two Conventions have themselves become effective. The depositary of this Convention shall consult with the overnment of the Netherlands, as the depositary of the 1964 Conventions, so as to ensure necessary coordination in this respect.

Article 100

(1) この条約は、第1条(1)(a)に規定する双方の締約国又は同条(1)(b)に規定する締約国についてこの条約の効力が生じた日以後に契約を締結するための申入れがなされた場合に限り、その契約の成立について適用する。
(2) この条約は、第1条(1)(a)に規定する双方の締約国又は同条(1)(b)に規定する締約国についてこの条約の効力が生じた日以後に締結された契約についてのみ適用する。

第101条
(1) 締約国は、寄託者にあてた書面による正式の通告により、この条約又は第2部若しくは第3部のいずれかを廃棄することができる。
(2) 廃棄は、寄託者がその通告を受領した後12箇月の期間が満了する日の属する月の翌月の初日に効力を生ずる。当該通告において廃棄の効力発生につき一層長い期間が指定されている場合には、廃棄は、寄託者が当該通告を受領した後その一層長い期間が満了した時に効力を生ずる。

1980年4月11日にウィーンで、ひとしく正文であるアラビア語、中国語、英語、フランス語、ロシア語及びスペイン語により原本1通を作成した。

以上の証拠として、下名の全権委員は、各自の政府から正当に委任を受けてこの条約に署名した。

(1) This Convention applies to the formation of a contract only when the proposal for concluding the contract is made on or after the date when the Convention enters into force in respect of the Contracting States referred to in subparagraph (1)(a) or the Contracting State referred to in subparagraph (1)(b) of article 1.

(2) This Convention applies only to contracts concluded on or after the date when the Convention enters into force in respect of the Contracting States referred to in subparagraph (1)(a) or the Contracting State referred to in subparagraph (1)(b) of article 1.

Article 101

(1) A Contracting State may denounce this Convention, or Part II or Part III of the Convention, by a formal notification in writing addressed to the depositary.

(2) The denunciation takes effect on the first day of the month ollowing the expiration of twelve months after the notification is received by the epositary. Where a longer period for the denunciation to take effect is specified in the notification, the denunciation takes effect upon the expiration of such longer period after the notification is received by the depositary.

DONE at Vienna, this day of eleventh day of April, one thousand nine hundred and eighty, in a single original, of which the Arabic, Chinese, nglish, French, Russian and Spanish texts are equally authentic.

IN WITNESS WHEREOF the undersigned plenipotentiaries, being duly uthorized by their respective Governments, have signed this Convention.

Ⅲ　インコタームズ®2010

FCA（運送人渡）

A　売主の義務

A1　売主の一般的義務

売主は、売買契約に合致した物品および商業送り状、ならびに、契約で要求されている、契約に合致している旨のその他の証拠を提供しなければならない。

A1－A10に言及されているいかなる書類も、当事者間で合意されているか、または、慣習となっている場合には、同等の電子記録または手続きで差し支えない。

A2　許可、認可、安全確認およびその他の手続き

適用できる場合には、売主は、自己の危険および費用により、物品の輸出に必要な輸出許可その他の公式の認可を取得し、かつ、一切の通関手続きを遂行しなければならない。

A3　運送および保険契約

a）　運送契約

売主は、買主に対して、運送契約を締結する義務を負わない。しかしながら、買主に依頼された場合、または、商慣習があり、かつ、買主がしかるべき期間内に反対の指図をしない場合には、売主は、買主の危険と費用により、通常の条件による運送契約を締

B　買主の義務

B1　買主の一般的義務

買主は、売買契約に規定されているように、物品の代金を支払わなければならない。

B1－B10に言及されているいかなる書類も、当事者間で合意されているか、または、慣習となっている場合には、同等の電子記録または手続きで差し支えない。

B2　許可、認可、安全確認およびその他の手続き

適用できる場合には、自己の危険と費用により、輸入許可その他の公式の認可を取得し、かつ、物品の輸入のため、および、いずれかの国を通過して物品を輸送するために、一切の通関手続きを遂行するのは、買主の義務である。

B3　運送および保険契約

a）　運送契約

買主は、自己の費用により、引渡指定地からの物品の運送契約を締結しなければならない。ただし、運送契約がA3 a）に規定されているように売主によって締結される場合を除く。

結することができる。いずれの場合にも、売主は契約の締結を拒絶できるが、その場合には、迅速に買主に通知しなければならない。

b) 保険契約
売主は、買主に対して、保険契約を締結する義務を負わない。しかしながら、売主は、買主の依頼、危険および費用（もしあれば）により、買主が保険を取得するために必要な情報を買主に提供しなければならない。

A 4　引渡し
売主は、合意された期日または合意された期間内に、指定地における合意された地点が、もしあれば、その地点において、買主によって指名された運送人またはその他の者に物品を引渡さなければならない。

引渡しは、次の時に完了する。
a) 指定地が売主の施設であれば、物品が買主によって提供された輸送手段に積込まれた時。

b) その他の場合には、物品が、荷おろしの準備ができている売主の輸送手段の上で、買主によって指名された運送人またはその他の者の処分に委ねられた時。

特定の地点が、指定引渡地内でB 7 d)に従い買主によって通知されておらず、かつ、いくつかの地点が利用できる場合には、売主は、自己の目的に最も適した地点を選択することができる。

買主が売主に別段の通知をしなければ、売主は、物品の数量および／また

b) 保険契約
買主は、売主に対して、保険契約を締結する義務を負わない。

B 4　引渡しの受取り
買主は、物品がA 4で想定されているように引渡された時、物品の引渡しを受取らなければならない。

は性質が必要とする方法で、運送のために物品を引渡すことができる。

A5　危険の移転

売主は、B5で述べられている状況における滅失または損傷を例外として、物品がA4に従って引渡されるまで、物品の滅失または損傷の一切の危険を負担する。

B5　危険の移転

買主は、物品がA4で想定されているように引渡された時から、物品の滅失または損傷の一切の危険を負担する。

もし
a)　買主が、A4で想定されているように運送人またはその他の者の指名をB7に従って通知せず、もしくは、通知を与えない場合、または

b)　A4で想定されているように買主によって指名された運送人もしくはその他の者が、物品を引取らない場合には、

買主は、次の時から、物品の滅失または損傷の一切の危険を負担する。
(i)　合意された期日から、または、合意された期日がない場合には、
(ii)　合意された期間内でA7の下で売主によって通知された日から、または、かかる日が通知されなかった場合には、
(iii)　引渡しのために合意された期間の満了日から。

ただし、物品が約定品として明瞭に特定されていることを条件とする。

A6　費用の分担

売主は、次の費用を支払わなければならない。
a)　B6で想定されているように買主によって支払われるもの以外の、物品がA4に従って引渡されるまでの、物品に関する一切の費用、および

B6　費用の分担

買主は、次の費用を支払わなければならない。
a)　物品がA4で想定されているように引渡された時から、物品に関する一切の費用。ただし、適用できる場合には、A6 b)で言及されている

b) 適用できる場合には、輸出に必要な通関手続きの費用、ならびに、輸出に際して支払われる一切の関税、税金その他の諸掛。

ように、輸出のために必要な通関手続きの費用、ならびに、輸出に際して支払われる一切の関税、税金その他の諸掛を除く。

b) 次の理由で生じる追加費用。
(i) 買主が、Ａ４で想定されているように運送人もしくはその他の者を指名しない場合、または
(ii) Ａ４で想定されているように買主によって指名された運送人もしくはその他の者が、物品を引取らない場合、または
(iii) 買主が、Ｂ７に従って適切な通知を与えない場合。

ただし、物品が約定品として明瞭に特定されていることを条件とする。

c) 適用できる場合には、物品の輸入に際して支払われる一切の関税、税金その他の諸掛、ならびに、通関手続きを遂行する費用、および、いずれかの国を通過して物品を輸送する費用。

Ａ７　買主への通知

売主は、買主の危険と費用により、物品がＡ４に従って引渡された旨、または、買主によって指名された運送人またはその他の者が合意された期限内に物品を受取らなかった旨の、十分な通知を買主に与えなければならない。

Ｂ７　売主への通知

買主は、次の事項について売主に通知しなければならない。

a) 売主が同項に従って物品を引渡すことを可能にする十分な時間内に、Ａ４で想定されているように指名された運送人またはその他の者の名称。

b) 必要な場合には、指名された運送人またはその他の者が物品を引取る、引渡しのために合意された期間内の選択された時期。

c) 指名された者によって使用され

る輸送手段、および

d) 指定地内の引渡しを受取る地点。

A 8　引渡書類
　　　売主は、自己の費用により、物品がA4に従って引渡された旨の通常の証拠を買主に提供しなければならない。

　　　売主は、買主の依頼、危険および費用により、運送書類を取得するに当たり、買主に助力を与えなければならない。

B 8　引渡しの証拠
　　　買主は、A8で想定されているように提供された引渡しの証拠を受理しなければならない。

A 9　照合—包装—荷印
　　　売主は、A4に従って物品を引渡すために必要な照合作業（品質、容積、重量、個数の照合など）の費用、ならびに、輸出国の当局によって命じられる船積前検査の費用を支払わなければならない。

　　　売主は、売買されたタイプの物品を包装なしで輸送するのが特定の取引で通常でない限り、自己の費用により物品を包装しなければならない。売主は、買主が売買契約の締結前に特定の包装条件を売主に通知しなければ、物品をその輸送に適した方法で包装することができる。包装には、適当に荷印を付すものとする。

B 9　物品の検査
　　　買主は、強制的な船積前検査の費用を支払わなければならない。ただし、かかる検査が輸出国の当局によって命じられる場合を除く。

A 10　情報による助力および関連費用
　　　売主は、適用できる場合には、タイムリーな方法で、買主の依頼、危険および費用により、買主が、物品の輸入のために、および／または、物品の最終仕向地への輸送のために必要とする、安全に関連した情報を含む書類および情報を買主に提供し、または、買主のために取得するに当たり、助力を

B 10　情報による助力および関連費用
　　　買主は、タイムリーな方法で、売主がA10に従うことができるように、安全情報の必要条件を売主に通知しなければならない。

　　　買主は、A10で想定されているように書類および情報を提供し、または、その取得に当たり助力を与えるに際

付属書類

与えなければならない。

売主は、B10で想定されているように書類および情報を提供し、または、その取得に当たり助力を与えるに際し、買主が負担した一切の費用および諸掛を買主に弁済しなければならない。

し、売主が負担した一切の費用および諸掛を売主に弁済しなければならない。

買主は、適用できる場合には、タイムリーな方法で、売主の依頼、危険および費用により、売主が、物品の輸送および輸出のため、ならびに、いずれかの国を通過して物品を輸送するために必要とする、安全に関連した情報を含む書類および情報を売主に提供し、または、売主のために取得するに当たり助力を与えなければならない。

CPT（輸送費込）

A 売主の義務

A1 売主の一般的義務

売主は、売買契約に合致した物品および商業送り状、ならびに、契約で要求されている、契約に合致している旨のその他の証拠を提供しなければならない。

A1－A10に言及されているいかなる書類も、当事者間で合意されているか、または、慣習となっている場合には、同等の電子記録または手続きで差し支えない。

A2 許可、認可、安全確認およびその他の手続き

適用できる場合には、売主は、自己の危険と費用により、物品の輸出のため、および、引渡しに先立っていずれかの国を通過して物品を輸送するために必要な輸出許可その他の公式の認可を取得し、かつ、一切の通関手続きを遂行しなければならない。

A3 運送および保険契約

B 買主の義務

B1 買主の一般的義務

買主は、売買契約に規定されているように、物品の代金を支払わなければならない。

B1－B10に言及されているいかなる書類も、当事者間で合意されているか、または、慣習となっている場合には、同等の電子記録または手続きで差し支えない。

B2 許可、認可、安全確認およびその他の手続き

適用できる場合には、自己の危険と費用により、物品の輸入のため、および、いずれかの国を通過して物品を輸送するために、輸入許可その他の公式の認可を取得し、かつ、一切の通関手続きを遂行するのは、買主の義務である。

B3 運送および保険契約

a) 運送契約
売主は、引渡地において合意された引渡地点が、もしあれば、その地点から、指定仕向地、または、もし合意されていれば、その仕向地におけるいずれかの地点までの、物品の運送契約を締結するか、または、調達しなければならない。運送契約は、売主の費用により通常の条件で締結されなければならず、また、通常の航路により、かつ、慣習的な方法での運送を規定していなければならない。もし特定の地点が合意されておらず、または、慣習によって決まっていない場合には、売主は、自己の目的に最も適した引渡地点および指定仕向地の地点を選択することができる。

b) 保険契約
売主は、買主に対して、保険契約を締結する義務を負わない。しかしながら、売主は、買主の依頼、危険および費用（もしあれば）により、買主が保険を取得するために必要とする情報を買主に提供しなければならない。

A4 引渡し
売主は、合意された期日、または、合意された期間内に、A3に従って契約した運送人に物品を引渡すことによって、物品を引渡さなければならない。

A5 危険の移転
売主は、B5で述べられている状況における滅失または損傷を例外として、物品がA4に従って引渡されるまで、物品の滅失または損傷の一切の危険を負担する。

a) 運送契約
買主は、売主に対して、運送契約を締結する義務を負わない。

b) 保険契約
買主は、売主に対して、保険契約を締結する義務を負わない。しかしながら、買主は、依頼があれば、保険を取得するために必要な情報を売主に提供しなければならない。

B4 引渡しの受取り
買主は、物品がA4で想定されているように引渡された時、物品の引渡しを受取り、かつ、指定仕向地において運送人から物品を受領しなければならない。

B5 危険の移転
買主は、物品がA4で想定されているように引渡された時から、物品の滅失または損傷の一切の危険を負担する。

買主が、B7に従って通知を与えない場合には、買主は、引渡しのために

241

合意された期日または合意された期間の満了日から、物品の滅失または損傷の一切に危険を負担しなければならない。ただし、物品が約定品として明瞭に特定されていることを条件とする。

A6　費用の分担
売主は、次の費用を支払わなければならない。
a)　B6で想定されているように買主によって支払われるもの以外の、物品がA4に従って引渡されるまでの、物品に関する一切の費用。

b)　物品を積込む費用、および、運送契約で売主の勘定とされた、仕向地における荷おろしの諸掛を含めて、A3a)から生じる運賃その他の一切の費用、および

c)　適用できる場合には、輸出に必要な通関手続きの費用、ならびに、輸出に際して支払われる一切の関税、税金その他の諸掛、および、運送契約で売主の勘定とされた、いずれかの国を通過して物品を輸送するための費用。

B6　費用の分担
買主は、A3a)の規定には従うが、次の費用を支払わなければならない。
a)　物品がA4で想定されているように引渡された時から、物品に関する一切の費用。ただし、適用できる場合には、A6c)で言及されているように、輸出に必要な通関手続きの費用、ならびに、輸出に際して支払われる一切の関税、税金その他の諸掛を除く。

b)　かかる費用および諸掛が、運送契約の下で売主の勘定とされていなければ、合意された仕向地に物品が到着するまでの輸送中における物品に関する一切の費用および諸掛。

c)　かかる費用が、運送契約の下で売主の勘定とされていなければ、荷おろしの費用。

d)　物品が約定品として明瞭に特定されていることを条件として、出荷のために合意された期日または合意された期間の満了日から、買主がB7に従って通知を与えない場合に生ずる追加費用、および

e)　適用できる場合には、物品の輸入に際して支払われる一切の関税、

税金その他の諸掛、ならびに、通関手続きを遂行する費用、および、運送契約の費用の中に含まれていなければ、いずれかの国を通過して物品を輸送するための費用。

A7 買主への通知

売主は、物品がA4に従って引渡された旨を買主に通知しなければならない。

売主は、買主が物品を受取ることを可能にするため、買主が通常必要な措置を講ずることができるように、必要な通知を買主に与えなければならない。

B7 売主への通知

買主は、物品の出荷の時期、および／または、指定仕向地、もしくは、その仕向地内で物品を受領する地点を決定する権利を持っている場合にはいつでも、売主にそれについて十分な通知を与えなければならない。

A8 引渡書類

慣習があるか、または、買主の依頼があれば、売主は、自己の費用により、A3に従って契約された輸送のための通常の運送書類を買主に提供しなければならない。

この運送書類は、契約の物品に対して発行され、かつ、船積みのために合意された期間内の日付を付されていなければならない。合意があるか、または、慣習がある場合には、この書類は、また、買主が指定仕向地で運送人に物品の引渡しを請求することを可能にし、かつ、買主が、次の買主にその書類を譲渡することによって、または、運送人への通知によって、輸送中の物品を転売することを可能にするものでなければならない。

かかる運送書類が、譲渡可能な形式で、かつ、正本が数通発行された場合には、正本全通が買主に提供されなければならない。

B8 引渡しの証拠

買主は、もし契約に合致していれば、A8で想定されているように提供された運送書類を受理しなければならない。

A 9　照合—包装—荷印

売主は、A 4に従って物品を引渡すために必要な照合作業（品質、容積、重量、個数の照合など）の費用、ならびに、輸出国の当局によって命じられる船積前検査の費用を支払わなければならない。

売主は、売買されたタイプの物品を包装なしで輸送するのが特定の取引で通常でない限り、自己の費用により物品を包装しなければならない。売主は、買主が売買契約の締結前に特定の包装条件を売主に通知しなければ、物品をその輸送に適した方法で包装することができる。包装には、適当に荷印を付すものとする。

A 10　情報による助力および関連費用

売主は、適用できる場合には、タイムリーな方法で、買主の依頼、危険および費用により、買主が、物品の輸入のため、および／または、最終仕向地への物品の輸送のために必要とする、安全に関連した情報を含む書類および情報を買主に提供し、または、買主のために取得するに当たり、助力を与えなければならない。

売主は、B10で想定されているように書類および情報を提供し、または、その取得に当たり助力を与えるに際し、買主が負担した一切の費用および諸掛を買主に弁済しなければならない。

B 9　物品の検査

買主は、いかなる強制的な船積前検査の費用も支払わなければならない。ただし、かかる検査が輸出国の当局によって命じられる場合を除く。

B 10　情報による助力および関連費用

買主は、タイムリーな方法で、売主がA10に従うことができるように、安全情報の必要条件を売主に通知しなければならない。

買主は、A10で想定されているように書類および情報を提供し、または、その取得に当たり助力を与えるに際し、売主が負担した一切の費用および諸掛を売主に弁済しなければならない。

買主は、適用できる場合には、タイムリーな方法で、売主の依頼、危険および費用により、売主が、物品の輸送および輸出のため、ならびに、いずれかの国を通過して物品を輸送するために必要とする、安全に関連した情報を含む書類および情報を売主に提供し、または、売主のために取得するに当たり助力を与えなければならない。

CIP (輸送費保険料込)

A 売主の義務

A1 売主の一般的義務
売主は、売買契約に合致した物品および商業送り状、ならびに、契約で要求されている、契約に合致している旨のその他の証拠を提供しなければならない。

A1－A10に言及されているいかなる書類も、当事者間で合意されているか、または、慣習となっている場合には、同等の電子記録または手続きで差し支えない。

A2 許可、認可、安全確認およびその他の手続き
適用できる場合には、売主は、自己の危険と費用により、物品の輸出のため、および、引渡しに先立っていずれかの国を通過して物品を輸送するために必要な輸出許可その他の公式の認可を取得し、かつ、一切の通関手続きを遂行しなければならない。

A3 運送および保険契約
a) 運送契約
売主は、引渡地における合意された引渡地点が、もしあれば、その地点から、指定仕向地、または、もし合意されていれば、その仕向地におけるいずれかの地点までの、物品の運送契約を締結するか、または、調達しなければならない。この運送契約は、売主の費用により通常の条件で締結されなければならず、また、通常の航路により、かつ、慣習的な方法での運送を規定していなければならない。もし特定の地点が合意されておらず、または、慣習によって決まっていな

B 買主の義務

B1 買主の一般的義務
買主は、売買契約に規定されているように、物品の代金を支払わなければならない。

B1－B10に言及されているいかなる書類も、当事者間で合意されているか、または、慣習となっている場合には、同等の電子記録または手続きで差し支えない。

B2 許可、認可、安全確認およびその他の手続き
適用できる場合には、自己の危険と費用により、物品の輸入のため、および、いずれかの国を通過して物品を輸送するために、輸入許可その他の公式の認可を取得し、かつ、一切の通関手続きを遂行するのは、買主の義務である。

B3 運送および保険契約
a) 運送契約
買主は、売主に対して、運送契約を締結する義務を負わない。

245

い場合には、売主は、自己の目的に最も適した引渡地点および指定仕向地の地点を選択することができる。

b) 保険契約
売主は、自己の費用により、少なくとも協会貨物約款（ロイズ市場協会／ロンドン国際保険業者協会）の(C)条件または同種の約款によって規定されている、最低限の補償範囲を満たす貨物保険を取得しなければならない。この保険は、信頼のおける保険業者または保険会社と契約されるべきであり、かつ、物品に対する被保険利益を持つ買主その他の者に、直接保険金を保険者に請求する権利を与えるものでなければならない。

買主によって要求された場合には、売主は、買主が売主によって依頼された必要な情報を提供することを条件として、もし取得できれば、協会貨物約款（ロイズ市場協会／ロンドン国際保険業者協会）の(A)または(B)条件もしくは同種の約款によって規定されているような補償範囲、および／または、協会戦争約款および／または協会ストライキ約款（ロイズ市場協会／ロンドン国際保険業者協会）もしくは同種の約款に従う補償範囲などの、追加補償を買主の費用で提供すべきである。

この保険は、最低でも、契約で定められている価格プラス10％（すなわち110％）を補償すべきであり、かつ、契約の通貨によるべきである。

この保険は、Ａ４およびＡ５に示されている引渡地点から、少なくとも指定仕向地まで、物品を補償すべき

b) 保険契約
買主は、売主に対して、保険契約を締結する義務を負わない。しかしながら、買主は、依頼があれば、Ａ３ b)で想定されているように売主が買主によって依頼された追加保険を取得するために必要な情報を売主に提供しなければならない。

である。

売主は、保険証券または保険による補償についてのその他の証拠を買主に提供しなければならない。

さらに、売主は、買主の依頼、危険および費用（もしあれば）により、買主が追加の保険を取得するために必要とする情報を買主に提供しなければならない。

A4 引渡し
売主は、合意された期日、または、合意された期間内に、A3に従って契約した運送人に物品を引渡すことによって、物品を引渡さなければならない。

A5 危険の移転
売主は、B5で述べられている状況における滅失または損傷を例外として、物品がA4に従って引渡されるまで、物品の滅失または損傷の一切の危険を負担する。

A6 費用の分担
売主は、次の費用を支払わなければならない。
a) B6で想定されているように買主によって支払われるもの以外の、物品がA4に従って引渡されるまでの、物品に関する一切の費用。

B4 引渡しの受取り
買主は、物品がA4で想定されているように引渡された時、物品の引渡しを受取り、かつ、指定仕向地において運送人から物品を受領しなければならない。

B5 危険の移転
買主は、物品がA4で想定されているように引渡された時から、物品の滅失または損傷の一切の危険を負担する。

買主が、B7に従って通知を与えない場合には、買主は、引渡しのために合意された期日または合意された期間の満了日から、物品の滅失または損傷の一切の危険を負担しなければならない。ただし、物品が約定品として明瞭に特定されていることを条件とする。

B6 費用の分担
買主は、A3 a)の規定には従うが、次の費用を支払わなければならない。
a) 物品がA4で想定されているように引渡された時から、物品に関する一切の費用。ただし、適用できる場合には、A6 d)で言及されている

b) 物品を積込む費用、および、運送契約で売主の勘定とされた、仕向地における荷おろしの諸掛を含めて、Ａ３ a) から生じる運賃その他の一切の費用。

c) Ａ３ b) から生じる保険の費用、および

d) 適用できる場合には、輸出に必要な通関手続きの費用、ならびに、輸出に際して支払われる一切の関税、税金その他の諸掛、および、運送契約で売主の勘定とされた、いずれかの国を通過して物品を輸送する費用。

ように、輸出に必要な通関手続きの費用、ならびに、輸出に際して支払われる一切の関税、税金その他の諸掛を除く。

b) かかる費用および諸掛が、運送契約の下で売主の勘定でなければ、合意された仕向地に到着するまでの輸送中における物品に関する一切の費用および諸掛。

c) かかる費用が、運送契約の下で売主の勘定でなければ、荷おろしの費用。

d) 物品が約定品として明瞭に特定されていることを条件として、出荷のために合意された期日または合意された期間の満了日から、買主がＢ７に従って通知を与えない場合に生じる追加費用。

e) 適用できる場合には、物品の輸入に際して支払われる一切の関税、税金その他の諸掛、ならびに、通関手続きを遂行する費用、および、運送契約の費用の中に含まれていなければ、いずれかの国を通過して物品を輸送するための費用、および

f) Ａ３およびＢ３の下で買主の依頼により取得される追加保険の費用。

Ａ７　買主への通知

売主は、物品がＡ４に従って引渡された旨を買主に通知しなければならない。

売主は、買主が物品を受取ることを可能にするため、買主が通常必要な措置を講ずることができるように、

Ｂ７　売主への通知

買主は、物品の出荷の時期、および／または、指定仕向地、もしくは、その仕向地内で物品を受領する地点を決定する権利を持っている場合にはいつでも、売主にそれについて十分な通知を与えなければならない。

必要な通知を買主に与えなければならない。

A8　引渡書類

慣習があるか、または、買主の依頼があれば、売主は、自己の費用により、A3に従って契約された輸送のための通常の運送書類を買主に提供しなければならない。

この運送書類は、契約の物品に対して発行され、船積みのために合意された期間内の日付を付されていなければならない。合意があるか、または、慣習がある場合には、この書類は、また、買主が仕向地で運送人に物品の引渡しを請求することを可能にし、かつ、買主が、次の買主にその書類を譲渡することによって、または、運送人への通知によって、輸送中の物品を転売することを可能にするものでなければならない。

かかる運送書類が、譲渡可能な形式で、かつ、正本が数通発行される場合には、正本全通が買主に提供されなければならない。

A9　照合―包装―荷印

売主は、A4に従って物品を引渡すために必要な照合作業（品質、容積、重量、個数の照合など）の費用、ならびに、輸出国の当局によって命じられる船積前検査の費用を支払わなければならない。

売主は、売買されたタイプの物品を包装なしで輸送するのが特定の取引で通常でない限り、自己の費用により物品を包装しなければならない。売主は、買主が売買契約の締結前に

B8　引渡しの証拠

買主は、もし契約に合致していれば、A8で想定されているように提供された運送書類を受理しなければならない。

B9　物品の検査

買主は、いかなる強制的な船積前検査の費用も支払わなければならない。ただし、かかる検査が輸出国の当局によって命じられる場合を除く。

特定の包装条件を売主に通知しなければ、物品をその輸送に適した方法で包装することができる。包装には、適当に荷印を付すものとする。

A10　情報による助力および関連費用

売主は、適用できる場合には、タイムリーな方法で、買主の依頼、危険および費用により、買主が、物品の輸入のため、および／または、最終仕向地への物品の輸送のために必要とする、安全に関連した情報を含む書類および情報を買主に提供し、または、買主のために取得するに当たり、助力を与えなければならない。

売主は、B10で想定されているように書類および情報を提供し、または、その取得に当たり助力を与えるに際し、買主が負担した一切の費用および諸掛を買主に弁済しなければならない。

B10　情報による助力および関連費用

買主は、売主がA10に従うことができるように、タイムリーな方法で、安全情報の必要条件を売主に通知しなければならない。

買主は、A10で想定されているように書類および情報を提供し、または、その取得に当たり助力を与えるに際し、売主が負担した一切の費用および諸掛を売主に弁済しなければならない。

買主は、適用できる場合には、タイムリーな方法で、売主の依頼、危険および費用により、売主が、物品の輸送および輸出のため、ならびに、いずれかの国を通過して物品を輸送するために必要とする、安全に関連した情報を含む書類および情報を売主に提供し、または、売主のために取得するに当たり、助力を与えなければならない。

FOB（本船渡）

A　売主の義務

A1　売主の一般的義務

売主は、売買契約に合致した物品および商業送り状、ならびに、契約で要求されている、契約に合致している旨のその他の証拠を提供しなければならない。

A1－A10に言及されているいかな

B　買主の義務

B1　買主の一般的義務

買主は、売買契約に規定されているように、物品の代金を支払わなければならない。

B1－B10に言及されているいかな

る書類も、当事者間で合意されているか、または、慣習となっている場合には、同等の電子記録または手続きで差し支えない。

A 2 　許可、認可、安全確認およびその他の手続き

適用できる場合には、売主は、自己の危険と費用により、物品の輸出に必要な輸出許可その他の公式の認可を取得し、かつ、一切の通関手続きを遂行しなければならない。

A 3 　運送および保険契約

　a）　運送契約

売主は、買主に対して、運送契約を締結する義務を負わない。しかしながら、買主に依頼された場合、または、商慣習があり、かつ、買主がしかるべき期間内に反対の指図をしない場合には、売主は、買主の危険と費用により、通常の条件による運送契約を締結することができる。いずれの場合にも、売主は契約の締結を拒絶できるが、その場合には、迅速に買主に通知しなければならない。

　b）　保険契約

売主は、買主に対して、保険契約を締結する義務を負わない。しかしながら、売主は、買主の依頼、危険および費用（もしあれば）により、買主が保険を取得するために必要な情報を買主に提供しなければならない。

A 4 　引渡し

売主は、指定船積港における買主によって示された積込地点が、もしあれば、その地点において、買主によっ

る書類も、当事者間で合意されているか、または、慣習となっている場合には、同等の電子記録または手続きで差し支えない。

B 2 　許可、認可、安全確認およびその他の手続き

適用できる場合には、自己の危険と費用により、物品の輸入のため、および、いずれかの国を通過して物品を輸送するために、輸入許可その他の公式の認可を取得し、かつ、一切の通関手続きを遂行するのは、買主の義務である。

B 3 　運送および保険契約

　a）　運送契約

運送契約が、A 3 a）に規定されているように、売主によって締結される場合を除き、買主は、自己の費用により、指定船積港からの物品の運送契約を締結しなければならない。

　b）　保険契約

買主は、売主に対して、保険契約を締結する義務を負わない。

B 4 　引渡しの受取り

買主は、物品がA 4 で想定されているように引渡された時、物品の引渡しを受取らなければならない。

て指定された本船の船上に物品を置くか、または、そのように引渡された物品を調達することによって、物品を引渡さなければならない。いずれの場合にも、売主は、合意された期日、または、合意された期間内に、かつ、港における慣習的な方法で、物品を引渡さなければならない。

特定の積込地点が買主によって示されていない場合には、売主は、自己の目的に叢も適した、指定船積港内の地点を選択することができる。

A5　危険の移転

売主は、B5で述べられている状況における滅失または損傷を例外として、物品がA4に従って引渡されるまで、物品の滅失または損傷の一切の危険を負担する。

B5　危険の移転

買主は、物品がA4で想定されているように引渡された時から、物品の滅失または損傷の一切の危険を負担する。

もし
a) 買主が、B7に従って本船の指定を通知しない場合、または

b) 買主によって指定された本船が、売主がA4に従うことができるように予定通り到着せず、物品を引取ることができず、もしくは、B7に従って通知された期限よりも早く積荷を打切る場合には、

買主は、次の日から、物品の滅失または損傷の一切の危険を負担する。
(i) 合意された期日から、または、合意された期日がない場合には、
(ii) 合意された期間内で、A7の下で売主によって通知された日から、または、かかる日が通知されなかった場合には、
(iii) 引渡しのために合意された期間の満了日から。

A6　費用の分担

売主は、次の費用を支払わなければならない。

a)　B6で想定されているように買主によって支払われるもの以外の、物品がA4に従って引渡されるまでの、物品に関する一切の費用、および

b)　適用できる場合には、輸出のために必要な通関手続きの費用、ならびに、輸出に際して支払われる一切の関税、税金その他の諸掛。

A7　買主への通知

売主は、買主の危険と費用により、物品がA4に従って引渡された旨、または、本船が合意された期限内に物品を受取らなかった旨の、十分な通知を買主に与えなければならない。

B6　費用の分担

ただし、物品が約定品として明瞭に特定されていることを条件とする。

買主は、次の費用を支払わなければならない。

a)　物品がA4で想定されているように引渡された時から、物品に関する一切の費用。ただし、適用できる場合には、A6 b)で言及されているように、輸出のために必要な通関手続きの費用、ならびに、輸出に際して支払われる一切の関税、税金その他の諸掛を除く。

b)　次の理由で生じる追加費用
(i)　買主がB7に従って適切な通知を与えなかったため、または、
(ii)　買主によって指定された本船が、予定通り到着せず、物品を引取ることができず、もしくは、B7に従って通知された時期より早く積荷を打切ったため。

ただし、物品が約定品として明瞭に特定されていることを条件とする。

c)　適用できる場合には、物品の輸入に際して支払われる一切の関税、税金その他の諸掛、ならびに、通関手続きを遂行する費用、および、いずれかの国を通過して物品を輸送するための費用。

B7　売主への通知

買主は、本船名、積込地点、および、必要な場合には、合意された期間内の、選択された引渡時期について、売主に十分な通知を与えなければならない。

A 8　引渡書類
　売主は、自己の費用により、物品がA4に従って引渡された旨の通常の証拠を買主に提供しなければならない。

　かかる証拠が運送書類でない場合には、売主は、買主の依頼、危険および費用により、運送書類を取得するに当たり、買主に助力を与えなければならない。

A 9　照合―包装―荷印
　売主は、A4に従って物品を引渡すために必要な照合作業（品質、容積、重量、個数の照合など）の費用、ならびに、輸出国の当局によって命じられる船積前検査の費用を支払わなければならない。

　売主は、売買されたタイプの物品を包装なしで輸送するのが特定の取引で通常でない限り、自己の費用により物品を包装しなければならない。売主は、買主が売買契約の締結前に特定の包装条件を売主に通知しなければ、物品をその輸送に適した方法で包装することができる。包装には、適当に荷印を付すものとする。

A 10　情報による助力および関連費用
　売主は、適用できる場合には、タイムリーな方法で、買主の依頼、危険および費用により、買主が、物品の輸入のため、および／または、最終目的地への物品の輸送のために必要とする、安全に関連した情報を含む書類および情報を買主に提供し、または、買主のために取得するに当たり、助力を与えなければならない。

B 8　引渡しの証拠
　買主は、A8で想定されているように提供された引渡しの証拠を受理しなければならない。

B 9　物品の検査
　買主は、強制的な船積前検査の費用を支払わなければならない。ただし、かかる検査が輸出国の当局によって命じられる場合を除く。

B 10　情報による助力および関連費用
　買主は、タイムリーな方法で、売主がA10に従うことができるように、安全情報の必要条件を売主に通知しなければならない。

　買主は、A10で想定されているように書類および情報を提供し、または、その取得に当たり助力を与えるに際し、売主が負担した一切の費用および諸掛を売主に弁済しなければなら

売主は、B10で想定されているように書類および情報を提供し、または、その取得に当たり助力を与えるに際し、買主が負担した一切の費用および諸掛を買主に弁済しなければならない。

ない。

買主は、適用できる場合には、タイムリーな方法で、売主の依頼、危険および費用により、売主が、物品の輸送および輸出のため、ならびに、いずれかの国を通過して物品を輸送するために必要とする、安全に関連した情報を含む書類および情報を売主に提供し、または、売主のために取得するに当たり助力を与えなければならない。

CFR（運賃込）

A 売主の義務

A1 売主の一般的義務

売主は、売買契約に合致した物品および商業送り状、ならびに、契約で要求されている、契約に合致している旨のその他の証拠を提供しなければならない。

A1-A10に言及されているいかなる書類も、当事者間で合意されているか、または、慣習となっている場合には、同等の電子記録または手続きで差し支えない。

A2 許可、認可、安全確認およびその他の手続き

適用できる場合には、売主は、自己の危険と費用により、物品の輸出に必要な輸出許可その他の公式の認可を取得し、かつ、一切の通関手続きを遂行しなければならない。

A3 運送および保険契約

a) 運送契約

B 買主の義務

B1 買主の一般的義務

買主は、売買契約に規定されているように、物品の代金を支払わなければならない。

B1-B10に言及されているいかなる書類も、当事者間で合意されているか、または、慣習となっている場合には、同等の電子記録または手続きで差し支えない。

B2 許可、認可、安全確認およびその他の手続き

適用できる場合には、自己の危険と費用により、物品の輸入のため、および、いずれかの国を通過して物品を輸送するために、輸入許可その他の公式の認可を取得し、かつ、一切の通関手続きを遂行するのは、買主の義務である。

B3 運送および保険契約

a) 運送契約

売主は、引渡地における合意された引渡地点が、もしあれば、その地点から、指定仕向港、または、合意があれば、その港におけるいずれかの地点までの、物品の運送契約を締結するか、または、調達しなければならない。運送契約は、売主の費用により通常の条件で締結されなければならず、また、売買されたタイプの物品の輸送に通常使用されるタイプの本船で、通常の航路による運送を規定していなければならない。

b) 保険契約
売主は、買主に対して、保険契約を締結する義務を負わない。しかしながら、売主は、買主の依頼、危険および費用（もしあれば）により、買主が保険を取得するために必要な情報を買主に提供しなければならない。

A 4 　引渡し
売主は、本船の船上に物品を置くか、または、そのように引渡された物品を調達することによって、物品を引渡さなければならない。いずれの場合にも、売主は、合意された期日、または、合意された期間内に、かつ、港における慣習的な方法で、物品を引渡さなければならない。

A 5 　危険の移転
売主は、B 5 で述べられている状況における滅失または損傷を例外として、物品が A 4 に従って引渡されるまで、物品の滅失または損傷の一切の危険を負担する。

買主は、売主に対して、運送契約を締結する義務を負わない。

b) 保険契約
買主は、売主に対して、保険契約を締結する義務を負わない。しかしながら、買主は、依頼があれば、保険を取得するために必要な情報を売主に提供しなければならない。

B 4 　引渡しの受取り
買主は、物品が A 4 で想定されているように引渡された時、物品の引渡しを受取り、かつ、指定仕向港において運送人から物品を受領しなければならない。

B 5 　危険の移転
買主は、物品が A 4 で想定されているように引渡された時から、物品の滅失または損傷の一切の危険を負担する。

買主が、B 7 に従って通知を与えない場合には、買主は、船積みのために合意された期日または合意された期間の満了日から、物品の滅失または

A6　費用の分担

売主は、次の費用を支払わなければならない。

a)　B6で想定されているように買主によって支払われるもの以外の、物品がA4に従って引渡されるまでの、物品に関する一切の費用。

b)　物品を本船上に積込む費用、および、運送契約の下で売主の勘定とされた、合意された荷揚港における荷おろしの諸掛を含めて、A3 a)から生じる運賃その他の一切の費用、および

c)　適用できる場合には、輸出のために必要な通関手続きの費用、ならびに、輸出に際して支払われる一切の関税、税金その他の諸掛、および、運送契約の下で売主の勘定とされた、いずれかの国を通過して物品を輸送する費用。

B6　費用の分担

損傷の一切の危険を負担する。ただし、物品が約定品として明瞭に特定されていることを条件とする。

買主は、A3 a)の規定には従うが、次の費用を支払わなければならない。

a)　物品がA4で想定されているように引渡された時から、物品に関する一切の費用。ただし、適用できる場合には、A6 c)で言及されているように、輸出に必要な通関手続きの費用、ならびに、輸出に際して支払われる一切の関税、税金その他の諸掛を除く。

b)　かかる費用および諸掛が、運送契約の下で売主の勘定でなければ、仕向港に到着するまでの輸送中における物品に関する一切の費用および諸掛。

c)　かかる費用および諸掛が、運送契約の下で売主の勘定でなければ、艀料および埠頭使用料を含む、荷おろし費用。

d)　物品が約定品として明瞭に特定されていることを条件として、船積みのために合意された期日または合意された期間の満了日から、買主がB7に従って通知を与えない場合に生じる追加費用、および

e)　適用できる場合には、物品の輸入に際して支払われる一切の関税、税金その他の諸掛、ならびに、通関手続きを遂行する費用、および、運送契約の費用の中に含まれていなければ、いずれかの国を通過して物品を輸送

A 7　買主への通知
　　売主は、物品の受取りを可能にするために、買主が通常必要な措置を壽ずることを可能にするため、必要な通知を買主に与えなければならない。

A 8　引渡書類
　　売主は、自己の費用により、合意された仕向港までの通常の運送書類を遅滞なく買主に提供しなければならない。

　　この運送書類は、契約の物品に対して発行され、船積みのために合意された期間内の日付を付され、買主が仕向港で運送人に物品の引渡しを請求することを可能にし、かつ、別段の合意がなければ、買主が、次の買主にその書類を譲渡することによって、または、運送人への通知によって、輸送中の物品を転売することを可能にするものでなければならない。

　　かかる運送書類が、譲渡可能な形式で、かつ、正本が数通発行される場合には、正本全通が買主に提供されなければならない。

A 9　照合―包装―荷印
　　売主は、A 4に従って物品を引渡すために必要な照合作業（品質、容積、重量、個数の照合など）の費用、ならびに、輸出国の当局によって命じられる船積前検査の費用を支払わなければならない。

　　売主は、売買されたタイプの物品を包装なしで輸送するのが特定の取引

するための費用。

B 7　売主への通知
　　買主は、物品の船積みの時期、および／または、指定仕向港内で物品を受領する地点を決定する権利を持っている場合にはいつでも、売主にそれについて十分な通知を与えなければならない。

B 8　引渡しの証拠
　　買主は、もし契約に合致していれば、A 8で想定されているように提供された運送書類を受理しなければならない。

B 9　物品の検査
　　買主は、いかなる強制的な船積前検査の費用も支払わなければならない。ただし、かかる検査が輸出国の当局によって命じられる場合を除く。

で通常でない限り、自己の費用により物品を包装しなければならない。売主は、買主が売買契約の締結前に特定の包装条件を売主に通知しなければ、物品をその輸送に適した方法で包装することができる。包装には、適当に荷印を付すものとする。

A 10　情報による助力および関連費用

売主は、適用できる場合には、タイムリーな方法で、買主の依頼、危険および費用により、買主が、物品の輸入のために、および／または、最終目的地への物品の輸送のために必要とする、安全に関連した情報を含む書類および情報を買主に提供し、または、買主のために取得するに当たり、助力を与えなければならない。

売主は、B10で想定されているように書類および情報を提供し、または、その取得に当たり助力を与えるに際し、買主が負担した一切の費用および諸掛を買主に弁済しなければならない。

B 10　情報による助力および関連費用

買主は、タイムリーな方法で、売主がA10に従うことができるように、安全情報の必要条件を売主に通知しなければならない。

買主は、A10で想定されているように書類および情報を提供し、または、その取得に当たり助力を与えるに際し、売主が負担した一切の費用および諸掛を売主に弁済しなければならない。

買主は、適用できる場合には、タイムリーな方法で、売主の依頼、危険および費用により、売主が、物品の輸送および輸出のため、ならびに、いずれかの国を通過して物品を輸送するために必要とする、安全に関連した情報を含む書類および情報を売主に提供し、または、売主のために取得するに当たり、助力を与えなければならない。

CIF（運賃保険料込）

A　売主の義務
A 1　売主の一般的義務
売主は、売買契約に合致した物品および商業送り状、ならびに、契約で要求されている、契約に合致している旨のその他の証拠を提供しなければ

B　買主の義務
B 1　買主の一般的義務
買主は、売買契約に規定されているように、物品の代金を支払わなければならない。

ならない。

A1 – A10に言及されているいかなる書類も、当事者間で合意されているか、または、慣習となっている場合には、同等の電子記録または手続きで差し支えない。

A2 許可、認可、安全確認およびその他の手続き

適用できる場合には、売主は、自己の危険と費用により、物品の輸出に必要な輸出許可その他の公式の認可を取得し、かつ、一切の通関手続きを遂行しなければならない。

A3 運送および保険契約

a) 運送契約

売主は、引渡地における合意された引渡地点が、もしあれば、その地点から、指定仕向港、または、合意されていれば、その港におけるいずれかの地点までの、物品の運送契約を締結するか、または、調達しなければならない。運送契約は、売主の費用により通常の条件で締結されなければならず、かつ、売買されたタイプの物品の輸送に通常使用されるタイプの本船で、通常の航路による運送を規定していなければならない。

b) 保険契約

売主は、自己の費用により、少なくとも協会貨物約款（ロイズ市場協会／ロンドン国際保険業者協会）の(C)条件または同種の約款によって規定されている、最低限の補償範囲を満たす貨物保険を取得しなければならない。この保険は、信頼のおける保険業者

B1 – B10に言及されているいかなる書類も、当事者間で合意されているか、または、慣習となっている場合には、同等の電子記録または手続きで差し支えない。

B2 許可、認可、安全確認およびその他の手続き

適用できる場合には、自己の危険と費用により、物品の輸入のため、および、いずれかの国を通過して物品を輸送するために、輸入許可その他の公式の認可を取得し、かつ、一切の通関手続きを遂行するのは、買主の義務である。

B3 運送および保険契約

a) 運送契約

買主は、売主に対して、運送契約を締結する義務を負わない。

b) 保険契約

買主は、売主に対して、保険契約を締結する義務を負わない。しかしながら、買主は、依頼があれば、A3 b)で想定されているように売主が買主によって依頼された追加保険を取得するために必要な情報を売主に提供しなければならない。

または保険会社と契約せねばならず、かつ、物品に対する被保険利益を持つ買主その他の者に、直接保険金を保険者に請求する権利を与えるものでなければならない。

買主によって要求された場合には、売主は、買主が売主によって依頼された必要な情報を提供することを条件として、もし取得できれば、協会貨物約款（ロイズ市場協会／ロンドン国際保険業者協会）の(A)または(B)条件もしくは同種の約款によって規定されているような補償範囲、および／または、協会戦争約款および／または協会ストライキ約款（ロイズ市場協会／ロンドン国際保険業者協会）もしくは同種の約款に従う補償範囲などの、追加補償を買主の費用で提供すべきである。

この保険は、最低でも、契約で定められている価格プラス10％（すなわち110％）を補償すべきであり、かつ、契約の通貨によるべきである。

この保険は、Ａ４およびＡ５に示されている引渡地点から、少なくとも指定仕向港まで、物品を補償すべきである。

売主は、保険証券または保険による補償についてのその他の証拠を買主に提供しなければならない。

さらに、売主は、買主の依頼、危険および費用（もしあれば）により、買主が追加の保険を取得するために必要とする情報を買主に提供しなければならない。

A4 引渡し

売主は、本船の船上に物品を置くか、または、そのように引渡された物品を調達することによって、物品を引渡さなければならない。いずれの場合にも、売主は、合意された期日、または、合意された期間内に、かつ、港における慣習的な方法で、物品を引渡さなければならない。

A5 危険の移転

売主は、B5で述べられている状況における滅失または損傷を例外として、物品がA4に従って引渡されるまで、物品の滅失または損傷の一切の危険を負担する。

A6 費用の分担

売主は、次の費用を支払わなければならない。

a) B6で想定されているように買主によって支払われるもの以外の、物品がA4に従って引渡されるまでの、物品に関する一切の費用。

b) 物品を本船上に積込む費用、および、運送契約の下で売主の勘定とされた、合意された荷揚港における荷おろしの諸掛を含めて、A3a)から生じる運賃その他の一切の費用。

B4 引渡しの受取り

買主は、物品がA4で想定されているように引渡された時、物品の引渡しを受取り、かつ、指定仕向港において運送人から物品を受領しなければならない。

B5 危険の移転

買主は、物品がA4で想定されているように引渡された時から、物品の滅失または損傷の一切の危険を負担する。

買主が、B7に従って通知を与えない場合には、買主は、船積みのために合意された期日または合意された期間の満了日から、物品の滅失または損傷の一切の危険を負担する。ただし、物品が約定品として明瞭に特定されていることを条件とする。

B6 費用の負担

買主は、A3a)の規定には従うが、次の費用を支払わなければならない。

a) 物品がA4で想定されているように引渡された時から、物品に関する一切の費用。ただし、適用できる場合には、A6d)で言及されているように、輸出のために必要な通関手続きの費用、ならびに、輸出に際して支払われる一切の関税、税金その他の諸掛を除く。

b) かかる費用および諸掛が、運送契約の下で売主の勘定でなければ、仕向港に到着するまでの輸送中における物品に関する一切の費用および諸掛。

c) A3b)から生じる保険の費用、および

d) 適用できる場合には、輸出のために必要な通関手続きの費用、ならびに、輸出に際して支払われる一切の関税、税金その他の諸掛、および、運送契約の下で売主の勘定とされた、いずれかの国を通過して物品を輸送する費用。

c) かかる費用および諸掛が、運送契約の下で売主の勘定でなければ、艀料および埠頭使用料を含む、荷おろし費用。

d) 船積みのために合意された期日または合意された期間の満了日から、買主がB7に従って通知を与えない場合に生じる追加費用。ただし、物品が約定品として明瞭に特定されていることを条件とする。

e) 適用できる場合には、物品の輸入に際して支払われる一切の関税、税金その他の諸掛、ならびに、通関手続きを遂行する費用、および、運送契約の費用の中に含まれていなければ、いずれかの国を通過して物品を輸送する費用、および

f) A3b)およびB3b)の下で買主の依頼により取得される追加保険の費用。

A7 買主への通知
売主は、買主が物品を受取ることを可能にするため、買主が通常必要な措置を講ずることができるように、必要な通知を買主に与えなければならない。

B7 売主への通知
買主は、物品の船積みの時期、および／または、指定仕向港内で物品を受領する地点を決定する権利を持っている場合にはいつでも、売主にそれについて十分な通知を与えなければならない。

A8 引渡書類
売主は、自己の費用により、合意された仕向港までの通常の運送書類を遅滞なく買主に提供しなければならない。

この運送書類は、契約の物品に対して発行され、船積みのために合意さ

B8 引渡しの証拠
買主は、もし契約に合致していれば、A8で想定されているように提供された運送書類を受理しなければならない。

れた期間内の日付を付され、買主が仕向港で運送人に物品の引渡しを請求することを可能にし、かつ、別段の合意がなければ、買主が、次の買主にその書類を譲渡することによって、または、運送人への通知によって、輸送中の物品を転売することを可能にするものでなければならない。

かかる運送書類が、譲渡可能な形式で、かつ、正本が数通発行される場合には、正本全通が買主に提供されなければならない。

A 9　照合—包装—荷印
売主は、A 4 に従って物品を引渡すために必要な照合作業（品質、容積、重量、個数の照合など）の費用、ならびに、輸出国の当局によって命じられる船積前検査の費用を支払わなければならない。

売主は、売買されたタイプの物品を包装なしで輸送するのが特定の取引で通常でない限り、自己の費用により物品を包装しなければならない。売主は、買主が売買契約の締結前に特定の包装条件を売主に通知しなければ、物品をその輸送に適した方法で包装することができる。包装には、適当に荷印を付すものとする。

A 10　情報による助力および関連費用
売主は、適用できる場合には、タイムリーな方法で、買主の依頼、危険および費用により、買主が、物品の輸入のため、および／または、最終仕向地への物品の輸送のために必要とする、安全に関連した情報を含む書類および情報を買主に提供し、または、買主のために取得するに当たり、助力を

B 9　物品の検査
買主は、いかなる強制的な船積前検査の費用も支払わなければならない。ただし、かかる検査が輸出国の当局によって命じられる場合を除く。

B 10　情報による助力および関連費用
買主は、タイムリーな方法で、売主がA10に従うことができるように、安全情報の必要条件を売主に通知しなければならない。

買主は、A10で想定されているように書類および情報を提供し、または、その取得に当たり助力を与えるに際

与えなければならない。

売主は、B10で想定されているように書類および情報を提供し、または、その取得に当たり助力を与えるに際し、買主が負担した一切の費用および諸掛を買主に弁済しなければならない。

し、売主が負担した一切の費用および諸掛を売主に弁済しなければならない。

買主は、適用できる場合には、タイムリーな方法で、売主の依頼、危険および費用により、売主が、物品の輸送および輸出のため、ならびに、いずれかの国を通過して物品を輸送するために必要とする、安全に関連した情報を含む書類および情報を売主に提供し、または、売主のために取得するに当たり、助力を与えなければならない。

【著者紹介】

中 村 秀 雄

小樽商科大学　大学院商学研究科アントレプレナーシップ専攻　教授
  1972年 3 月　神戸大学法学部卒業
  1972年 4 月　丸紅株式会社入社
  1975年12月　米国ミシガン大学ロースクール　修士課程修了
  1990年 4 月　丸紅英国会社　リーガルマネージャー
  2001年 4 月　小樽商科大学商学部教授

（著書・論文）
- 『新版国際契約交渉のキーポイント』（商事法務研究会、1998年）
- 『実務　英文国際契約－理論と文書作成の技術－』（中央経済社、2000年）
- 『国際商取引契約　英国法にもとづく分析』（有斐閣　2004年）（大隅法学研究奨励基金第10回「大隅健一郎賞」受賞）
- 『新訂版英文契約書作成のキーポイント』（商事法務、2006年）
- 『国際動産売買契約法入門』（有斐閣、2008年）
- 『英文契約書修正のキーポイント』（商事法務、2009年）

英文契約書　取扱説明書──国際取引契約入門──

平成24年5月17日　第1刷発行

定価　本体 2,600円(税別)

著　者　中村　秀雄
発　行　株式会社　民事法研究会
印　刷　株式会社　太平印刷社

発行所　株式会社　民事法研究会
　　　　〒150−0013　東京都渋谷区恵比寿3−7−16
　　　　〔営業〕☎03−5798−7257　FAX03−5798−7258
　　　　〔編集〕☎03−5798−7277　FAX03−5798−7278
　　　　http://www.minjiho.com/　　info@minjiho.com

Ⓒ NAKAMURA, Hideo 2012
カバーデザイン／袴田峯男　ISBN978-4-89628-780-6 C2032 ¥2600E
組版／民事法研究会（Windows7 64bit+EdicolorVer9+MotoyaFont+Acrobat etc.）
落丁・乱丁はおとりかえします。

■契約英語と英米法の要諦がわかる入門書に最適の1冊！■

これだけは知っておきたい
英文ライセンス契約実務の基礎知識

小高壽一 著

A5判・291頁・定価 2,835円（税込 本体価格 2,700円）

▷▷▷▷▷▷▷▷▷▷▷▷▷▷▷▷ **本書の特色と狙い** ◁◁◁◁◁◁◁◁◁◁◁◁◁◁◁◁

▶ライセンス契約実務に必要な英米法の基礎知識や実務で活用できる契約英語が修得できる入門書！
▶企業においてライセンス契約実務に取り組む方、知的財産契約を研究する学生のために、英文ライセンス契約の要諦をわかりやすく解説！
▶第Ⅰ部では初心者の素朴な想定質問に答え、第Ⅱ部では初心者が効果的に契約英語を習得できるよう事例を用いて解説！
▶厳選した契約事例や文例により、契約英語の習得だけでなく、ライセンス契約の要諦も的確に把握できる！

本書の主要内容

第Ⅰ部　英文ライセンス契約の基礎知識
　第1章　英文契約書と和文契約書の違いは何か
　第2章　英米法と大陸法の違いは何か
　第3章　英法について、これだけは知っておきたい
　第4章　米法について、これだけは知っておきたい
　第5章　ライセンス契約と売買契約の違いは何か
　第6章　秘密情報の取扱いについては、どこの国でも同じ考え方か
　第7章　ライセンシング・ガイドラインとは何か
　第8章　英文ライセンス契約書を読み書きするために、これだけは知っておきたい
　第9章　ライセンシング・ポリシーとは何か
　第10章　知財部員は、どのようなスタンスで、ライセンス契約に取り組むべきか
　第11章　英文ライセンス契約書を起草する場合に心得ておくべきこととは何か

第Ⅱ部　契約実務（事例）と契約英語
　第1章　前文
　第2章　用語の定義
　第3章　実施許諾
　第4章　技術援助
　第5章　支払い
　第6章　競業避止
　第7章　秘密保持
　第8章　ライセンシーによる改良
　第9章　保証と責任
　第10章　ライセンサーの産業財産権
　第11章　契約期間および契約終了
　第12章　派生的損害賠償
　第13章　完全な合意
　第14章　紛争処理
　第15章　準拠法

発行　民事法研究会

〒150-0013　東京都渋谷区恵比寿3-7-16
（営業）TEL. 03-5798-7257　FAX. 03-5798-7258
http://www.minjiho.com/　info@minjiho.com